Musterbriefe und Musterreglemente für das Personalwesen

Profitieren Sie vom kostenlosen Service des Diskettenbezuges. Den Anforderungsschein finden Sie auf Seite 283.

Sind Sie

- ein HR-Praktiker?
- ein Dozent oder Trainer?
- ein Experte oder Berater?

und haben den Wunsch, ein praxisorientiertes Buch zu publizieren? Dann wenden Sie sich doch einfach an uns.

Praxium Verlag
Wibichstr. 10
CH-8037 Zürich
Tel. + 41 43 3431039
Fax. + 41 43 3431049
www.praxium.ch

Martin Tschumi

Musterbriefe und Musterreglemente für das Personalwesen

Mustervorlagen für die schriftliche interne und externe Kommunikation von Personalabteilungen für viele Anlässe und Vorfälle.

Praxium Verlag, Zürich

Der Autor

Martin Tschumi war in zahlreichen HR- und Führungspositionen verschiedenster Branchen tätig und verfügt über reichhaltige Praxiserfahrung. Er ist in der HR-Weiterbildung als Seminarleiter und Trainer tätig.

ISBN: 3-9522712-2-5

2. Auflage 2004

Gestaltung: Tomberg Graphics, Amsterdam
Lektorat: Doris Gampp, Renate Monnin
Druck: WB-Druck GmbH & Co., Rieden im Allgäu

Inhalt

Einleitung

Liebe Leserin, lieber Leser

Mitarbeiterorientierte und sprachlich korrekt formulierte Briefe und Mitteilungen sind auch oder in besonderem Masse für eine Personalabteilung eine "Visitenkarte" und Ausdruck einer professionellen Kommunikation.

Briefe und alle Formen schriftlicher Mitteilungen und Informationen nehmen in Personalabteilungen unabhängig von der Betriebsgrösse einen hohen Stellenwert ein. Vor allem dann, wenn ein rechtlicher Bezug vorhanden ist, Mitteilungen an die gesamte Belegschaft geschrieben werden oder persönlich heikle Situationen geklärt werden müssen.

Die vorliegenden aus der Praxis für die Praxis erarbeiteten Musterbriefe sind Ihnen dabei behilflich. Je spezifischer ein Brief abgefasst ist, desto höher ist für Sie der Anpassungsaufwand. Andererseits steigt der Nutzwert mit dem Konkretisierungsgrad. Wir haben diesbezüglich einen Mittelweg gewählt.

Der eine oder andere Brief entspricht nicht immer dem heutzutage erwarteten prägnanten und knapp gehaltenen Briefstil. Dies wurde aber bewusst so angegangen, damit Sie möglichst viele Formulierungen zur Auswahl haben und so Briefe durchaus kürzen können. Besonderen Wert haben wir ferner auf die Zusatzleistung gelegt, in den Mustervorlagen auch aktuelles Praxiswissen, Rechtsinformationen und weitere Anregungen und Ideen zum Personalwesen einfliessen zu lassen.

Zum Beispiel erfahren Sie, was ein Welcome Package für einen Mitarbeiter beinhalten kann, Sie erhalten Rechtsinformationen zur Begründung einer Kündigungsandrohung oder Informationsideen zu Fragen der beruflichen Vorsorge bei einer entsprechenden Mitteilung. Auch aktuelle Themen und wichtige Trends wie Arbeitszeitflexibilisierung, E-Mail-Kommunikation und Internet kommen zur Sprache.

Wir wünschen Ihnen bei der Formulierung Ihrer Personalkorrespondenz viel Erfolg und freuen uns, Ihnen dabei behilflich sein zu können.

Verlag und Autor

Personalsuche und –einstellung

Auch im Zeitalter des E-Recruiting und des Intranets hat die Korrespondenz mit Bewerbern und angehenden Mitarbeitern einen hohen Stellenwert. Oft ist es der erste schriftliche Kontakt und damit eine besonders wirksame "Visitenkarte" des Unternehmens und sind es Briefe mit hoher Beachtung, wenn es zum Beispiel um Zusagen oder Wartebriefe an Bewerber geht. Mit den nachfolgenden Musterbriefen sind Sie für zahlreiche Situationen von der Bewerberkorrespondenz bis zur Begrüssung neuer Mitarbeiter gewappnet.

Anforderung fehlender Unterlagen

Sehr geehrte Frau Muster

Vielen Dank für Ihr Interesse an einer Ausbildung zum <Beruf> in unserer Firma. Leider fehlen in Ihren eingereichten Unterlagen einige Dokumente, die für unsere Entscheidung von Bedeutung sind. Wir bitten Sie, diese umgehend nachzusenden.

Es handelt sich um Ihr letztes Schul- und Arztzeugnis, aus dem hervorgeht, dass medizinisch keine Bedenken gegen eine Ausbildung zum <Beruf> bestehen.

Wie Sie sicher wissen, verlangt der von Ihnen angestrebte Beruf hohe physische Anstrengungen, die absolute körperliche Tauglichkeit voraussetzen.

Sobald wir die fehlenden Unterlagen durchgesehen haben, werden wir uns wieder mit Ihnen in Verbindung setzen.

Mit freundlichen Grüssen

Ihre Firma

Ihr Name
Ihre Funktion

Einladung zu einem Vorstellungsgespräch auf ein Chiffreinserat

Im Stellenanzeiger vom <Datum> sind wir auf Ihr Inserat

"Sekretärin sucht
interessante Herausforderung"

aufmerksam geworden. Ihre berufliche Erfahrung, die Ausbildung, die Fremdsprachenkenntnisse und die Vertrautheit mit unserer Branche sind Pluspunkte, die Sie für uns beinahe als Idealkandidatin erscheinen lassen. Zudem ist Ihr Inserat so klar, prägnant und originell formuliert, dass unser Eindruck auch deswegen auf Anhieb sehr positiv war.

Nun möchten Sie aber sicher auch über uns noch ein bisschen mehr erfahren. Wir sind ein Betrieb aus der <Ihre Branche>, der seit vielen Jahren <Ihre Marktleistung> anbietet und sich dafür ein gutes Image und das Vertrauen der Kundschaft erarbeitet hat.

Die bei uns offene Stelle ist ein Sekretariats-Arbeitsplatz mit moderner PC-Infrastruktur und weitgehenden Kompetenzen mit Möglichkeiten für anspruchsvollen Kundenkontakt. Ihr Vorgesetzter ist ein dynamischer, langjähriger Mitarbeiter mit Sinn für Humor und modernen Ansichten über Zusammenarbeit.

Doch nun genug der Informationen. Ein persönliches Gespräch mit Ihnen wird viel aufschlussreicher und interessanter sein. Wir bitten Sie deshalb, uns in den nächsten Tagen unter Telefon: 043 268 44 19 anzurufen, damit wir - Ihr Interesse vorausgesetzt - einen Gesprächstermin vereinbaren können.

Auf Ihren Anruf freuen wir uns jetzt schon.

Mit freundlichen Grüssen

Ihre Firma

Ihr Name
Ihre Funktion

Einladung zu einem Vorstellungsgespräch

Ihre Bewerbung vom <Datum>

Sehr geehrte Frau Muster

Ihre Bewerbungsunterlagen haben uns zuversichtlich gestimmt, dass Sie aufgrund Ihrer Berufserfahrung und breiten Ausbildung für die ausgeschriebene Stelle durchaus in Frage kommen könnten.

Bevor wir aber eine endgültige Entscheidung treffen, möchten wir Sie gerne persönlich kennenlernen und laden Sie deshalb zu einem Vorstellungsgespräch ein. In der Beilage finden Sie vorab eine Broschüre, die Ihnen unser Unternehmen und seine Produkte näher vorstellt. Dies stimmt Sie auf unser Gespräch ein und kann allenfalls auch die Grundlage für erste Fragen Ihrerseits sein.

Wir bitten Sie, sich zwecks Terminvereinbarung mit Frau Rohr von unserer Personalabteilung (Telefonnummer: 043 268 44 19) in Verbindung zu setzen. Wir freuen uns, Sie bald persönlich kennenzulernen.

Mit freundlichen Grüssen

Ihre Firma

Ihr Name
Ihre Funktion

Einladung zu einem weiteren Vorstellungsgespräch

Ihre Bewerbung zum <Stellenbezeichnung>

Sehr geehrter Herr Muster

Wir freuen uns, Ihnen mitteilen zu können, dass wir Sie unter <Zahl> Bewerbern für die Position als <Stellenbezeichnung> in die engere Wahl gezogen haben. Da wir Sie noch näher kennenlernen möchten, bitten wir Sie, am <Datum> um <Zeit> Uhr zu einem weiteren Gespräch zu kommen.

Es wäre von Vorteil, wenn Sie bei dieser Gelegenheit auch eine detaillierte Beschreibung Ihrer Tätigkeit bei Ihrer jetzigen Firma vorlegten, aus der wir Ihren Kompetenzbereich ersehen und uns ein Bild von Ihrer bisherigen Arbeit machen können.

Bitte geben Sie Herrn <Name> telefonisch Bescheid, ob Sie den Termin einhalten können.

Wir freuen uns auf das Gespräch und wünschen Ihnen eine gute Anreise.

Mit freundlichen Grüssen

Ihre Firma

Ihr Name
Ihre Funktion

Firmenbroschüre

Absage auf eine Lehrstellenbewerbung

Wir danken Ihnen für Ihre Bewerbung vom <Datum>

Liebe Sandra

Wir danken Ihnen für Ihre Bewerbung und das Interesse an einer Lehrstelle in unserer Firma.

Da wir nur einer im voraus festgelegten Anzahl von Kandidaten Lehrplätze in unserer Firma bieten können und die Nachfrage für Lehrstellen jedes Jahr sehr gross ist, mussten wir auch dieses Mal wieder eine Vorauswahl treffen. Wir bedauern sehr, dass wir Sie nicht in die engere Wahl mit einbeziehen können. Was wir Ihnen aber unbedingt versichern wollen und worauf Sie stolz sein können: Sie und Ihre Bewerbung haben auf uns einen sehr guten Eindruck gemacht. Wir empfehlen Ihnen im Internet den Besuch folgender informativer Website:

www.berufsberatung.ch

Sie beinhaltet ein Verzeichnis offener Lehrstellen und zahlreiche weitere interessante Informationen. Städtische Berufsberatungen haben zudem oft auch Listen von Firmen, die Lehrstellen anbieten.

Wir sind überzeugt, dass Sie bald eine geeignete Lehrstelle finden werden und wünschen Ihnen bei Ihrer weiteren Stellensuche viel Erfolg.

Mit freundlichen Grüssen

Ihre Firma

Ihr Name
Ihre Funktion

Bewerbungsunterlagen

Absage auf Anfrage für einen Ausbildungsplatz

Sehr geehrte Frau Muster

Sie haben sich bei uns um eine Ausbildungsstelle als <Beruf>, beworben. Leider gehören Sie zu den Bewerbern, denen wir absagen müssen. Bitte betrachten Sie die Absage jedoch nicht als negative Beurteilung Ihrer Qualifikation.

Dies umso mehr, als uns Ihre Bewerbungsunterlagen einen hervorragenden Eindruck gemacht haben. Aber um unsere wenigen Ausbildungsplätze haben sich sehr viele junge Menschen beworben, so dass uns die Wahl wirklich schwer fiel.

Es besteht für Sie jedoch trotzdem eine Chance, doch noch in unser Unternehmen eintreten zu können: Es ist durchaus möglich, dass sich einige der Bewerber noch für einen anderen Betrieb entscheiden oder in den nächsten Monaten vom Vertrag zurücktreten. Deshalb schlagen wir Ihnen vor, sich auf unsere "Warteliste" setzen zu lassen. Bei Freiwerden einer Stelle werden Sie umgehend benachrichtigt. Bitte lassen Sie es uns wissen, wenn Sie damit einverstanden sind.

Für Ihr Interesse an einer Ausbildung in unserem Unternehmen danken wir Ihnen sehr herzlich und wünschen Ihnen bei Ihren weiteren Bewerbungen Glück und Erfolg.

Mit freundlichen Grüssen

Ihre Firma

Ihr Name
Ihre Funktion

Absage auf eine Anfrage für eine Jobsharing-Teilzeitstelle

Sehr geehrte Frau Muster

Wir beziehen uns auf Ihre Bewerbung vom 15. April 2003 und danken Ihnen für Ihr Interesse an einer Tätigkeit in unserem Unternehmen.

Jobsharing liegt heutzutage bei Arbeitnehmenden und Arbeitgebern offensichtlich voll im Trend: Auf unsere Stellenanzeige "Marketing-Assistentin im Jobsharing" haben sich sehr viele Kandidatinnen gemeldet. Leider verfügen Sie gemäss Ihren Aussagen in den Bewerbungsunterlagen nicht über die notwendige zeitliche Flexibilität. Gerade der Punkt ist aber bei dieser Stelle von besonderer Bedeutung. Wir können Ihre Bewerbung deshalb leider nicht berücksichtigen, obwohl uns Ihre Qualifikation und Ihre Erfahrung überzeugt haben.

Wir hoffen, dass Sie bald eine passende Stelle finden werden und wünschen Ihnen dazu alles Gute.

Sie erhalten Ihre Unterlagen mit einem grossen Dank für Ihr Intersse an der von uns ausgeschriebenen Stelle zurück.

Freundliche Grüsse

Ihre Firma

Ihr Name
Ihre Funktion

Absage auf eine Spontanbewerbung

Sehr geehrter Herr Muster

Vielen Dank für Ihr Schreiben vom <Datum> und das Interesse, das Sie damit unserer Firma entgegenbringen.

Die von Ihnen angeführten Gründe, weshalb Sie in unserem Unternehmen eine Beschäftigung suchen, haben uns gefreut. Sie zeigen uns, dass Sie sich bereits recht intensiv mit unserem Betrieb und seinen Marktleistungen auseinandergesetzt haben.

Leider können wir Ihnen zur Zeit keine Stelle in dem von Ihnen genannten Bereich anbieten. Auch in nächster absehbarer Zeit zeichnet sich keine durch Pensionierung oder bevorstehende Kündigung entstehende Vakanz ab.

Dennoch übersenden wir Ihnen in der Beilage Informationsbroschüren über unsere Firma sowie den Personalfragebogen unseres Hauses, den Sie bei einer Bewerbung zu einem späteren Zeitpunkt zusammen mit Ihren Bewerbungsunterlagen bei uns einreichen wollen.

Wir halten Ihre Unterlagen bei uns pendent, da sie uns von Ihrer Qualifikation und beruflichen Ausbildung her überzeugt haben.

Mit freundlichen Grüssen

Ihre Firma

Ihr Name
Ihre Funktion

Absage wegen mangelnder Branchenerfahrung

Sehr geehrter Herr Muster

Vielen Dank für die Zustellung Ihrer Bewerbung vom <Datum>. Ihr Interesse an unserer Unternehmung sowie Ihr Vertrauen hat uns sehr gefreut.

Ihre Unterlagen haben wir eingehend und mit grossem Interesse geprüft. Obwohl Ihre Bewerbung viele positive Elemente enthält, bedauern wir, Ihnen die ausgeschriebene Stelle nicht anbieten zu können. Uns liegen Bewerbungen von Kandidaten vor, welche wesentlich mehr Erfahrungen in einer ähnlichen Position unserer Branche vorweisen können. Aus diesem Grunde senden wir Ihnen in der Beilage die uns zur Verfügung gestellen Unterlagen zurück.

Wir möchten es nicht unterlasssen, für die Arbeit, die Sie in die Bewerbung investiert haben, zu danken.

Für Ihre weitere berufliche Zukunft wünschen wir Ihnen alles Gute und viel Erfolg. Wir hoffen, dass Sie bald anderweitig die gewünschte Herausforderung finden werden.

Freundliche Grüsse

Ihre Firma

Ihr Name
Ihre Funktion

Absage wegen mangelnder Berufserfahrung

Ihre Bewerbung vom <Datum> / Stelle als <Beruf>

Sehr geehrter Herr Muster

Vielen Dank für Ihre Bewerbung und für das Interesse, das Sie damit unserer Firma entgegengebracht haben.

Wir haben Ihre Bewerbung eingehend geprüft und bedauern, dass wir Ihnen die ausgeschriebene Stelle nicht anbieten können. Suchen Sie jedoch die Gründe für diese Absage nicht in Ihrer Qualifikation oder in Ihrer Person. Uns liegen jedoch Bewerbungen vor, die auf die besonderen Anforderungen der ausgeschriebenen Stelle vor allem hinsichtlich der für uns sehr wichtigen Berufserfahrung besser zugeschnitten sind.

Ihre übrigens sehr ansprechend und vollständig zusammengestellten Bewerbungsunterlagen erhalten Sie beiliegend zurück.

Für Ihren weiteren Berufsweg wünschen wir Ihnen alles Gute. Wir sind überzeugt, dass Sie aufgrund Ihrer Ausbildung und allgemeinen Qualifikation bald eine Ihnen zusagende Stelle finden werden.

Mit freundlichen Grüssen

Ihre Firma

Ihr Name
Ihre Funktion

Absage nach Vorstellungsgespräch

Ihre Bewerbung vom <Datum>

Sehr geehrter Herr Muster

Für Ihre Bewerbung und das kürzlich geführte interessante Gespräch bedanken wir uns nochmals recht herzlich.

Die Würfel sind gefallen: Obwohl Sie über sehr gute Qualifikationen verfügen, haben wir uns für einen Bewerber entschieden, der unseren besonderen Anforderungen aufgrund seiner beruflichen Erfahrungen in geeigneter Weise entspricht.

Wir möchten aber festhalten, dass es sehr schwierig war, in diesem Auswahlverfahren von vielen sehr gut qualifizierten Bewerbern den richtigen zukünftigen Mitarbeiter auszuwählen. Dies umso mehr, als Sie bei uns aufgrund Ihrer fachlichen Kompetenz und fundierten Berufserfahrung einen hervorragenden Eindruck gemacht haben.

Wir danken Ihnen für Ihr Interesse an unserer Firma und legen Ihnen zugleich Ihre Bewerbungsunterlagen bei.

Wir hoffen, dass Sie bald eine passende Stelle finden werden und wünschen Ihnen dazu alles Gute.

Freundliche Grüsse

Ihre Firma

Ihr Name
Ihre Funktion

Absage nach erstem Vorstellungsgespräch

Sehr geehrter Herr Muster

Bezugnehmend auf unser Vorstellungsgespräch vom <Datum> habe ich in den letzten Tagen intensiv über Ihre Bewerbung nachgedacht.

Obwohl ich persönlich einen sehr guten Eindruck von Ihnen hatte und überzeugt bin, dass Sie den Verkauf auch konzeptionell stark prägen könnten und ein gutes Auftreten haben, fiel der Entscheid negativ aus, weil ich als oberste Priorität die Neukundenakquisition sehe. Dabei wäre die telefonische Akquise ein wichtiger Bestandteil Ihrer Aufbauarbeit.

Ich bedaure, Ihnen keinen positiven Bescheid geben zu können und sende Ihnen in der Beilage Ihre Bewerbungsunterlagen zurück.

Für Ihre Zukunft wünsche ich Ihnen viel Erfolg und hoffe, dass Sie Ihre beruflichen Wünsche bald verwirklichen können.

Wir bedanken uns herzlich für Ihre Bemühungen und stehen für Fragen jederzeit gerne zur Verfügung.

Mit freundlichen Grüssen

Ihre Firma

Ihre E-Mail-Adresse

Absage nach zweitem Vorstellungsgespräch

Ihre Bewerbung vom <Datum> als Assistent Sales Administration

Guten Tag Herr Muster

Die zwei Gespräche mit Ihnen haben bei uns einen sehr guten Eindruck hinterlassen – der offene und facettenreiche Dialog hat uns in persönlicher und beruflicher Hinsicht beeindruckt.

Obschon Ihre Qualifikationen den Anforderungen dieser Position im Sales Backoffice durchaus genügt hätten, haben wir den Eindruck, unser Team passt nicht zu Ihnen und umgekehrt. Wenn Sie mehr über unseren Entscheid erfahren möchten, kommen Sie bitte auf mich zu.

Ich grüsse Sie aus Winterthur und wünsche Ihnen eine Tätigkeit, die Ihre Fähigkeiten herausfordert.

Freundliche Grüsse

Ihre Firma

Ihr Name
Ihre Funktion

Absage nach Eignungstest

Ihre Bewerbung vom <Datum>

Sehr geehrte Frau Muster

Sie gehörten zum Kreis der Bewerber, die wir zu einem Eignungstest eingeladen hatten. Für Ihren Besuch in unserem Hause möchten wir uns nochmals bedanken.

Aus der Vielzahl geeigneter Bewerber mussten wir eine engere Auswahl treffen. Wenn wir Ihnen nun leider absagen müssen, so hat dies in Ihrem Fall nichts mit mangelnder Qualifikation oder einem schlechten Testausgang zu tun, sondern ist allein auf die Tatsache zurückzuführen, dass auch unter guten Bewerbern letztendlich die Entscheidung nur für einen einzigen ausfallen kann.

Ihre Bewerbungsunterlagen erhalten Sie beiliegend mit bestem Dank zurück.

Für Ihre berufliche und private Zukunft wünschen wir Ihnen alles Gute. Wir sind überzeugt, dass Sie mit Ihrer breiten Erfahrung und guten Ausbildung bald eine interessante Stelle finden werden.

Mit freundlichen Grüssen

Ihre Firma

Ihr Name
Ihre Funktion

Bewerbungsunterlagen

Absage mit Angebot der Pendenzhaltung

Ihre Bewerbung vom <Datum>

Sehr geehrter Herr Muster

Vielen Dank für Ihre Bewerbung und für das Interesse, das Sie damit unserem Hause entgegengebracht haben.

Leider haben wir zur Zeit keine Ihrer Qualifikation entsprechende Position zu besetzen. Wir werden aber - Ihr Einverständnis vorausgesetzt - Ihre Bewerbungsunterlagen bei uns aufbewahren und wieder auf Sie zukommen, sobald wir eine entsprechende Stelle zu besetzen haben.

Ihr breites, auf unsere Branche zugeschnittenes Fachwissen und Ihre langjährige Erfahrung haben uns beeindruckt, so dass wir – Ihr Interesse vorausgesetzt - in den nächsten Monaten wieder auf Ihre Bewerbung zurückkommen werden. Wir rechnen nach heutigem Stand der Dinge in diesen Abteilungen mit personellen Veränderungen.

Für Ihr Interesse an der ausgeschriebenen Stelle möchten wir uns bei dieser Gelegenheit nochmals bedanken.

Mit freundlichen Grüssen

Ihre Firma

Ihr Name
Ihre Funktion

Zwischenbescheid an Bewerber

Sehr geehrter Herr Muster

Vielen Dank für Ihre Bewerbungsunterlagen vom <Datum>. Falls Sie inzwischen daran gezweifelt haben sollten: Diese sind bei uns eingetroffen und - was Sie besonders freuen wird - sind nun im Fach mit den uns interessierenden Bewerbungen, da uns Ihre Unterlagen einen sehr guten Eindruck hinterlassen haben.

Da aber die ausgeschriebene Stelle auf eine grosse Resonanz gestossen ist, benötigen wir für eine sorgfältige Abklärung etwas mehr Zeit. Wir möchten nur wenige wirklich geeignete Kandidaten zu einem Vorstellungsgespräch einladen; mit diesen dann aber ein ausführliches und detailliertes Bewerbungsgespräch führen. Dies liegt auch im Interesse der Bewerber, sich so im Falle eines Vorstellungsgespräches mit der notwendigen Sorgfalt über die Stelle informieren zu können.

Darüber möchten wir Sie orientieren, denn wir sind uns sehr wohl bewusst, dass ein Bewerber Recht auf eine schnelle und klare Antwort hat. Wir setzen aber alles daran, Ihnen bis Ende nächster Woche Bescheid geben zu können. Für Ihr Verständnis besten Dank.

Mit freundlichen Grüssen

Ihre Firma

Ihr Name
Ihre Funktion

Schriftliche Einholung von Referenzen

Guten Tag Herr Muster

Der bei Ihnen vom <Datum> bis <Datum> als Buchhalter angestellte Herr Max Meier hat sich bei uns um eine Stelle als Controller beworben. Seine fachliche Qualifikation überzeugt uns aufgrund eines ersten Vorstellungsgespräches und des von Ihnen seinerzeit ausgestellten Zeugnisses. Seine Persönlichkeit und menschlichen Qualitäten haben ebenfalls einen guten ersten Eindruck hinterlassen.

Da es sich bei dieser Stelle um eine absolute Vertrauensposition handelt, liegt uns viel daran, den Einstellungsentscheid sorgfältig und umsichtig zu treffen. Wir bitten Sie deshalb, uns vor allem zu den folgenden Punkten Referenzen anzugeben:

- Wie beurteilen Sie seine Vertrauenswürdigkeit und Zuverlässigkeit
- Wie anpassungsfähig und lernwillig beurteilen Sie den Bewerber
- Was halten Sie von seiner Belastbarkeit und seiner Einsatzbereitschaft
- Erachten Sie ihn für die von uns angebotene anspruchsvolle Stelle als qualifiziert genug
- Was können Sie zu seinem Teamverhalten und zu seinem Charakter sagen

Diese Fragen sind für uns von Bedeutung. Einige stichwortartige Bemerkungen in schriftlicher Form genügen durchaus. Ziehen Sie es aber aus Zeitgründen vor, uns die Referenzen telefonisch abzugeben, wäre dies auch so für uns eine grosse Hilfe.

Fehlen Ihnen wichtige Informationen zur Beantwortung obiger Fragen, rufen Sie uns jederzeit an. Für Ihre geschätzte Mithilfe, die für uns eine bedeutsame Entscheidungsgrundlage sein wird, bedanken wir uns recht herzlich.

Mit freundlichen Grüssen

Ihre Firma/Ihr Name/Ihre Funktion

Bestätigung nach telefonischer Stellenzusage

Betrifft Ihre telefonische Stellenzusage vom <Datum>

Sehr geehrte Frau Muster

Nach Ihrer telefonischen Zusage von heute möchten wir Ihnen nochmals zu Ihrem Anstellungsentscheid gratulieren. Ihr Entscheid freut uns sehr und wir sind überzeugt, in Ihnen eine sehr fähige Mitarbeiterin gefunden zu haben.

Beiliegend erhalten Sie den von uns schon unterschriebenen Anstellungsvertrag in zweifacher Ausführung, die üblichen Personalunterlagen und das Programm Ihres ersten Arbeitstages. Wir bitten Sie, ein Vertragsexemplar nach erfolgter Durchsicht mit Ihrer Unterschrift zurückzusenden. Falls Sie Fragen zum Vertrag haben, rufen Sie uns möglichst rasch an.

Wir freuen uns auf Ihren baldigen Arbeitsbeginn in unserem Betrieb und heissen Sie schon heute am ... um ... Uhr herzlich willkommen.

Mit freundlichen Grüssen

Ihre Firma

Ihr Name
Ihre Funktion

Zusage an Bewerber

Ihre Bewerbung als <Beruf>

Sehr geehrte Frau Muster

Wir gratulieren Ihnen: Nachdem wir alle Bewerber aus der engeren Wahl in Vorstellungsgesprächen kennengelernt haben, sind wir übereinstimmend zur Überzeugung gekommen, in Ihnen eine zielstrebige und engagierte Mitarbeiterin gefunden zu haben.

Ihr freundliches, gewinnendes Auftreten hat nebst Ihrer hervorragenden fachlichen Qualifikation den Ausschlag dafür gegeben, dass wir uns für Sie entschieden haben.

Sie erhalten noch im Laufe dieses Monats einen Vertrag in doppelter Ausfertigung, in dem alle im Vorstellungsgespräch getroffenen Vereinbarungen aufgeführt sind. Bitte schicken Sie uns dann ein Exemplar unterschrieben zurück.

Wir freuen uns auf eine gute Zusammenarbeit mit Ihnen.

Mit freundlichen Grüssen

Ihre Firma

Ihr Name
Ihre Funktion

Zustellung des Arbeitsvertrags

Sehr geehrte Frau Muster

Wir gratulieren Ihnen: Aus der grossen Zahl der Bewerber sind Sie als unser Kandidat herausgegangen. Wir bieten Ihnen die Stelle als <Posten> an.

Wir senden Ihnen hiermit zwei unterschriebene Anstellungsverträge zu, denen Sie alle Vereinbarungen entnehmen können, die wir in den beiden Vorstellungsgesprächen ausgehandelt haben.

Bitte schicken Sie uns ein Exemplar so schnell wie möglich unterschrieben zurück, das andere ist für Sie bestimmt.

Wir danken Ihnen für Ihr Interesse an einer Tätigkeit in unserem Unternehmen und freuen uns auf eine für beide Seiten gewinnbringende Zusammenarbeit.

Mit freundlichen Grüssen

Ihre Firma

Ihr Name
Ihre Funktion

Beilage: 2 Anstellungsverträge

Begrüssung neuer Mitarbeiter

Sehr geehrter Herr Muster

Nur noch wenige Tage - und Sie werden als neuer Mitarbeiter in die Abteilung Servicetechnik in unser Unternehmen eintreten.

Wir haben unsere Geschäftsleitung über unseren Einstellungsentscheid, resp. unsere auf Sie gefallene Wahl informiert. Sowohl die Geschäftsleitung wie auch wir sind überzeugt, in Ihrer Person einen sehr fähigen und qualifizierten Mitarbeiter gefunden zu haben, der sich auch vom Naturell her schnell und problemlos in das Team einarbeiten wird. Auch Ihre Abteilung freut sich auf Ihre bevorstehende Mitarbeit und steht voll hinter unserem Entscheid.

Ein vielseitiges und interessantes Einführungsprogramm haben wir für Sie bereits zusammengestellt. Wir legen dabei Wert darauf, dass Sie über die Abteilung hinaus mit den Zusammenhängen des ganzen Unternehmens vertraut gemacht werden und Ihnen die Türen überall offen stehen. An Ihrem ersten Arbeitstag wird Sie die ganze Abteilung zu einem "Begrüssungs-Mittagessen" im Restaurant "Sonne" einladen.

Dürfen wir Sie nochmals daran erinnern, an Ihrem ersten Arbeitstag Ihre AHV-Karte mitzubringen. Wir freuen uns alle auf Ihren baldigen Stellenantritt und danken Ihnen bei dieser Gelegenheit nochmals für das in uns gesetzte Vertrauen.

Mit freundlichen Grüssen

Ihre Firma

Ihr Name
Ihre Funktion

Persönliche Briefe und Mitteilungen zu betrieblichen Situationen

Es gibt zahlreiche betriebliche Situationen und geschäftliche Anlässe für eine schriftliche Korrespondenz zwischen dem Unternehmen, bzw. der Personalabteilung und dem einzelnen Mitarbeiter. Dies können sehr erfreuliche Ereignisse wie ein Jubiläum oder eine Beförderung sein oder heikle Anlässe wie Probezeitverlängerungen oder Ablehnungen zu Anfragen finanzieller Beteiligungen. Was immer der Grund sein mag – Fingerspitzengefühl und der richtige Ton sind hier oft besonders wichtig.

Welcome-Package für neu eintretende Mitarbeiter

Lieber Mitarbeiter, liebe Mitarbeiterin

Wir freuen uns, Sie in unserem Unternehmen begrüssen zu dürfen. Um Ihnen die Einarbeitung zu erleichtern und Ihnen zu ermöglichen, sich bei uns schnell zu integrieren, haben wir für Sie ein sogenanntes Welcome-Package zusammengestellt, welches die wichtigsten Informationsunterlagen und -quellen enthält. Dies sind:

Stellenbeschreibung

Hier finden Sie alle wichtigen Informationen zu der Stelle, die Sie in unserem Unternehmen antreten. Bei Fragen ist Ihnen Ihr Vorgesetzter oder wir von der Personalabteilung jederzeit behilflich.

Organigramm

Hier erfahren Sie mehr über die Abteilungen, Ressorts, die Geschäftsleitung und die Zuordnung der Abteilung in der Unternehmensorganisation, in der Sie arbeiten werden.

Telefonverzeichnis

Was an jeden Arbeitsplatz gehört und Ihnen auch hilft, sich die Namen der Kolleginnen und Kollegen schneller zu merken.

Unternehmensleitbild

Das Unternehmen und seine Ziele, Kernleistungen, Visionen und Prioritäten gegenüber Kunden, Mitarbeitern, Lieferanten und Gesellschaft.

Fort- und Weiterbildungsangebote

Das Reglement und eine Kurzübersicht der von uns empfohlenen Institute, Seminaranbieter und Lehrgänge. Mehr Informationen hält die Personalabteilung bereit.

Aktuelle Ausgabe der Mitarbeiterzeitschrift

Aktuelle und interessante Themen über Produkte, Projekte, Unternehmen und Mitarbeitende für einen guten Einstieg.

Einführungsplan

Die ersten vier Wochen in unserem Unternehmen sind für Sie und uns wichtig, weshalb wir nichts dem Zufall überlassen wollen. Der Einführungsplan verrät Ihnen, wer Ihnen, wann, bei welchen Aufgaben, auf welche Weise, mit welchem Zeitaufwand, behilflich ist.

Nun wünschen wir Ihnen einen erfolgreichen und gelungenen Start und freuen uns auf die Zusammenarbeit mit Ihnen.

Mit freundlichen Grüssen

Ihre Firma

Ihr Name
Ihre Funktion

P.S. Last but not least: Den Blumenstrauss auf Ihrem Pult sehen wir als Begrüssungssymbol und die Einladungskarte als unser "kulinarisches Willkommen" für ein Mittagessen mit Ihren Abteilungskolleginnen und -kollegen.

Formelles Willkommensschreiben zum ersten Arbeitstag

Frau Muster
Im Hause

Herzlich willkommen in der <Firmenname> Familie

Sehr geehrte Frau Muster

Wir freuen uns, Sie bei uns im Team <Abteilung> begrüssen zu dürfen und wünschen Ihnen einen erfolgreichen Start.

Natürlich wird in den nächsten Tagen und Wochen viel Neues auf Sie zukommen, und wir möchten Ihnen die Eingewöhnungsphase so angenehm wie möglich gestalten. Als "Gotte" steht Ihnen deshalb unsere Frau Anita Müller für Auskünfte und als Unterstützung jederzeit gerne zur Verfügung.

Wir betrachten den Eintritt eines neuen Mitarbeiters aber auch für uns als Chance, neue Impulse aufzunehmen und auf neue Ideen einzugehen, und wir möchten Sie ermuntern, Ihr Wissen und Ihre Erfahrung bereits ab den ersten Tagen einzubringen. Wir bitten Sie, auch mit konstruktiver Kritik gleich zu Beginn nicht zurückzuhalten, denn als neueintretende Mitarbeiterin ist man unvoreingenommen und unbelastet. Unser Team wie auch das ganze Unternehmen hat sich für die kommenden Jahre viel vorgenommen, und wir sind sicher, in Ihnen eine wertvolle Unterstützung und eine engagierte Mitarbeiterin gewonnen zu haben.

In diesem Sinne freuen wir uns auf eine angenehme und erfolgreiche Zusammenarbeit und heissen Sie in unserem Unternehmen herzlich willkommen.

Mit freundlichen Grüssen

Ihre Firma/Ihr Name/Ihre Funktion

Ungezwungenes Willkommensschreiben zum ersten Arbeitstag

Sehr geehrte Frau Muster

Wir heissen Sie an Ihrem ersten Arbeitstag ganz herzlich willkommen. Wir freuen uns auf die Zusammenarbeit mit Ihnen.

Wir können uns gut in Sie einfühlen, wie es Ihnen heute am ersten Arbeitstag zumute sein wird. Lauter neue, unbekannte Gesichter, ein neuer Betrieb mit neuen Regeln, mit einer anderen Kultur und anderen Vorgehensweisen. Uns allen ist es auch einmal so ergangen.

Deshalb möchten wir den ersten Tag eher locker angehen und Sie nicht mit zu vielen Informationen, Rundgängen und Reglementen bestürmen. Wie wir uns den ersten Arbeitstag mit Ihnen vorstellen - das soll eine Überraschung sein. Und Ihren ersten Arbeitstag so positiv wie möglich prägen.

Der Blumenstrauss auf Ihrem Pult ist unser Willkommenszeichen. Zugleich möchten wir Sie zu einem "Begrüssungs-Mittagessen" im Restaurant "Krone" einladen – als ein weiteres Zeichen dafür, dass wir uns auf Ihre Mitarbeit in unserem Unternehmen freuen.

Wir wünschen Ihnen einen guten Start. Jedermann in unserem Betrieb steht Ihnen jederzeit für Fragen zur Verfügung und freut sich darauf, Sie bald kennenzulernen.

Ihre Firma

Ihr Name
Ihre Funktion

Bestehen der Probezeit verbunden mit einer Lohnerhöhung

Betrifft Ihre Probezeit als ... vom ... bis ...

Sehr geehrter Herr Musterhans

Nun ist es also soweit – in einigen wenigen Wochen ist Ihre Probezeit abgelaufen. Und das mit Erfolg – wie Sie es in unserem persönlichen Gespräch bereits erfahren haben.

Sie haben während der Probezeit auf uns einen kompetenten, zuverlässigen und zupackenden Eindruck gemacht und es vor allem hervorragend verstanden, sich schnell und mit viel Verantwortungsgefühl und Weitblick in Ihr neues Tätigkeitsfeld einzuarbeiten. Wir möchten Ihnen zu diesem Erfolg gratulieren und Ihnen gleichzeitig für Ihre überdurchschnittliche Leistung unsere uneingeschränkte Anerkennung aussprechen.

Diese ausgezeichnete Leistung wirkt sich auch anderweitig auf sehr erfreuliche Art für Sie aus: Aufgrund Ihrer Leistungen erhöhen wir ab sofort Ihr Bruttosalär um CHF 450.–. Im übrigen gelten immer noch die Vereinbarungen des Arbeitsvertrags. Für allfällige Fragen wenden Sie sich bitte jederzeit an Frau Suter von der Personalabteilung, die Ihnen beim Beantworten Ihrer Fragen gerne behilflich ist.

Wir sind überzeugt, dass unsere Zusammenarbeit weiterhin erfolgreich ist und wünschen Ihnen für Ihre private und berufliche Zukunft in unserem Betrieb alles Gute.

Mit freundlichen Grüssen

Ihre Firma

Ihr Name
Ihre Funktion

Verlängerung der Probezeit

Sehr geehrter Herr Muster

Wie in unserem Gespräch vom 22. Mai 2003 beschlossen, bestätigen wir Ihnen hiermit die Verlängerung Ihrer Probezeit um einen Monat, d.h. bis auf den 30. Juni 2003.

Wie Sie und wir nach dem sehr offen und kritisch geführten Gespräch wissen, sind Ihre Leistungen punkto Genauigkeit und Termineinhaltung ungenügend und haben intern und extern zu Reklamationen geführt. Allerdings ist dies teilweise darauf zurückzuführen, dass Sie nicht in den Genuss einer langen und detaillierten Einführungszeit kamen. Die neue Aufgabe und das intensive Arbeiten am PC war für Sie ebenfalls neu.

In unserem Gespräch konnten wir uns zudem auch davon überzeugen, dass Sie zur Behebung der angesprochenen Leistungsmängel Ihren aktiven Beitrag zu leisten gewillt sind. Dieser besteht in zusätzlichen Überstunden, internen Kurzschulungen und Ihrer Einwilligung, einen PC-Grundkurs zu besuchen.

Angesichts dieser Umstände verlängern wir Ihre Probezeit wie erwähnt auf den 30. Juni 2003. Wir sind zuversichtlich, die anstehenden Probleme mit Ihnen zusammen lösen zu können und legen Wert darauf, mit Ihnen im Gespräch zu bleiben.

Bei Problemen oder Fragen jeder Art - auch im nicht fachlichen Bereich - stehen wir Ihnen jederzeit zur Verfügung und bieten Ihnen im Rahmen unserer Möglichkeiten unsere Hilfe an.

Mit freundlichen Grüssen

Ihre Firma

Ihr Name
Ihre Funktion

Verlängerung der Probezeit wegen Leistungsmängeln

Betrifft Ihre Probezeit als ... vom ... bis ...

Sehr geehrte Frau ... / Sehr geehrter Herr ...

Da wir noch nicht sicher beurteilen können, ob Ihre Leistungen den Ansprüchen Ihrer Stelle genügen, schlagen wir Ihnen, wie in unserem Gespräch vom <Datum> vereinbart, eine Verlängerung der Probezeit um einen weiteren Monat, also bis <Datum>, vor.

Wir sind uns bewusst , dass die aufgetretenen Leistungsmängel zu einem grossen Teil der fehlenden Branchenerfahrung zuzuschreiben sind. Wir sind daher gerne bereit, den Zeitraum von einem Monat für eine verlängerte Einarbeitung zu verlängern. Während dieser zusätzlichen Zeit bleibt die vereinbarte Kündigungsfrist für beide Parteien bestehen.

Wir bitten Sie, Ihr Einverständnis mit der Unterschrift auf dem beiliegenden Doppel zu bestätigen und wünschen Ihnen für die weitere Arbeit den nötigen Erfolg.

Mit freundlichen Grüssen

Ihre Firma

Ihr Name
Ihre Funktion

Bestätigung:

Ich habe dieses Schreiben erhalten, gelesen und zur Kenntnis genommen.

Datum: Unterschrift:

Erfolgreiche Beendigung der Probezeit

Sehr geehrte Frau Muster

Am <Datum> geht Ihre Probezeit zu Ende. Unser Probezeitgespräch mit Ihnen hat ergeben, dass Sie mit uns und wir mit Ihnen rundum zufrieden sind.

Etwas konkreter: Sie gehen die Aufgaben mit sehr viel Genauigkeit und Zuverlässigkeit an, haben sich im Team sehr schnell eingearbeitet und integriert und zeichnen sich durch eine überdurchschnittliche Hilfsbereitschaft und hohe Arbeitsqualität aus.

Wie im Anstellungsvertrag vom <Datum> vereinbart, übernehmen wir Sie daher ab sofort in ein festes Arbeitsverhältnis.

Wir freuen uns auf die Zusammenarbeit und sind überzeugt, in Ihnen eine wertvolle Mitarbeiterin gewonnen zu haben.

Mit freundlichen Grüssen

Ihre Firma

Ihr Name
Ihre Funktion

Bestätigung des Bestehens der Probezeit

Sehr geehrte Frau Muster

Wie wir Sie in unserem kurzen Gespräch vom 17. Mai 2003 schon orientierten, freuen wir uns, Ihnen mitteilen zu können, dass Sie Ihre Probezeit mit Erfolg und zu unserer absoluten Zufriedenheit bestanden haben.

Da Sie auf dem Gebiet der Personaladministration bekanntlich keinerlei Erfahrungen mit sich brachten, hat es uns umso positiver überrascht, wie schnell Sie sich in diese Materie eingearbeitet haben. Besonders imponiert hat uns dabei Ihre überdurchschnittliche Auffassungsgabe, Ihre sorgfältige und zuverlässige Arbeitsweise und die Verbesserungsvorschläge, die Sie schon nach wenigen Wochen wohldurchdacht unterbreitet haben.

Mit Optimismus und Vertrauen in Ihre Leistungen und Fähigkeiten sehen wir der weiteren Zusammenarbeit mit Ihnen entgegen. Behalten Sie Ihren kritischen Sachverstand und ihre Initiative bei, da sie die Pfeiler jeder erfolgreichen Weiterentwicklung eines Unternehmens sind. Profitieren Sie auch von unserem reichhaltigen Weiterbildungsangebot und zögern Sie nie, bei persönlichen oder geschäftlichen Problemen sofort das Gespräch mit Ihrem Vorgesetzten, Herrn Mario Solari, zu suchen.

Für Ihre ausgezeichneten Leistungen in den letzten zwei Monaten möchten wir uns an dieser Stelle bei Ihnen bedanken. Wir freuen uns, in Ihnen eine qualifizierte und überaus initiative Mitarbeiterin gefunden zu haben und sehen einer erfolgreichen und angenehmen Zusammenarbeit entgegen.

Mit freundlichen Grüssen

Ihre Firma

Ihr Name
Ihre Funktion

Anerkennungsschreiben an Aushilfe

Sehr geehrter Herr Muster

Der Anlass für dieses Schreiben ist für Sie und für uns gleichermassen erfreulich. Wir möchten Ihnen auf diese Weise mitteilen, dass wir mit Ihrer Arbeit als Aushilfskraft sehr zufrieden sind. Wir möchten es aber nicht nur bei einem verbalen Lob bewenden lassen: Erfüllen Sie sich einen besonderen Wunsch, wir werden ihm finanziell nachkommen. Wir denken dabei an einen Betrag von etwa CHF 200.–.

Ihr Engagement, mit dem Sie Tag für Tag tätig sind, ist für uns umso bewundernswerter, weil sie als Aushilfskraft zwar in allen Abteilungen tätig sind, aber eigentlich nirgends so richtig dazugehören. Trotz dieser für Sie sicher nicht leichten Position haben Sie Ihre Arbeit immer mit Einsatz und Zuverlässigkeit bewältigt.

Wir sind mit Ihnen sehr zufrieden und wissen vor allem auch Ihre Flexibilität zu schätzen. Vielen Dank.

Mit freundlichen Grüssen

Ihre Firma

Ihr Name
Ihre Funktion

Anerkennung guter Leistungen

Sehr geehrte Frau Muster

Seit mehreren Monaten beobachten wir mit Freude, wie engagiert und motiviert Sie an die Arbeit als Empfangsdame und Sekretärin gehen.

Besonderes Lob bekommen wir von Kunden zu hören, die Ihren Charme und Ihre zuvorkommende und mit Hilfsbereitschaft verbundene Freundlichkeit beinahe jeden Monat explizit würdigen und schätzen. Sie tragen mit diesem Verhalten wesentlich zum kundenfreundlichen Ruf und zu sich erfolgreich entwickelnden Kundenbeziehungen bei.

Zudem hat Ihr organisatorisches Geschick zu konkreten Verbesserungen der Abläufe intern und extern beigetragen. Besonders aufgefallen ist uns dabei die Korrespondenz-Organisation mit der Vorlagensammlung und systematischen Struktur von Kundenbriefen auf Ihrem PC.

Für diese weit über dem Durchschnitt liegende Leistung möchten wir uns bei Ihnen bedanken. Wir möchten diesen Dank mit dem beiliegenden "Anerkennungscheque" unterstreichen und offerieren Ihnen zudem einen Zwei-Tageskurs für fortgeschrittene PC-Anwender, dessen Thema Sie sich nach eigener Einschätzung auswählen können.

Zudem haben wir ganz konkrete Pläne und Vorstellungen, Sie im Laufe des nächsten Jahres mit einer Führungsaufgabe zu betrauen. Wir werden diesbezüglich recht bald auf Sie zukommen.

Mit freundlichen Grüssen

Ihre Firma

Ihr Name
Ihre Funktion

Anerkennung guter Leistungen eines Sachbearbeiters

Sehr geehrter Herr Muster

Nach Abschluss des Jahresplanes haben wir heute die letzten Exporte fakturiert. Dabei durften wir mit Genugtuung und Freude feststellen, dass unsere Zielsetzungen 2003 erreicht und teilweise sogar überschritten wurden und wir deshalb von einem guten Geschäftsjahr sprechen dürfen. Den Erfolg verdanken wir nicht nur der günstigen Konjunktur, unseren zahlreichen Produktinnovationen und zufriedenen Kunden, sondern vor allem dem vorbildlichen Einsatz aller unserer Mitarbeiter.

Sie, Herr Muster, haben dazu mit besonderem Engagement beigetragen. Das sture Einhalten der 8-Stunden-Arbeitszeit war nie ein Kriterium für Ihre Arbeitseinteilung, die Wünsche und Bedürfnisse unserer – ich darf fast schon sagen Ihrer – Kunden waren Ihnen stets wichtiger. Es ist genau diese kundenfreundliche und engagierte Haltung, die sich dann auch auf eine positive Zielerrreichung auswirkt. Dafür möchten wir Ihnen recht herzlich danken.

Als Anerkennung für Ihren Einsatz und Beitrag für die hervorragende Geschäftsentwicklung 2003 möchten wir Ihnen dieses Jahr eine einmalige Gratifikation von CHF 6.000.– (brutto) zukommen lassen. Diese wird mit der nächsten Salärzahlung überwiesen.

Ich wünsche Ihnen und Ihrer Familie schöne und erholsame Feiertage und viel Freude und gute Erholung für das kommende Jahr.

Mit freundlichen Grüssen

Ihre Firma

Ihr Name
Ihre Funktion

Anerkennung eines sehr guten Verbesserungsvorschlages

Sehr geehrte Frau Muster

Jedes Unternehmen lebt vom Engagement und Ideenreichtum seiner Mitarbeiter. Die Bedeutung dessen ist grösser als jede noch so leistungsfähige Maschine.

Mit Ihrem Vorschlag, die Korrespondenzverwaltung und -erstellung in unserem Betrieb auf PC mit einem ausgeklügelten und durchdachten System zu rationalisieren und qualitativ zu steigern, haben Sie für alle Abteilungen unserer Firma eine sehr wertvolle Verbesserung erzielt.

Doch es blieb nicht nur bei der Anregung, Sie haben zugleich die Initiative ergriffen, diese Massnahmen auch in die Tat umzusetzen. Damit haben Sie gezeigt, dass die Idee wohl der erste Schritt, deren Umsetzung aber der zweite, ebenso wichtige, ist.

Für diesen Verbesserungsvorschlag möchten wir uns bei Ihnen bedanken. Wir unterstreichen diesen Dank mit dem beiliegenden "Anerkennungscheque" und offerieren Ihnen zudem einen Zwei-Tageskurs für fortgeschrittene PC-Anwender, dessen Thema Sie sich nach eigener Einschätzung auswählen können. Ferner übergeben wir Ihnen auch die Projektleitung und die Entscheidungskompetenz, den für die Umsetzung Ihres Verbesserungsvorschlages notwendigen Berater zu bestimmen.

Wir bitten Sie, sich Ihre kritische und innovative Haltung zu bewahren und sich weiterhin so engagiert und mitdenkend für unser Unternehmen einzusetzen. Es kommt allen zugute: Ihnen selber, unseren Kunden und unserem Betrieb.

Mit freundlichen Grüssen

Ihre Firma

Ihr Name
Ihre Funktion

Anerkennungsschreiben für besondere Leistung mit Honorierung

Sehr geehrter Herr Muster

Die für 2003 gesetzten Ziele haben wir als Gesamtunternehmen weitgehend erreicht. Ich denke dabei vor allem an die Umsatzziele, Sortimentszusammensetzung, Markterschliessung, Rationalisierungsinvestitionen und Organisationshilfsmittel. Sie haben mit voller Kraft und besonderem Engagement wesentlich zur Steigerung unseres Exportumsatzes beigetragen.

Dabei haben Sie qualitative Ziele und die Bedürfnisse der Firma mit Überstunden und Mehrleistungen immer vor Ihre Annehmlichkeiten und privaten Bedürfnisse gestellt. Sie richteten sich stets nach den Wünschen und Bedürfnissen unserer Kunden und es gelang Ihnen, unsere eigenen Lieferanten zu vorteilhaften Leistungen zu bewegen, ohne dabei zu grossen Druck auszuüben. Für diese positive und leistungsbewusste Haltung im Interesse unseres Unternehmens möchten wir Ihnen herzlich danken.

Als Anerkennung für Ihren Einsatz und Beitrag für die positive Geschäftsentwicklung möchten wir Ihnen dieses Jahr eine einmalige Gratifikation von CHF 4500.– zukommen lassen. Diese wird Ihnen mit der nächsten Lohnabrechnung überwiesen.

Das kommende Jahr wird gerade im Exportbereich erhöhte Anstrengungen verlangen, denn wir müssen in einem sich verschärfenden Konkurrenzumfeld und gesättigten Heimmarkt durch überdurchschnittliche Exportanstrengungen die Finanzierbarkeit unserer ehrgeizigen Wachstumsziele zusätzlich sicherstellen.

Wir wünschen Ihnen und Ihrer Familie ein glückliches und geruhsames Weihnachtsfest und für das kommende Jahr 2003 viel Erfolg und Gesundheit.

Mit freundlichen Grüssen

Ihre Firma/Ihr Name/Ihre Funktion

Besonders herzliches Anerkennungsschreiben

Lieber Herr Muster

ganz ehrlich: Wir überlegen uns ernsthaft, ob wir für Sie nicht einen Fanbriefkasten einrichten sollten. Denn so viele Anerkennungsschreiben, wie für Sie seit einem Jahr ins Haus flattern, machen eine solche innerbetriebliche Einrichtung fast erforderlich.

Aber nun Spass beiseite: Sie haben sich für die Firma stark engagiert und Erfolge erreicht, die selbst grösste Optimisten nicht für möglich gehalten hätten. Dabei konnten Sie mit Ihrem Engagement anfangs nicht mit allgemeiner Zustimmung rechnen, wie die Skepsis gegenüber der von Ihnen forcierten Schulung der Kundendienstmitarbeiter beweist.

Damit wären wir schon beim Thema: Sie waren einer der Ersten in unserem Betrieb, der nicht müde wurde, darauf hinzuweisen, welche Bedeutung eine am einzelnen Kunden orientierte Beratung hat. Sie haben nicht locker gelassen, bis alle Kundendienstmitarbeiter diesbezüglich fachlich und psychologisch geschult wurden. Sie haben selbst eine Art Lehrplan entwickelt, nach dem die Mitarbeiter unterrichtet wurden.

Die positiven Folgen blieben nicht aus: Die Mitarbeiter waren sichtbar mit viel mehr Eifer bei der Sache, weil sie ihren Dienst am und für den Kunden mit Erfolg belohnt sahen; die Kunden äusserten sich in hohem Masse zufrieden über die Art und Weise, wie sie von den Mitarbeitern unserer Firma behandelt werden. Die Firma spürt den Aufwind, der dank Ihrer Initiative und der daraus resultierenden Tätigkeit der Mitarbeiter einsetzt.

Herr Muster, ich danke Ihnen für Ihr Engagement und entschuldige mich gleichzeitig für meine von Skepsis geprägte Hartnäckigkeit, mit der ich Ihrer Idee anfänglich gegenübergestanden habe. Sie haben mich überzeugt; sehen Sie den Cheque als Zeichen meiner Anerkennung und Wertschätzung. Und was ich Ihnen zusätzlich versichere: Bei weiteren Initiativen dieser Art werden Sie mit keinen Hürden mehr rechnen müssen.

Mit unseren besten Grüssen

Ihre Firma/Ihr Name/Ihre Funktion

Verabschiedung wegen selbständigerwerbender Tätigkeit

Sehr geehrter Herr Muster

Sie haben als <Berufsbezeichnung> Ihre Tätigkeit in unserem Unternehmen begonnen. Sie verlassen uns nun als <Berufsbezeichnung>.

Diese Entwicklung sagt mehr aus als die Hervorhebung Ihrer 7-jährigen Betriebszugehörigkeit. Sie dokumentiert Ihren gesunden Eifer, der sich auf Ihre vortreffliche Fachkenntnis gründet.

Vielen Dank
für Ihre jahrelange zuverlässige Mitarbeit

Leider müssen wir ab dem <Datum> auf Ihr Können verzichten, da Sie sich selbständig machen wollen. Aus unserer Sicht ein fast zwingender Schritt für einen zielstrebigen Menschen mit unerschöpflicher Energie.

Wir wünschen Ihnen, dass der Erfolg Ihnen im eigenen Unternehmen treu bleibt - hierzu viel Glück!

Mit freundlichen Grüssen

Ihre Firma

Ihr Name
Ihre Funktion

Teilzeitbeschäftigung bei anderem Arbeitgeber

Sehr geehrte Frau Muster

Vielen Dank für Ihr Schreiben vom <Datum>, mit dem Sie uns mitteilen, dass Sie im Laufe des nächsten Jahres bei einem anderen Arbeitgeber abends ein Teilzeitarbeitsverhältnis ausüben möchten.

Nach Ihren eigenen Angaben möchten Sie bei dem <Unternehmen> als ... in der XY-Abteilung tätig werden. Ihre wöchentliche Arbeitszeit wird dabei maximal 19 Stunden nicht übersteigen. Das Arbeitsverhältnis möchten Sie am <Datum> aufnehmen.

Gemäss Angestelltenreglement ist die Aufnahme dieser Tätigkeit nur mit unserer Zustimmung möglich. Wir sehen durch die von Ihnen geplante Teilzeitbeschäftigung unsere betrieblichen Interessen nicht gefährdet und erteilen Ihnen hiermit unsere Zustimmung zu der oben geschilderten Teilzeitbeschäftigung bei <Unternehmen>.

Wir wünschen Ihnen bei dieser Tätigkeit viel Erfolg und bedanken uns für Ihr korrektes und vertrauenswürdiges Verhalten.

Mit freundlichen Grüssen

Ihre Firma

Ihr Name
Ihre Funktion

Beförderung zur Abteilungsleiterin

Sehr geehrte Frau Muster

Sechs Monate bereits nehmen Sie nun die Aufgaben Ihrer Vorgängerin wahr. Wir übertreiben nicht, wenn wir feststellen, dass uns Ihre Zielstrebigkeit und der angenehme Umgang mit Ihren Mitarbeitern und Kunden beeindruckt. Auch die Geschäftsleitung ist sich bewusst, welches Geschick die Führung einer zwölfköpfigen Gruppe erfordert.

Es fiel der Geschäftsleitung unter diesen Umständen leicht, Sie offiziell zur Abteilungsleiterin zu ernennen. Damit verbunden ist die Aufnahme in die beratende Marketing-Fachgruppe.

Das Salär wird Ihrem erweiterten Aufgabenkreis und der Verantwortung angepasst. Sie werden ab kommendem Monat ein Brutto-Gehalt von CHF <Betrag> beziehen, was einer Lohnerhöhung von CHF <Betrag> entspricht.

Es bleibt uns, Ihnen für Ihr Engagement im Dienste unseres Unternehmens zu danken und Ihnen weiterhin denselben Erfolg und dieselbe persönliche Befriedigung zu wünschen.

Mit freundlichen Grüssen

Ihre Firma/Ihr Name/Ihre Funktion

Zusatz bei gleichzeitiger Erteilung der Prokura:

Gleichzeitig mit der Beförderung zur Abteilungsleiterin und Stellvertreterin des Geschäftsführers erteilt Ihnen die Geschäftsleitung die Prokura. Sie zeichnen mit Ihrer Einzelunterschrift nun für alle Geschäftsvorgänge in Ihrer Abteilung und sind bis zu CHF <Betrag> für alle Geschäftsbelange verantwortlich. Für darüber hinausgehende Verantwortlichkeiten ist die Unterschrift von zwei Prokurainhabern erforderlich.

Beförderung zum Abteilungsleiter

Sehr geehrter Herr Muster

Wir freuen uns, Ihnen mitteilen zu können, dass die Geschäftsleitung beschlossen hat, Sie in Anerkennung Ihrer bisherigen Leistungen und Ihres bisherigen herausragenden Einsatzes mit Wirkung vom <Datum> zum Abteilungsleiter der Abteilung 243A zu ernennen.

Mit dieser Ernennung ist die Erteilung der Handlungsvollmacht verbunden. Sie unterzeichnen künftig gemeinsam mit einem Prokuristen oder einem zweiten Handlungsbevollmächtigten mit Prokura. Verbunden mit der Ernennung ist die Aufnahme in die Altersversorgung für unsere Führungskräfte. Die Einzelheiten darüber entnehmen Sie bitte der beigefügten Versorgungsordnung.
Ausserdem erhöhen wir Ihre Versicherungssummen in der Gruppenunfallversicherung auf folgende Summen:

bei Vollinvalidität	CHF	100.000
bei Tod	CHF	50.000

Mit der Aufnahme in den Kreis der Abteilungsleiter und des mittleren Managements gilt für Sie eine spezielle Spesenordnung. Die Einzelheiten entnehmen Sie bitte dem beigefügten Merkblatt. Ihr Gehalt beläuft sich ab dem Tag der Ernennung auf CHF <Betrag> jährlich, d.h. CHF <Betrag> monatlich. Am Ende eines jeden Geschäftsjahres erhalten Sie ausserdem eine ertragsabhängige Vergütung. Die Höhe der Tantieme wird jeweils im Januar des Folgejahres festgelegt. Dieses Schreiben wird Bestandteil des bestehenden Arbeitsvertrages vom <Datum>.

Wir gratulieren Ihnen zu Ihrer Ernennung und hoffen, dass diese für Sie ein Ansporn sein wird, sich auch in Zukunft mit Ihrer ganzen Arbeitskraft für unser Unternehmen einzusetzen.

Mit freundlichen Grüssen

Ihre Firma

Ihr Name
Ihre Funktion

Versetzung und Beförderung einer Kadermitarbeiterin

Sehr geehrte Frau Muster

wir beziehen uns auf unsere Gespräche vom <Datum> und <Datum> und freuen uns, Ihnen mitteilen zu können, dass die Geschäftsleitung sich entschieden hat, Sie, in Anerkennung Ihrer bisherigen Leistungen und Ihres bisherigen herausragenden Einsatzes, mit Wirkung vom <Datum> in unsere Filiale nach Zumikon zu versetzen. Sie werden dort die Position der Filialleiterin übernehmen. Zum gleichen Zeitpunkt befördern wir Sie zur Spartenleiterin Nonfood der Region Aargau.

Mit dieser Beförderung gehören Sie nun zu den leitenden Angestellten und zum engeren Führungsstab unseres Unternehmens. An den monatlich stattfindenden Sitzungen der Direktion nehmen Sie erstmals am <Datum> teil. Wir sind uns der guten und konstruktiven Zusammenarbeit mit Ihnen sicher und überzeugt, mit Ihnen unser Führungsteam nachhaltig zu verstärken.

Verbunden mit der Ernennung ist die Verbesserung der Sozialleistungen für unsere Führungskräfte. Die Einzelheiten dazu entnehmen Sie bitte dem beigefügten Vorsorgereglement.

Ihr Salär beläuft sich ab dem Tag der Ernennung auf ein neues monatliches Bruttosalär von CHF 7'800.–. Am Ende eines jeden Geschäftsjahres erhalten Sie ausserdem eine ertrags- und leistungsabhängige Bonusauszahlung. Die Höhe wird jeweils in den im Oktober stattfindenden Qualifikationsgesprächen festgelegt.

Dieses Ernennungs- und Beförderungsschreiben wird Bestandteil unseres Arbeitsvertrages vom <Datum>.

Wir gratulieren Ihnen zu dieser Ernennung. Wir sind überzeugt, in Ihnen eine hochqualifizierte Führungskraft gewonnen zu haben, welche die Entwicklung unseres Unternehmens positiv und engagiert mitprägen wird.

Mit freundlichen Grüssen

Ihre Firma/Ihr Name/Ihre Funktion

Ablehnung Finanzierungsbeteiligung an Weiterbildung

Sehr geehrter Herr Muster

Vielen Dank für Ihren Antrag betreffend unserer Beteiligung an der Finanzierung Ihrer Weiterbildung.

Wir begrüssen die Weiterbildungsaktivitäten grundsätzlich sehr, vor allem dann, wenn sie, wie bei Ihnen, aus persönlicher Initiative stammen. Das hohe Budget unseres Hauses im Aus- und Weiterbildungssektor und die unternehmenseigenen Aktivitäten wie Workshops und Inhouse-Seminare unterstreichen den Stellenwert zusätzlich.

Allerdings muss auch der Bezug zu Stelle und zu Aufgaben und die Relevanz gegeben sein. Diese fehlt bei Ihrem Weiterbildungsantrag, da das Thema bei Ihrer Arbeit nur einen geringen Stellenwert hat. Zudem hat dieser Bereich ganz generell zur Zeit auch nicht die von unserer Personalabteilung und Geschäftsleitung gesetzte Priorität.

Wir können Ihrem Antrag deshalb aus diesen Gründen nicht entsprechen. Wir schlagen Ihnen vor, mit Ihrem Vorgesetzten oder unserer Personalabteilung über Ihre Weiterbildungsziele zu sprechen und sich beraten zu lassen. Wir sind sicher, dass wir gemeinsam einen Weg finden, der Ihren und unseren Interessen gleichermassen entgegenkommt.

Für Ihr Verständnis bedanken wir uns im voraus bestens.

Mit freundlichen Grüssen

Ihre Firma

Ihr Name
Ihre Funktion

Zusage Finanzierung eines Kurses

Sehr geehrter Herr Muster

Vielen Dank für Ihren Antrag betreffend unserer Beteiligung an der Finanzierung Ihrer Weiterbildung.

Wir begrüssen die Weiterbildungsaktivitäten grundsätzlich sehr, vor allem dann, wenn sie wie bei Ihnen aus persönlicher Initiative stammen. Das hohe Budget unseres Hauses im Aus- und Weiterbildungssektor und die unternehmenseigenen Aktivitäten wie Workshops und Inhouse-Seminare unterstreichen den Stellenwert zusätzlich.

Ihren Wunsch, am dreitägigen Kurs zu MS Office teilzunehmen, beurteilen wir als sehr sinnvoll. Der von Ihnen vorgeschlagene Kurs scheint uns sehr professionell und praxisnah zu sein und die Themen entsprechen den von Ihnen ausgeführten und für uns ebenfalls als wichtig erachteten Aufgaben.

Wir können Ihrem Antrag deshalb entsprechen. Wir schlagen Ihnen vor, mit Ihrem Vorgesetzten oder unserer Personalabteilung die Details zu besprechen und zu regeln. Wir haben uns entschieden, die Kosten dieses Kurses gesamthaft zu übernehmen.

Wir freuen uns, Ihnen einen positiven Bescheid geben zu können und danken Ihnen für Ihr Interesse und Ihre Initiative.

Mit freundlichen Grüssen

Ihre Firma

Ihr Name
Ihre Funktion

Gratulation zu einem Ausbildungsabschluss

Sehr geehrter Herr Muster

Mit Freude haben wir von Ihrem Vorgesetzten gehört, dass Sie die Ausbildung zum eidg. diplomierten Buchhalter nicht nur mit Erfolg, sondern auch noch mit einer ausserordentlich guten Gesamtnote bestanden haben.

Zu diesem hervorragenden Erfolg beglückwünschen wir Sie und gratulieren Ihnen von ganzem Herzen. Aus- und Weiterbildung wird heutzutage zu Recht überall grossgeschrieben. Doch die Initiative und wirkliche Einsicht zur Notwendigkeit der Weiterbildung, der entscheidende Schritt dazu, die notwendige Disziplin und der Durchhaltewille und als Krönung der jeweils erfolgreiche Abschluss - das sind Voraussetzungen und Stationen einer Weiterbildung, die dann in der Praxis leider doch eher wenige schaffen.

Aber Sie gehören dazu. Und darauf sind wir stolz. Denn Sie haben mit dem überdurchschnittlichen Abschluss Fähigkeiten an den Tag gelegt, die für unser Unternehmen ebenso wertvoll sind: Initiative, Beharrungsvermögen, Einsatz und Lernwille.

Mit dem beiliegenden Cheque wollen wir uns an Ihren Kosten für diese Ausbildung beteiligen. Am Ende dieses Jahres wird Ihr Abschluss im Rahmen der Qualifikationsgespräche natürlich in der einen oder anderen Form auch seine Konsequenzen haben. Wir haben unsere Vorstellungen - und Sie wohl auch die Ihrigen. Nutzen Sie die bis dahin verbleibende Zeit, Ihre Pläne und Möglichkeiten zu konkretisieren.

Nochmals: Herzliche Gratulation zum Abschluss. Auch unsere Geschäftsleitung ist überzeugt, dass Sie einen weiteren qualifizierten Buchhalter und Finanzfachmann im Hause hat.

Mit freundlichen Grüssen

Ihre Firma

Ihr Name
Ihre Funktion

Anerkennungsschreiben für berufsbegleitende Abschlussprüfung

Sehr geehrte Frau Muster

Herzlichen Glückwunsch zu Ihrer ausgezeichneten Abschlussprüfung. Ihre Geduld und Ambitionen, eine umfassende Ausbildung dem schnellen Geldverdienen vorzuziehen, hat sich gelohnt.

Diesem Kompliment möchte ich ein weiteres hinzufügen: Sie haben während Ihrer Ausbildung oft bewiesen, dass Sie das Zeug zu einer Spitzenkraft in Ihrem Beruf haben. Deshalb meine Bitte: Bleiben Sie bei uns und setzen Sie Ihre Fähigkeiten weiterhin so ein, wie wir das von Ihnen gewohnt sind.

Wenn Sie einverstanden sind, sollten wir in den nächsten Tagen zusammensitzen, um über Ihre Zukunft in unserem Betrieb zu sprechen. Geniessen Sie aber vorher noch Ihren zweitägigen Sonderurlaub; Sie haben ihn redlich verdient.

Mit freundlichen Grüssen

Ihre Firma

Ihr Name
Ihre Funktion

Gratulation zu einer absolvierten Weiterbildung als Marketingplanerin

Sie werden es noch weit bringen!

Sehr geehrte Frau Muster

Unser herzlicher Glückwunsch zur bestandenen Prüfung zur eidg. diplomierten Marketingplanerin. Mit Ihrem Abschluss haben Sie bewiesen, dass Sie mit Ausdauer und Intelligenz ein Ziel setzen und dieses auch erreichen. Auf die exzellent abgeschlossene Ausbildung können Sie wirklich stolz sein.

Nicht erst seit Ihren frisch erworbenen Kenntnissen setzen Sie sich an Ihrem Arbeitsplatz für eine Weiterentwicklung unserer Marketingaktivitäten ein. Sie sind zur zuverlässigen Beraterin in anspruchsvollen Situationen und Fragen geworden. Auch dazu gratulieren wir Ihnen. Zwar können wir Ihnen heute noch keine Zusagen geben, doch in unserer Marketingabteilung kommen in absehbarer Zeit neue und interessante Aufgaben auf uns zu, für die Sie mit Ihrer Ausbildung sicher geeignet wären.

Zu Ihrem hervorragenden Abschluss nochmals herzliche Gratulation – wir freuen uns auf das erfolgreiche Umsetzen des von Ihnen erworbenen Know-how's in unserem Betrieb.

Mit freundlichen Grüssen

Ihre Firma

Ihr Name
Ihre Funktion

Gratulation zu einem interessanten Vorschlag

Sehr geehrte Frau Muster

Sie erinnern sich an Ihren vor ca. einem Monat eingereichten Vorschlag betreffend Einsatz neuer Verfahrensweisen zur Herstellung unserer Produkte?

Heute haben wir nun höchst erfreuliche und positive Nachrichten: Die Geschäftsleitung ist von Ihrem Vorschlag begeistert und der Produktionsleiter ist bereits am Ausarbeiten eines Realisierungsplanes und am Abklären weiterer Details zur Umsetzung.

Ihr Vorschlag war also ein Treffer ins Schwarze - eine sehr gut durchdachte und sinnvolle Innovation, die nicht nur Kosten sparen hilft, sondern auch die Qualität der Produkte wesentlich verbessert. Sie dürfen auf diese Innovation wirklich stolz sein.

Die Geschäftsleitung, wir von der Personalabteilung und der Produktionsleiter haben übereinstimmend ein "Dankeschönpaket" zur Anerkennung und Wertschätzung Ihrer hervorragenden Idee geschnürt:

Wir möchten Sie nächste Woche am <Datum> zu einem Abendessen im besten Restaurant des Platzes einladen. Dort werden wir Ihnen einen Cheque im Wert von CHF 10.000.- überreichen und ausserdem noch zwei, innerhalb der nächsten zwei Jahre zu beziehende Ferien-Zusatzwochen, hinzu. Von den, nach Ablauf von zwei Jahren, effektiv erzielten Kosteneinsparungen werden wir dann zu diesem Zeitpunkt 10% der nachweisbar eingesparten Kosten auf Ihr Konto überweisen.

Wir hoffen, Ihnen damit unsere Wertschätzung Ihres Vorschlages gebührend zum Ausdruck gebracht zu haben und danken Ihnen nochmals ganz herzlich für Ihren tollen Verbesserungsvorschlag.

Mit freundlichen Grüssen

Ihre Firma

Ihr Name
Ihre Funktion

Ankündigung einer individuellen Lohnerhöhung

Sehr geehrte Frau ... / Sehr geehrter Herr ...

Fachkompetenz, Kreativität in Problemlösungen und der Wille, sein Bestes zu geben sind dünn gesäte Eigenschaften. Es freut uns umso mehr, in Ihnen einen Mitarbeiter mit diesem unternehmerischen Bewusstsein gefunden zu haben.

Die Geschäftsleitung hat in ihrer letzten Sitzung mit Genugtuung beschlossen, Ihr Salär anzupassen.

Ihr neuer Lohn ab <Datum> wird CHF <Betrag> betragen.

Mit dieser Lohnerhöhung honorieren wir Ihren ausserordentlichen Einsatz und die zahlreichen Verbesserungsvorschläge, die wesentlich zur Rationalisierung und steigenden Servicequalität gegenüber unseren Kunden geführt haben. Für diese Initiative möchten wir uns an dieser Stelle auch herzlich bei Ihnen bedanken.
Weiterhin Erfolg und Freude an Ihrer Arbeit wünscht Ihnen

Mit freundlichen Grüssen

Ihre Firma

Ihr Name
Ihre Funktion

Gehaltserhöhung wegen Beförderung

Sehr geehrte Frau Muster

wir freuen uns, Ihnen mitteilen zu können, dass Sie mit Wirkung vom <Datum> zum

Gruppenleiter/Abteilungsleiter

ernannt werden. Ihr überdurchschnittliches Engagement, Ihr ausgeprägter Innovationsgeist und Ihr vorbildliches Teamverhalten hat zusammen mit Ihrer Weiterbildungsinitiative und dem erfolgreichen Abschluss zu diesem Entscheid geführt.

Mit der Ernennung ist die Zahlung einer Verantwortungszulage verbunden. Sie werden gleichzeitig nach (Gehaltsbezeichnung) umgestuft und erhalten eine (Bezeichnung) der noch gewährten Gehaltsbestandteile aufgrund der Beförderung.

Ab dem genannten Zeitpunkt erhalten Sie folgende Bezüge:

Grundgehalt	CHF ...
Umsatzbeteiligung	CHF ...
(sonstige Gehaltsbestandteile)	CHF ...
Bruttomonatsgehalt	CHF ...

Zu dieser Beförderung gratulieren wir Ihnen. Wir sind überzeugt, in Ihnen einen zuverlässigen und ehrgeizigen Kaderangestellten gefunden zu haben, der die ambitiösen Abteilungsziele mit Engagement und Kompetenz erfüllen wird. Wir hoffen, dass Ihnen die Ernennung zum <Gruppenleiter/Abteilungsleiter> und die damit verbundene Erhöhung der Bezüge ein Ansporn sein wird, Ihre ganze Arbeitskraft auch weiterhin zum Wohle unseres Unternehmens einzusetzen.

Mit freundlichen Grüssen

Ihre Firma

Ihr Name
Ihre Funktion

Lohnerhöhung wegen besonderer Leistungen

Sehr geehrter Herr Muster

In den letzten Monaten haben Sie sich mit grossem zeitlichen Aufwand und überdurchschnittlichem persönlichem Engagement bei den Reorganisationsarbeiten eingesetzt und dabei eine hervorragende Leistung erbracht.

Es gehört zur Tradition unseres Unternehmens, herausragende Leistungen und besonderes Engagement in der von uns gewünschten Qualität zu honorieren. Als Dank und Zeichen unserer Anerkennung freuen wir uns daher, Ihnen eine Salärerhöhung bekanntzugeben.

Neu beträgt Ihr monatliches Bruttogehalt ab <Datum> CHF <Betrag>. Wir sind uns bewusst, dass es für Ihre Frau und Ihre Kinder in dieser arbeitsintensiven Zeit mit zahlreichen Überstunden und Spezialeinsätzen nicht immer leicht war und einige Entbehrungen mit sich brachte. Umso mehr danken wir Ihnen an dieser Stelle für Ihr entgegengebrachtes Verständnis und das Ihrer Familie.

Der beiligende Gutschein im Betrag von CHF 300.– für den Freizeitpark XY soll auch gegenüber Ihrer Famile ein Ausdruck unserer Wertschätzung und ein Dankeschön an ihre Adresse sein. Lassen Sie sie bei dieser Gelegenheit herzlich von uns grüssen.

Wir wünschen Ihnen und Ihrer Familie alles Gute und weiterhin persönlichen und beruflichen Erfolg. Wir freuen uns auf eine weiterhin beidseitig gewinnbringende Zusammenarbeit. Für Ihren überdurchschnittlichen Einsatz möchten wir uns nochmals ganz herzlich bedanken.

Mit freundlichen Grüssen

Ihre Firma

Ihr Name
Ihre Funktion

Lohnanpassung und Teuerungsausgleich

Erfreuliche Mitteilung: Ihr Salär wird unserem Geschäftserfolg angepasst

Sehr geehrte Frau ... / Sehr geehrter Herr ...

Wie Sie vermutlich schon erfahren haben, ist dieses Geschäftsjahr für uns überaus erfreulich und erfolgreich verlaufen. Für Sie ergibt sich daraus eine erfreuliche Konsequenz. Per <Datum> erhalten sie den vollen Teuerungsausgleich von ... % zugesprochen und wir können Ihnen ... % der Gesamtlohnsumme zur Verfügung stellen.

Die Anpassungen wirken sich im Detail wie folgt auf Ihr Salär aus:

Positionen	**bisher**	**neu**
Bruttolohn	CHF......	CHF......
Ausgleich Teuerung ...%	CHF......	CHF......
Reallohn	CHF......	CHF......
Ihr Salär ab ...	CHF......	CHF......

Falls Sie weitere Fragen zu Ihrem Salär haben, bitten wir Sie, sich an Frau Muster zu wenden. Wir möchten Ihnen für Ihren Einsatz und die gute Zusammenarbeit herzlich danken und wünschen Ihnen erholsame Festtage und im neuen Jahr alles Gute.

Mit freundlichen Grüssen

Ihre Firma

Ihr Name
Ihre Funktion

Unbegründete Beanstandung einer Lohnabrechnung

Sehr geehrte Frau ... / Sehr geehrter Herr ...

mit Schreiben vom <Datum> beanstanden Sie Ihre Lohnabrechnung für den Monat ... Nach Ihrer Auffassung stehen Ihnen noch CHF <Betrag> für den in den Abrechnungszeitraum fallenden Samstag, den <Datum>, zu.

Nach unseren Unterlagen waren Sie in der Zeit vom <Datum> bis zum <Datum> arbeitsunfähig erkrankt (Ihr Arztzeugnis und Ihre Krankheitsmeldung vom <Datum>). Für diesen Zeitraum zahlten wir Ihnen den Lohn weiter. Keine Vergütung erhielten Sie allerdings für den in den Krankheitszeitraum fallenden Samstag, den <Datum>. Nach unserer Ansicht besteht für diesen Samstag keine Lohnfortzahlungspflicht.

Nach den in unserem Unternehmen geltenden Vorschriften sind regelmässige Arbeitstage die Werktage von Montag bis Freitag. Auch wenn an Samstagen Mehrarbeit geleistet wird, so werden die Samstage dadurch nicht zu regelmässigen Arbeitstagen. Deswegen werden die Samstage nicht in die Lohnfortzahlung im Krankheitsfalle einbezogen.

Die Ihnen für den Monat ... erteilte Abrechnung war demnach korrekt. Wir hoffen, dass wir nachvollziehbar dargelegt haben, warum der Samstag nicht abgerechnet worden ist. Falls Sie doch noch Fragen haben, so wenden Sie sich bitte an Herrn/Frau <Name> von der Personalabteilung.

Mit freundlichen Grüssen

Ihre Firma

Ihr Name
Ihre Funktion

Ablehnung des Gratifikationszahlungs-Anspruches

Sehr geehrte Frau Muster

vielen Dank für Ihr Schreiben vom <Datum>, in dem Sie die Meinung vertreten, dass Ihnen die in den vergangenen Jahren gewährte Weihnachts-Gratifikation auch dieses Jahr zustehe und wir zu einer Auszahlung verpflichtet seien.

Wir können uns Ihrer Auffassung aus den nachfolgend genannten Gründen nicht anschliessen. Unseres Erachtens besteht auf die Auszahlung der Weihnachts- Gratifikation keinerlei Rechtsanspruch, was vor allem auch im Arbeitsvertrag unter Punkt ... festgehalten ist.

Dieser Arbeitsvertrag enthält keine Regelungen oder Zusagen über die Zahlung einer Weihnachts-Gratifikation. Einen arbeitsrechtlich oder vertraglich begründeten Anspruch auf Zahlung der Weihnachts-Gratifikation gibt es daher nicht.

Ein Rechtsanspruch auf die Zahlung der Weihnachts-Gratifikation auch in diesem Jahr wäre nur dann gegeben, wenn durch die Zahlungen in der Vergangenheit ein Gewohnheitsrecht entstanden und dies vertraglich auch entsprechend geregelt worden wäre.

Wir haben in den zurückliegenden Jahren zwar jedes Jahr eine Weihnachts-Gratifikation ausbezahlt, was aber immer auf einer freiwilligen und jederzeit widerrufbaren Leistung und Vereinbarung basierte. Diese Information erfolgte auf der Lohnabrechnung, in der Mitarbeiterzeitschrift und in einem Informationsschreiben an alle Mitarbeiterinnen und Mitarbeiter vom <Datum> nochmals.

Wir hoffen, damit klar begründet zu haben, dass ein Rechtsanspruch auf Zahlung der Weihnachts-Gratifikation in diesem Jahr aus den genannten Gründen nicht besteht. Wir können deshalb auf Ihre Forderung in keiner Weise eingehen.

Für Rückfragen steht Ihnen unsere Frau <Name> gerne zur Verfügung.

Mit freundlichen Grüssen

Ihre Firma/Ihr Name/Ihre Funktion

Unberechtigtes Bestehen auf Ferienguthaben

Sehr geehrte Frau Muster

Vielen Dank für Ihren Brief vom <Datum>, in dem Sie uns mitteilen, dass Sie nicht bereit sind, den Verfall Ihres Ferienguthabens von 10 Tagen der letzten beiden Jahre hinzunehmen.

Wir können Ihren Standpunkt sehr wohl verstehen, denn der Verfall von nicht bezogenen Ferientagen "tut weh". Andererseits sind die Regelungen, die auch Ihnen abgegeben wurden, sehr klar und auch in der Mitarbeiterzeitschrift weisen wir immer wieder auf die Problematik und die oft entstehenden Missverständnisse hin.

Die Regelung zur Erinnerung: Es dürfen nicht mehr als fünf Ferientage ins Folgejahr übertragen werden, die jeweils im Folgejahr bis spätestens Ende April bezogen werden müssen. In Ausnahmefällen kann der Vorgesetzte, in Absprache mit der Personalabteilung, diese Frist verlängern. Genau diese Bestimmungen sind aber von Ihnen nicht eingehalten worden.

Nun schlagen wir aber angesichts Ihrer guten Leistungen und langen Betriebszugehörigkeit einen Kompromiss vor: Von diesen zehn Tagen gewähren wir Ihnen als Ausnahme fünf Tage, die aber bis Ende dieses Jahres bezogen werden müssen. Die restlichen fünf Tage verfallen jedoch definitiv.

Wir sind überzeugt, mit diesem Vorschlag eine auch für Sie annehmbare Kompromisslösung gefunden zu haben und würden uns freuen, wenn Sie sich damit einverstanden erklären könnten. Beachten Sie aber zukünftig die oben genannte Regelung, da wir einen solchen Kompromiss nur dieses eine Mal gewähren können.

Teilen Sie Ihren Entscheid bitte bis spätestens <Datum> unserer Frau <Name> von der Personalabteilung mit.

Mit freundlichen Grüssen

Ihre Firma

Ihr Name
Ihre Funktion

Wegfall des 13. Monatslohnes wegen schlechter Wirtschaftslage

Liebe Mitarbeiterinnen und Mitarbeiter

Wir belohnen auf freiwilliger Basis unsere Mitarbeiter gegen Ende des Jahres stets in Form eines freiwilligen, vertraglich nicht vereinbarten 13. Monatslohnes.

Zu unserem Bedauern müssen wir Ihnen aber mitteilen, dass wir Ihnen in diesem Jahr diesen freiwilligen 13. Monatslohn nicht auszahlen können. Grund dafür ist die zur Zeit äusserst schlechte Auftragslage, über die wir mehrmals offen informiert haben. Da auch die Prognosen für die nächsten Monate keine markanten Verbesserungen erwarten lassen, sehen wir uns leider zu dieser Massnahme gezwungen.

Seien Sie sich bewusst, dass wir alles daran setzen, keine Kündigungen aussprechen zu müssen und der Erhalt der Arbeitsplätze absoluten Vorrang hat. Wir sind uns sicher, dass eine solche Politik und Prioritätensetzung auch in Ihrem Sinne ist und Sie dafür Verständnis aufbringen.

In diesem Zusammenhang möchten wir auch darauf hinweisen, dass die gesamte Geschäftsleitung ebenfalls auf den 13. Monatslohn und alle darüber hinaus sonst auch üblichen Sonderzahlungen verzichtet.

Den 13. Monatslohn, der die Arbeitsleistung unserer Mitarbeiter honorieren soll, haben wir bis anhin immer regelmässig ausbezahlt. Wir sind zuversichtlich, dass dies mit vereinten Kräften und einer demnächst wieder erfreulicheren Konjunktur in absehbarer Zeit auch wieder möglich sein wird.

Wir sind sicher, dass Sie hierfür Verständnis haben.

Mit freundlichem Gruss

Ihre Firma

Ihr Name
Ihre Funktion

Richtigstellung der wirtschaftlichen Verfassung des Betriebes

Liebe Mitarbeiterinnen und Mitarbeiter

Wir alle wissen und sehen es täglich - ein Blick in die Zeitungen oder eine abendliche Tagesschau zeigen es immer wieder -, dass sich unser Land in einer wirtschaftlich schwierigen Phase befindet.

Dies bekommt auch unser Unternehmen zu spüren. Der Auftragseingang ist stark rückläufig, im Umsatz verzeichnen wir im zweiten Halbjahr einen Rückgang von 15% und auch das Neukundengeschäft hat empfindliche Einbussen erlitten. Dies wird, das kann man schon heute in etwa prognostizieren, den Betriebsgewinn dieses Jahr um mindestens 20% reduzieren. Dies sind die Fakten, über die wir Sie hiermit klar informieren wollen. Dieser Entwicklung tritt die Geschäftsleitung mit gezielten Kosteneinsparungen und Rationalisierungsmassnahmen entgegen.

Was aber - entgegen vieler Gerüchte, Vermutungen und Befürchtungen der letzten Zeit - nicht zutrifft: Unser Unternehmen muss weder Entlassungen noch Kurzarbeit vornehmen, noch befindet es sich in einer prekären Situation. Wie viele andere Unternehmen leiden auch wir unter dem wirtschaftlich schlechten Umfeld, doch unser Betrieb befindet sich trotzdem, den Umständen entsprechend von der Ertragslage und vom Geschäftsgang her beurteilt, in einer gesunden Verfassung.

Wir bitten alle Mitarbeiterinnen und Mitarbeiter, dies zur Kenntnis zu nehmen und allen Gerüchten und anders lautenden Vermutungen entschieden entgegenzutreten und in krassen Fällen von Falschinformationen den Vorgesetzten zu informieren.

Wir von der Geschäftsleitung und der Personalleitung haben uns vorgenommen, Sie mit einer offenen Informationspolitik regelmässig objektiv und den Tatsachen entsprechend über den Geschäftsverlauf zu informieren. Dies ist das beste Mittel, um schlechte Stimmungen erzeugenden Gerüchten und falschen Vermutungen entgegenzuwirken und um unberechtigte Zweifel und Ängste um die Sicherheit der Arbeitsplätze zu beseitigen.

Für Ihr Verständnis und Ihren in solchen Zeiten besonders wichtigen Einsatz danken wir.

<Name>	<Name>
Geschäftsleitung	Personalleitung

Begleitbrief für Führungskräfte-Befragung

Führungskräfte-Befragung

Sehr geehrte Kolleginnen und Kollegen unseres Hauses

Anbei erhalten Sie, wie an der Informationsveranstaltung von gestern mitgeteilt, den Fragebogen, mit dem wir wichtige Einschätzungen und Beurteilungen zur Situation in unserem Unternehmen eruieren möchten.

Mit Ihren sowohl kritischen wie auch konstruktiven Antworten und Kommentaren helfen Sie, Probleme, Chancen und wichtige Wünsche in unserer Firma zu erkennen. Dies gibt uns die Möglichkeit, auf Ihren Erfahrungen und Meinungen beruhend adäquate Massnahmen zur mitarbeitergerechten Weiterentwicklung unseres Unternehmens zu ergreifen.

Für Ihre Bereitschaft, unsere Personalarbeit zu unterstützen, bedanken wir uns schon heute ganz herzlich bei Ihnen. Wir bitten Sie, den ausgefüllten Fragebogen bis spätestens <Datum> an Frau <Vorname, Nachname> von der Personalabteilung zu senden.

Wir freuen uns auf Ihre aktive Teilnahme und viele kritische und weiterführende Anregungen und Vorschläge im Rahmen des Fragebogens.

Mit freundlichen Grüssen

Ihre Personalabteilung

<Ihr Name>

P.S. Dieser Fragebogen ist auch auf unserem Server unter der Dateibezeichnung Fragebogen_OKT03.xls verfügbar und kann uns auch per E-Mail digital übermittelt werden. Dies vereinfacht Ihnen und uns übrigens die Arbeit.

Einladung zum Mitarbeitergespräch

Liebe Mitarbeiterinnen und Mitarbeiter

Auch dieses Jahr finden wieder Mitarbeitergespräche statt, zu denen wir Sie mit diesem Schreiben einladen möchten. Termine, Dauer und Orte entnehmen Sie dem beiliegenden Informationsblatt.

Nehmen Sie sich für dieses Gespräch ca. eine Stunde Zeit und bereiten Sie sich mit dem beiliegenden Informationsblatt gewissenhaft und umfassend vor. Diese Mitarbeitergespräche sind keine Alibiübung, sondern können eine für Sie, Ihren Vorgesetzen und uns entscheidende Weichenstellung für eine bessere Zielerreichung, Arbeitszufriedenheit und Unterstützung in Ihrem Interesse sein.

In diesem Gespräch wird die Zielerreichung für das gerade abgelaufene Jahr besprochen und es werden die Jahresziele für das kommende Jahr definiert und gemeinsam mit Ihnen besprochen und festgelegt.

Gerne beantworten wir von der Personalabteilung Ihre Fragen zum Mitarbeitergespräch oder zu Regeln der Zielvereinbarung, um Ihnen bei der Vorbereitung optimal behilflich zu sein.

Wir freuen uns auf Ihre aktive und engagierte Teilnahme und wünschen Ihnen schon heute erfolgreiche und ergiebige Gespräche mit Ihrem Vorgesetzen.

Mit freundlichen Grüssen

Ihre Personalabteilung

<Ihr Name>

Einladung zum Unternehmensbesuch an Messe

Sehr geehrter Herr Muster

wir freuen uns über Ihre Anfrage nach Informationsmaterial und Ihr Interesse an unserem Unternehmen gemäss Ihrem E-Mail vom 22. August 2003.

In der Beilage haben wir Ihnen unsere soeben neu überarbeitete Firmenbroschüre, unseren aktuellen Geschäftsbericht und zwei Ausgaben der Mitarbeiterzeitschrift beigefügt.

Wir möchten Sie darauf hinweisen, dass unser Unternehmen und unsere Produkte auf der Fachmesse in ... in Halle 8 Stand 24B vertreten sein wird. Interessante Präsentationen zu technologischen Neuentwicklungen und Referate namhafter Fachleute zum Thema XY werden dabei für Sie von besonderem Interesse sein. Natürlich können Sie an unserem Stand von unseren Mitarbeitern - insbesondere von Frau ... aus der Personalabteilung - auch Informationen über Ausbildungsgänge, Anstellungsbedingungen, Beschäftigungs- und Aufstiegsmöglichkeiten in unserem Unternehmen erhalten.

Wir würden uns freuen, wenn wir Sie an unserem Stand begrüssen dürften. Im übrigen steht Ihnen für weitere Fragen gerne Frau ... unter der Telefonnummer 095 333 44 55 zur Verfügung.

Mit freundlichen Grüssen

Ihre Firma

Ihr Name
Ihre Funktion

Einladung zum Tag der offenen Tür

Sehr geehrter Herr Muster

wir freuen uns über Ihr Interesse an unserem Unternehmen und der Bitte nach Informationsmaterial.

In der Beilage haben wir Ihnen unsere soeben neu überarbeitete Firmenbroschüre, unseren aktuellen Geschäftsbericht und zwei Ausgaben der Mitarbeiterzeitschrift beigefügt.

Da eine Firmenbroschüre das Unternehmen in seiner Gesamtheit nicht realistisch und authentisch genug vorstellen kann, wie ein Rundgang durch das Unternehmen, bieten wir seit einigen Jahren einen "Tag der offenen Tür" für alle Interessierten an. Dieses Jahr findet die Veranstaltung am Dienstag, den <Datum>, statt. Dort wird die gesamte Personalabteilung und zwei Vertreter der Geschäftsleitung anwesend sein und alle Ihre Fragen beantworten. Sie haben zudem konkreten Einblick in die Tätigkeiten einiger Berufe und Fachleute erläutern Ihnen, anhand konkreter Beispiele und Projekte, Aufgabenstellungen und wichtige Zusammenhänge.

Wir möchten Sie zu dieser Veranstaltung herzlich einladen und würden uns sehr freuen, wenn wir Ihnen unser Unternehmen in allen seinen Facetten näherbringen könnten.

Für weitere Fragen oder Ihre Anmeldung zum "Tag der offenen Tür" wenden Sie sich bitte an Frau ... unter der Telefonnummer ... .

Mit freundlichen Grüssen

Ihre Firma

Ihr Name
Ihre Funktion

Wiederaufnahme der Arbeit nach Geburt

Sehr geehrte Frau Muster

mit Überraschung und grosser Freude haben wir vernommen, dass Sie bereits gestern glückliche Mutter eines gesunden und kräftigen Mädchens geworden sind. Wir hatten gemäss Ihren Informationen erst in einigen Tagen mit dem neuen Erdenbürger gerechnet!

Wir gratulieren Ihnen ganz herzlich zu Ihrer kleinen Prinzessin. Die Lebendigkeit soll sie von Ihnen haben und Charme und Liebenswürdigkeit Ihres Mannes sollen auch schon erkennbar sein.

Dass wir alle Sie in den vergangenen Wochen schon sehr schnell vermisst haben, soll bei dieser Gelegenheit offen und klar ausgesprochen werden. Das Vermissen erstreckt sich dabei nebst Ihrer engagierten Mitarbeit auch auf Ihre "aufgestellte" und zupackende Art und Ihren unverwechselbaren und ansteckenden Humor. Ihre Abteilung haben Sie so gut auf Ihre Abwesenheit vorbereitet, dass zumindest für die bevorstehende Übergangszeit alles reibungslos weiterlaufen wird.

Schenken Sie sich also in den Wochen Ihrer neuen Rolle als Mutter alle Ruhe und Erholung, die Sie brauchen, ehe Sie Ihre Arbeit bei uns wieder aufnehmen.

Gerne überreichen wir Ihnen das beigefügte Geschenk in der Überzeugung, dass es Ihnen und Ihrer Tochter manches erleichtern und viele schöne Stunden zugleich schenken wird.

Mit freundlichen Grüssen

Ihre Firma

Ihr Name
Ihre Funktion

Gratulation zur Selbständigkeit eines Mitarbeiters

Sehr geehrter Herr Muster

Sie haben Ihren Traum also verwirklicht und den definitiven Entscheid getroffen: Den Schritt in die Selbständigkeit, den Aufbau eines eigenen Unternehmens.

Sie machen sich selbständig und gründen in den nächsten Wochen Ihre eigene Firma. Dazu gehört gerade in der heutigen Zeit eine aussergewöhnliche Tatkraft, viel Optimismus und Bereitschaft zum Anpacken und eine gehörige Portion Mut - auch zum Risiko.

Da Sie über diese hervorragenden Eigenschaften und wichtigen Voraussetzungen verfügen, werden Ihnen Ihre Unternehmungen gelingen, da sind wir uns sicher. Denn in der von Ihnen ausgewählten Branche finden intelligente und dynamische Jungunternehmer selbst heute noch ein Sprungbrett für unternehmerisches Handeln, das für die Zukunft Perspektiven öffnet.

Obwohl wir Ihre Entscheidung natürlich bedauern – welche Firma lässt schon einen ihrer kreativsten und fähigsten Mitarbeiter wegziehen –, wünschen wir Ihnen für Ihr Vorhaben Glück und vor allem viel Erfolg.

Mit freundlichen Grüssen

Ihre Firma

Ihr Name
Ihre Funktion

Weihnachtsgratifikation zum Jahreswechsel

Sehr geehrte Frau ... / Sehr geehrter Herr ...

Dieses Jahr ist für unseren Betrieb überaus erfolgreich verlaufen und wir haben die gestecken Ziele erreicht und teilweise sogar massiv überschritten. Dies hat sich vor allem in einem überdurchschnittlichen Wachstum gezeigt.

Der wichtigste Aspekt dieses erfreulichen Resultates: Ohne den weit über das Pflichtenheft hinausgehenden Einsatz aller Mitarbeiterinnen und Mitarbeiter wäre ein solch erfreuliches Geschäftsergebnis nicht möglich gewesen. Wir danken Ihnen für Ihre engagierte Mitarbeit, mit der Sie während des ganzen Jahres zur Erreichung unserer Ziele beigetragen haben. An diesem Erfolg sollen auch Sie teilhaben können:

Wir anerkennen Ihre Leistung
mit einer einmaligen Weihnachtsgratifikation von
CHF <Betrag>

Dazu gehört ebenso unser Dankeschön an alle, die mit Engagement und Einsatz diesen Erfolg überhaupt ermöglichten. Wir freuen uns weiterhin auf eine gute Zusammenarbeit und wünschen Ihnen schon jetzt für die bevorstehenden Festtage alles Gute.

Mit freundlichen Grüssen

Ihre Firma

Ihr Name
Ihre Funktion

Jubiläumsschreiben mit besonderer Leistungsanerkennung

Sehr geehrter Herr Muster

Ein volles Jahrzehnt ist es her, dass Sie als Servicetechniker in unsere Firma eingetreten sind.

10 Jahre Muster AG und Herr Muster - auf diese dauerhafte und vertrauensvolle Partnerschaft sind wir stolz. Für dieses Jahrzehnt einer erfolgreichen und erfreulichen Zusammenarbeit möchten wir Ihnen von der Geschäftsleitung und Personalabteilung von ganzem Herzen gratulieren.

Gratulieren - und zugleich danken für die hervorragende Leistung, die Sie in diesen stürmischen, aber erfolgreichen Jahren in unserer Firma vollbrachten. Wir denken da insbesondere an Ihre weit herum bekannte Hilfsbereitschaft und Kollegialität. An Ihre Initiative, auch über Ihr "Abteilungsgärtchen" hinauszudenken und tatkräftig an Verbesserungen und neuen Ideen zu arbeiten. Oder an Ihren vor gut zwei Jahren eingereichten Vorschlag, die Wegzeiten von Servicetouren rationeller zu planen- ein Vorschlag, der uns erhebliche Kosteneinsparungen ermöglichte.

Dafür möchten wir uns, Herr Muster, herzlich bedanken. Als erstes laden wir Sie von der Geschäftsleitung mit Ihrer Frau zusammen am <Datum> zu einem Abendessen im Fünf-Sterne-Hotel "Salamander" ein. Als zweites wird Ihr Gehalt von nächstem Monat in doppeltem Betrag überwiesen und eine besonders schöne und komfortable Gartenmöblierung für Ihren Gartensitzplatz mit allem Drum und Dran soll Ihnen auch die Stunden der Entspannung und Erholung in Ihrer Freizeit verschönern. Versprechen Sie uns jedoch nur etwas: Dass sie darauf an keinen neuen Tourenplanungen arbeiten werden!

Spass beiseite - noch einmal ein herzliches Dankeschön für Ihre 10 Jahre Firmentreue und ausgezeichneten Leistungen. Wir freuen uns mit Ihnen zusammen auf die nächsten 10 Jahre.

Mit freundlichen Grüssen

Ihre Firma/Ihr Name/Ihre Funktion

Zum 10-Jahres-Jubiläum eines Mitarbeiters

Sehr geehrter Herr Muster

Am <Datum> traten Sie als Angestellter in unser Unternehmen ein. Seitdem sind 10 Jahre vergangen. In all diesen Jahren lernten wir Sie als einen zuverlässigen und gewissenhaften Mitarbeiter kennen und schätzen.

Wir freuen uns daher ganz besonders, Ihnen heute zu Ihrem 10-jährigen Firmenjubiläum zu gratulieren. Als Anerkennung Ihrer Verdienste und als Zeichen unserer Wertschätzung überreichen wir Ihnen (Geschenk).

Wir hoffen, dass wir noch viele Jahre auf Ihre Mitarbeit in unserem Unternehmen bauen können. Für Ihre sehr initiative und engagierte Mitarbeit und Ihren ausgesprochen kollegialen und hilfsbereiten Teamgeist möchten wir uns bei dieser Gelegenheit bedanken. Es freut uns, Mitarbeiter von Ihrem charakterlichen Verhalten und Ihrer Leistungsfähigkeit in unserem Unternehmen zu wissen und sehen einer erfreulichen Mitarbeit für die nächsten 10 Jahre entgegen.

Wir wünschen Ihnen und Ihrer Familie frohe Festtage und viel Freude. Wir sind überzeugt, dass Ihnen das beiliegende Geschenk - bei dem wir an Ihr Hobby gedacht haben - die Fest- auch zu Hobbytagen machen wird.

Mit den besten Wünschen

Ihre Firma

Ihr Name
Ihre Funktion

Zum 25-Jahres-Jubiläum eines Kaderangestellten

Sehr geehrter Herr Muster

am <Datum> traten Sie als Lehrling in unser Unternehmen ein. Seitdem sind 25 Jahre vergangen, in denen Sie in unserem Hause bis zum (Position) aufgestiegen sind.

Stationen Ihres von Veränderungen und ambitiösen Anforderungen an sich selbst geprägten Werdeganges waren unter anderem:

von ...	bis ...	... -Abteilung	als ....
von ...	bis ...	... -Abteilung	als ....
von ...	bis ...	... -Abteilung	als ....

Am <Datum> kamen Sie in die XY-Abteilung, deren Führung Ihnen am <Datum> aufgrund Ihres vorbildlichen und positiven Teamverhaltens anvertraut wurde. Wir kennen Sie als einen zuverlässigen und gewissenhaften Mitarbeiter, der es versteht, sein Team immer wieder im Einklang mit den unternehmerischen Herausforderungen neu zu motivieren, um so die an die Abteilung gestellten Anforderungen erfüllen zu können. Dies erachten wir als eine zentrale Führungsaufgabe, welche den Grundstein zu überdurchschnittlichen Leistungen bildet.

Wir freuen uns daher ganz besonders, Ihnen heute zu Ihrem 25-jährigen Firmenjubiläum zu gratulieren. Als Anerkennung Ihrer Verdienste und als Zeichen unserer Wertschätzung überreichen wir Ihnen <Geschenk>.

Wir hoffen, dass wir noch viele Jahre auf Ihre Mitarbeit in unserem Unternehmen bauen können. Wir wünschen Ihnen für Ihren Festtag viel Freude.

Mit den besten Wünschen

Ihre Firma

Ihr Name
Ihre Funktion

Persönliche Briefe und Mitteilungen zu privaten Situationen

Es gibt zahlreiche Anlässe und Situationen im privaten und familiären Umfeld von Mitarbeitern, welche in modernen, aufgeschlossenen und kommunikationsfreundlichen Unternehmen auch einen gebührenden Stellenwert haben müssen. Dies können sehr erfreuliche Ereignisse wie ein Jubiläum oder eine Geburt sein oder heikle Anlässe wie ein Kondolenzschreiben oder Genesungswünsche nach einer Krankheit oder einem Unfall. Mit Anteilnahme und Empathie trifft man den adäquaten Ton.

Anteilnahme nach Betriebsunfall

Sehr geehrter Herr Muster

Wir bedauern ausserordentlich, dass Sie an Ihrem Arbeitsplatz einen Unfall erleiden mussten. Von ganzem Herzen wünschen wir Ihnen eine baldige Genesung.

Ein solches Unglück, wie es Ihnen widerfahren ist, erfüllt uns mit tiefem Mitgefühl, und wir sind erschrocken über die Folgen dieses Unfalls. Beruhigend ist für uns allerdings die Nachricht Ihrer Frau von letzter Woche, dass Sie die Operation gut überstanden haben und die Aussichten für eine schnelle Genesung nach Auskunft Ihrer Ärzte gut sind.

Die Geschäftsleitung und Ihre Kolleginnen und Kollegen senden Ihnen ihre Grüsse und wünschen, dass Sie sich bald von Ihrem Unfall erholen. Wir freuen uns auf den Tag, an dem Sie wieder wohlauf sind.

Lassen Sie uns bitte wissen, wenn wir etwas für Sie tun können und wann wir Sie das erste Mal besuchen dürfen.

Mit freundlichen Grüssen

Ihre Firma

Ihr Name
Ihre Funktion

Genesungswünsche an Abteilungsleiter

Sehr geehrter Herr Muster

Eine positive Nachricht: Ihre Abteilung funktioniert prima. Es zeigt sich immer bei Abwesenheiten des Vorgesetzten ganz deutlich, wie gut und qualifiziert eine Abteilung von Ihrem Verantwortlichen organisiert ist. Und was auch die Voraussetzung jeder Spitzenleistung ist: Ihre Mitarbeiter sind ein exzellentes und sehr selbständiges Team.

Doch für viele kreative Entscheidungen fehlt uns Ihre Fachkompetenz und Ihr umsichtiges Vorausschauen immer mehr. Wir konnten während Ihrer Abwesenheit immer deutlicher beobachten, zu welch wertvoller Stütze unseres Unternehmens Sie im Laufe der letzten Jahre geworden sind. Auch Ihre Beliebtheit kommt in den immer häufiger werdenden Fragen "Wann kommt eigentlich Herr Seibold vom Spital zurück und wie geht es ihm?" zum Ausdruck. Wir hoffen, dass Ihre Ärzte Sie recht bald wieder in unser Unternehmen zurück überweisen.

Bis dahin hat Ihre Genesung und Erholung allerdings oberste Priorität. Hierzu wünschen wir Ihnen alles Gute. Der beiliegende von allen Mitarbeitern mit den besten Wünschen "signierte" Krimi soll Ihnen die Genesungszeit mit Spannung und Kurzweil etwas verkürzen helfen.

Mit freundlichen Grüssen

Ihre Firma

Ihr Name
Ihre Funktion

Genesungswünsche an Mitarbeiter im Spital

Sehr geehrter Herr Muster

Wie wir soeben von Ihrer Frau erfahren haben, wurden Sie über das Wochenende von Ihrem Arzt in das Spital eingewiesen.

Schon heute morgen haben wir Ihre gewohnt aufmunternde und aufgestellte Art, beim Morgengruss durch die Gänge zu "rauschen", vermisst. Schauen Sie also bitte, dass Sie dem Bett und Spital so bald wie möglich wieder entfliehen können! Frohgelaunte Kollegen wie Sie vermisst man schnell.

Das beiliegende Präsent, welches die Mitarbeiter in aller Eile beschafft haben, soll Ihnen die Zeit im Spital etwas verkürzen helfen. Wenn wir Ihnen in irgendeiner Form in den nächsten Tagen behilflich sein können, zögern Sie bitte nicht, unsere Frau <Name> anzurufen. Nur eines wird sie nicht machen: Ihnen Pendenzen oder Arbeitsunterlagen ins Spital schicken...

Wir alle wünschen Ihnen von Herzen baldige Genesung und alles Gute. Nutzen Sie diese Zeit bitte, sich sorgenfrei zu entspannen und kommen Sie erst wieder, wenn Sie wieder vollständig fit und "auf dem Damm" sind. Wenn's soweit ist, freuen wir uns alle wieder auf Sie.

Mit freundlichen Grüssen

Ihre Firma

Ihr Name
Ihre Funktion

Glückwünsche zur Hochzeit eines Mitarbeiters

Sehr geehrter Herr Muster

Sie haben "sie" also gefunden, die Frau mit der Sie nun einen Bund fürs Leben geschlossen haben. Herzlichen Glückwunsch und alles Gute zu Ihrer Hochzeit. Wir freuen uns mit Ihnen zusammen über diesen entscheidenden Lebensabschnitt.

Bis jetzt haben Sie "sie" ja sehr erfolgreich vor uns verborgen. Mehr noch, wir wussten nicht einmal, dass es sie gibt. Und schon gar niemand wusste, dass Sie heiraten würden. Wir sind alle sehr überrascht und wundern uns eigentlich, wie Sie es geschafft haben, nebst beruflichen Einsätzen, Reisen und Freizeitaktivitäten die Frau fürs Leben zu finden.

Wann werden wir Ihre nun glücklich und frisch vermählte Frau kennenlernen? Auf der nächsten Betriebsfeier? Oder vielleicht schon früher zu einem Kaffee in unserer Kantine? Bringen Sie doch ein Bild von Ihrer Hochzeit mit, wenn Sie von der Hochzeitsreise zurückkommen. Wir freuen uns alle auf ein Stimmungsbild eines glücklichen Paares.
Bis dahin wünschen wir Ihnen erlebnisreiche Flitterwochen und alles Gute.

Mit freundlichen Grüssen

Ihre Firma

Ihr Name
Ihre Funktion

Gratulation zur Geburt auf sehr persönliche Art

Sehr geehrte Frau Muster

Von Ihrem Mann hat uns die schöne und beruhigende Nachricht erreicht, dass Sie und Ihr Baby nach der Geburt wohlauf sind.

Wir von der Personalabteilung gratulieren Ihnen herzlich zu Ihrem Nachwuchs und freuen uns mit Ihnen, dass alles komplikationslos über die Bühne gegangen ist. Dieser Gratulation schliessen sich auch alle Mitarbeiter unseres Betriebes an. Von ihnen und uns stammt das kleine Präsent in der Beilage, das Ihnen und Ihrem Kind die nächsten Tage noch mehr verschönern und auch ein bisschen vereinfachen soll.

Gönnen Sie sich und Ihrem Kind die vor Ihnen liegenden Ruhetage. Sie beide brauchen Entspannung und die ungestörte Einstellung auf eine sich nun veränderte Familiensituation mit vielen neuen schönen Seiten und Herausforderungen.

Herr <Name> hat sich bereits erkundigt, ob er Ihren Sohn Andreas schon auf die Liste künftiger Anwärter für eine Stelle in unserer Firma nehmen dürfe - wenn er nur ein bisschen der Mutter gleiche, mache er dies unverzüglich mit einer Einstellungsgarantie so ungefähr im Jahr 2020...

Spass beiseite - alles, alles Gute wünschen wir Ihnen und Ihrem Sprössling und freuen uns darauf, bald nicht nur Sie, sondern auch Ihren Andreas bei uns zu sehen.

Mit freundlichen Grüssen

Ihre Firma

Ihr Name
Ihre Funktion

Glückwünsche zur Geburt auf humorvolle Art

Wir freuen uns mit Ihnen: Ihr neuer Sprössling da

Liebe Frau Muster

Nun sind Sie es: stolze Mutter eines Babys! Zum ersten Mal. Und das ohne Komplikationen und Probleme. Wir freuen uns mit Ihnen zusammen über den Familiennachwuchs. Geht es Ihnen und Ihrem Junior gut? Wir wünschen es Ihnen und ihm alle sehr.

Wir gratulieren Ihnen herzlich zur Geburt des Stammhalters. Zwar ist der Kleine gerade erst geboren, aber dennoch fragen wir uns hier alle: Wann kommt sie wieder, die Frau Muster? Denn kaum sind Sie weg, vermissen wir Sie auch schon. Die ganze Abteilung ist nur noch halb so lebendig und wir lachen auch viel weniger. Also, wann ?

Doch vorerst geniessen Sie das Muttersein und neue Familienleben zu dritt. Ein neuer Lebensabschnitt ist nun eingeläutet, und auf diesen muss man sich mit Ruhe und Zeit einstellen. Geben Sie vor allem Ihrem Sohn die ihm zustehende Liebe und Zuneigung.

Alle Mitarbeiterinnen und Mitarbeiter grüssen Sie, Ihren Ehemann und Sohn von ganzem Herzen.

Mit freundlichen Grüssen

Ihre Firma

Ihr Name
Ihre Funktion

An die Witwe eines Geschäftsfreundes

Liebe Frau Muster

Nun ist er also von uns gegangen, Ihr Gatte. Sicher, wir alle wussten, dass dies aufgrund seiner schweren Krankheit in absehbarer Zeit geschehen würde. Aber sind wir deshalb weniger erschüttert? Nein, wir sind es nicht.

Er war ein grosszügiger, einsatzfreudiger und lebensfroher Mensch, der überall, wo er anderen begegnete, Optimismus und Zuversicht versprühte. Und nicht nur die Aufbaujahre haben ihn viel Kraft gekostet. Er war seiner Sache ergeben und zeichnete sich sowohl durch menschliche wie auch berufliche Qualitäten aus. So arbeitete er selbst dann noch, als er sich eigentlich schon lange in ärztliche Pflege hätte begeben müssen.

Doch die Arbeit, die Firma, das war sein Leben. Darauf konnte er mit vollem Recht stolz sein. Er war es auch. Und wir waren stolz auf ihn. Stolz darauf, ihn als Freund und treuen Mitarbeiter zu haben; stolz darauf, ihn als loyalen und ehrlichen, stets zuverlässigen und hilfsbereiten Geschäftspartner zu haben.

Ihr Ehemann, liebe Frau Muster wird uns noch lange in Erinnerung bleiben. Wir sprechen Ihnen unser Beileid aus und wünschen Ihnen die notwendige Kraft, über diesen schweren Verlust hinwegzukommen. Können wir Ihnen auf irgendeine Art behilflich sein, zögern Sie nicht, uns anzurufen.

In tiefer Trauer

Ihre Firma

Ihr Name
Ihre Funktion

An die hinterlassene Ehefrau eines Mitarbeiters

Liebe Frau Muster

Wenn ein Mensch so früh und auf so tragische Weise ums Leben kommt, dann fehlen mir dazu eigentlich die Worte. Wir haben es mit einem solch unfassbaren Ereignis zu tun, dass wir es nur schwer oder noch gar nicht begreifen können. Ein Mensch, der sich voller Aktivitäten und Pläne den Herausforderungen des Lebens stellte und der Pläne hatte, ist plötzlich nicht mehr da. Von einem Tag auf den anderen müssen wir ohne ihn auskommen.

Der Verlust, den wir durch den Tod Ihres Mannes erlitten haben, ist für uns unbeschreiblich gross, menschlich und beruflich. Über unseren Betrieb hat sich ein Schatten gelegt, weil wir alle einen wertvollen Menschen und kompetenten Mitarbeiter verloren haben, der nicht nur in beruflicher, sondern auch in menschlicher Hinsicht in vielem eine Vorbildfunktion innehatte. Solange wir uns an ihn erinnern, ist der Mensch noch nicht wirklich gestorben, heisst es. Und uns an Ihren Mann erinnern, das werden wir ein Leben lang.

Liebe Frau Muster, zum tragischen Tod Ihres Ehemannes möchten wir Ihnen kondolieren. Können wir Ihnen auf irgendeine Weise helfen, über diese schwere Zeit hinwegzukommen? Können wir Sie irgendwie unterstützen? Bitte lassen Sie es uns wissen.

In tiefer Trauer

Ihre Firma

Ihr Name
Ihre Funktion

Kondolenzschreiben zum Tod eines pensionierten Mitarbeiters

Sehr geehrte Frau Muster

mit grosser Betroffenheit erhielten wir gestern die bestürzende Nachricht vom plötzlichen und unerwarteten Tod Ihres Ehemannes. Wir sprechen Ihnen unser tief empfundenes Beileid aus.

Nach den vielen Jahren, die Ihr Mann für unser Unternehmen tätig war, hatte er sich so sehr auf seine Pensionierung gefreut. Leider war es ihm nicht vergönnt, seine arbeitsfreie Zeit lange genug zu geniessen. Wir hoffen zumindest, dass er in den knapp drei Jahren, die seit seinem Weggang aus unserem Unternehmen vergangen sind, einen Teil seiner Projekte verwirklichen und während seinen geliebten Reisen bleibende und bereichernde Eindrücke sammeln konnte.

Auch wir werden Ihren Mann in guter Erinnerung behalten und ihm das ehrende Andenken bewahren, das er verdient. Ihr Mann war für uns ein engagierter, menschlich wertvoller Mitarbeiter, der auch von Lieferanten und Kunden gleichermassen geschätzt wurde.

Falls wir Ihnen in dieser schweren Zeit in irgendeiner Form behilflich sein können, so lassen Sie es uns bitte wissen. Wenden Sie sich jederzeit mit allen Problemen und Fragen an die Mitarbeiter unserer Personalabteilung.

Für die vor Ihnen liegende schmerzliche Zeit wünschen wir Ihnen und Ihrer Familie viel Kraft und Zuversicht.

Mit herzlicher Anteilnahme

Ihre Firma

Ihr Name
Ihre Funktion

Kondolenzschreiben zum Hinschied

Sehr geehrte Frau Muster

Der unerwartete Unfalltod Ihres Mannes hat uns alle erschüttert. Auch heute, zwei Tage nach dem tragischen Tod Ihres Ehemannes, ist die Stimmung im Betrieb immer noch von der schockierenden Nachricht getrübt und bedrückt.

Wir verloren mit <Name> einen Freund, der sich unablässig und couragiert für unser Unternehmen einsetzte. Gerade in schwierigen Zeiten machte er uns immer wieder Mut, indem er mit gutem Beispiel voranging, wenn es galt, Schwierigkeiten jedwelcher Art zu meistern.

Wir versichern Ihnen, Ihrem verstorbenen Gatten ein ehrendes Andenken zu bewahren und sprechen Ihnen unser herzliches Beileid aus. Unser Herr <Name> von der Geschäftsleitung und die Abteilungskollegen Ihres Ehemannes werden an der Beerdigung zugegen sein.

Bitte teilen sie uns jederzeit mit, wenn Sie in den nächsten Wochen Hilfe finanzieller oder anderer Art von uns wünschen. Unsere Frau <Name> wird Ihnen im Rahmen unserer Möglichkeiten sofort und schnell Beistand leisten. So wie Ihr Ehemann unserer Firma jahrelang die Treue hielt, möchten nun auch wir Ihnen zur Seite stehen: Zögern Sie also bitte nicht, unsere Hilfe in Anspruch zu nehmen.

In Trauer

Ihre Firma

Ihr Name

Beileidsbrief an Witwer

Sehr geehrter Herr Muster

zum Tode Ihrer Frau sprechen wir Ihnen unser Beileid aus. Ihr plötzliches und unerwartetes Ableben hat uns schwer getroffen. Als Mensch und als Mitarbeiterin wird Frau Muster bei uns eine Lücke hinterlassen, die uns zutiefst schmerzt.

Frau Muster war wegen ihrer beruflichen Kompetenz eine geachtete Mitarbeiterin. Mit ihrer stets guten Laune und ihrer Fähigkeit, Mitarbeiterinnen und Mitarbeiter immer wieder aufs Neue zu motivieren, hat sie viel zum guten Betriebsklima beigetragen. Wir werden Frau Muster sehr vermissen.

Herr <Name> von der Geschäftsleitung und Herr <Name> von der Personalabteilung werden zur Beerdigung Ihrer Gattin kommen.

Ihnen, lieber Herr Muster, wünschen wir, dass Sie über den Tod Ihrer Frau hinwegkommen. Mögen Ihnen Ihre Kinder ein Halt in Ihrer schweren Zeit sein. Wenn Sie Hilfe in irgendeiner Form benötigen, bitten wir Sie, sich an Frau <Name> von unserer Personalabteilung zu wenden, die alles unternehmen wird, um Ihnen beizustehen.

In Trauer

Ihre Firma

Ihre <Vorname, Nachname>
<Abteilung>

Glückwünsche zur vorzeitigen Pensionierung

Sehr geehrte Frau ... / Sehr geehrter Herr ...

Wir können die Gründe für Ihre vorzeitige Pensionierung sehr gut nachvollziehen, auch wenn Sie dadurch Ihren vertrauten Kollegenkreis aufgeben müssen. Dass Sie sich intensiver Ihrer Familie und Ihren privaten und persönlichen Interessen widmen möchten, ist der wohl beste und verständlichste Grund, den es geben kann.

Damit Ihre vorzeitige Pensionierung schwungvoll und spannend beginnt, überreichen wir Ihnen das beiliegende Geschenk. Es ist uns nämlich zu Ohren gekommen, dass Sie ein passionierter Segler sind – und genau bei der Ausübung dieses Hobbys soll Ihnen dieses Präsent noch mehr Spass machen. Und die Umstellung vom aktiven Arbeitsleben auf die vorzeitige Pensionierung wird Ihnen gewiss in der Anfangsphase Geduld abverlangen.

Wir bewundern Ihre Entscheidung aber auch, da Sie Ihre soziale Verantwortung wahrnehmen, indem Sie Ihren Arbeitsplatz einem jungen Menschen zur Verfügung stellen. Nach einiger Zeit, wenn Sie manche interessante Bücher gelesen und Ausflüge unternommen haben, werden Sie sicher neue Betätigungsfelder finden.

Wir wünschen Ihnen für die arbeitsfreie Zeit viel Freude. Und vergessen Sie uns nicht so bald! Wir freuen uns, wenn Sie Ihre Erinnerungen hin und wieder durch einen Besuch auffrischen und bei uns vorbeischauen - Sie wissen, dass Sie herzlich willkommen sind.

Wir wünschen Ihnen für Ihre Zukunft alles Gute und vor allen Dingen Gesundheit und viele spannende Ideen zur Verbringung Ihrer Freizeit.

Mit freundlichen Grüssen

Ihre Firma

Ihr Name
Ihre Funktion

Glückwünsche zur Pensionierung

Sehr geehrte Frau Muster

Sie waren seit <Datum> und somit 19 Jahre bei uns beschäftigt. Eine stattliche Zeitspanne, die Ihre Verbundenheit mit unserem Unternehmen offenkundig macht.

Sie gehörten stets zu den Mitarbeitern, auf die in jedem Fall Verlass war. So haben Sie der Firma durch zusätzliche Mehrarbeit intensiver gedient, als Sie heute in Ihrer Bescheidenheit wahrhaben wollen.

Wir danken Ihnen für die herausragende Leistung und die unermüdliche Tatkraft zum Wohle des Unternehmens. Ihre umfassenden Betriebskenntnisse, Ihr organisatorisches Geschick und Ihre besonders wertvolle Gabe, Mitarbeiter für Ziele und Aufgaben zu begeistern, werden wir besonders vermissen.

Geniessen Sie Ihren wohlverdienten Ruhestand, widmen Sie sich Ihrer Familie, Ihren Freunden und Ihren Hobbys. Wir sind überzeugt, dass Ihre aktive Persönlichkeit und Ihre optimistische Grundhaltung, Herausforderungen und Vorhaben anzugehen, Ihnen den Eintritt in den Ruhestand erleichtern und den neuen Lebensabschnitt werden meistern helfen. Wir wünschen Ihnen dazu die Muse, die Ihnen das Berufsleben nur selten gönnte.

Apropos Muse: Uns ist Ihre Begeisterung für das Theater bekannt. Das beiliegende Jahresabonnement für das Schauspielhaus ist unser Geschenk an Sie. Einerseits können Sie so Ihr kulturelles Interesse pflegen und andererseits Ihre Erinnerung an unseren Betrieb lange wachhalten. Und wenn diese Erinnerung bewirken würde, ab und zu bei uns reinzuschauen, würde uns das besonders freuen. Unser Kantinenchef hat uns garantiert: Ihr Stammplatz und das geliebte "Zwetschgentörtli" wären jederzeit vorhanden...

Wir wünschen Ihnen für die Zukunft alles Gute und viel Gesundheit.

Mit freundlichen Grüssen

Ihre Firma/Ihr Name/Ihre Funktion

Interne Betriebsmitteilungen

Ob es spezielle Arbeitszeiten oder eine Mitteilung der IT-Abteilung ist – zahlreich sind die Anlässe und Situationen für Mitteilungen an den gesamten Betrieb und an alle Mitarbeiter. Mal kann es ein Memo sein, eine Mitteilung für das schwarze Brett, die Mitarbeiterzeitschrift oder eine Intranet-Publikation oder Express-Mitteilung per E-Mail. Wählen Sie je nach Kommunikationsziel und Bedeutung der Mitteilung den geeigneten Kommunikationskanal oder die adäquate Informationsplattform – die folgenden Mitteilungsmuster sind Ihnen dabei behilflich.

Internet-Nutzung

Sehr geehrte Mitarbeiterinnen und Mitarbeiter

Wie Sie wissen, haben wir seit kurzem in unserem Betrieb das Internet allen Mitarbeitern zugänglich gemacht. Es ist heutzutage ein unverzichtbares Medium zur effizienten Recherche und Informationsbeschaffung.

Allerdings setzt dieses Angebot auch eine massvolle und korrekte Nutzung Ihrerseits voraus. Allzuviele Websites verführen zu privaten Surftouren, die aber ebenso Geld kosten wie die geschäftliche Nutzung. Es ist nicht die Mentalität unseres Unternehmens, ihre Webhistory zu kontrollieren, vielmehr zählen wir auf Ihr Verantwortungsbewusstsein.

Wir bitten Sie deshalb, den Internetanschluss nur für betriebliche Aufgaben und Zwecke zu gebrauchen und von privaten "Netzstreifzügen" abzusehen. Beachten Sie aber: Den SBB-Fahrplan für eine Wochenend-Reise zu besuchen oder für einige Minuten in einen Veranstaltungskalender zu sehen, liegt natürlich wie beim Telefonieren auch, im Toleranzbereich.

Wenden Sie sich bei Fragen an unseren Herrn Muster. Er ist Ihnen bei allen das Internet betreffenden Fragen behilflich. Wir rechnen mit Ihrer verantwortungsbewussten und seriösen Nutzung des Internets und danken Ihnen dafür.

Die Personalabteilung

Persönliche E-Mail-Adresse

E-Mail: Nun hat jeder von Ihnen seine "eigene" E-Mail Adresse

Liebe Mitarbeiterinnen und Mitarbeiter

Enter-Taste drücken – und es ist weg und einige Minuten später beim Empfänger... Haben Sie die "elektronische Post" auch schätzen gelernt? Wir freuen, uns Ihnen mitzuteilen, dass nun jeder Mitarbeiter und jede Mitarbeiterin unserer Firma über eine "eigene" E-Mail-Adresse verfügt. Diese setzt sich zusammen aus Vorname, Nachname dem @, dem Providernamen und Länderdomain. Hier ein Beispiel:

sandra.muster@pronet.ch

Wir bitten Sie, Ihre neue, persönliche E-Mail-Adresse in der Kommunikation mit Lieferanten, Kunden, Niederlassungen und anderen Geschäftspartnern zu verwenden und diesen Ihre Adresse auch mitzuteilen. Bedenken Sie aber, dass Verträge, Offerten, Firmeninternas und andere wichtige Dokumente – auch aus Sicherheitsgründen - nach wie vor auf dem Postweg zu versenden und E-Mails nur bei Kurzmitteilungen, Anfragen, Bestätigungen, generellen Informationen und dergleichen zu verwenden sind.

E-Mails sind jedoch in der Erstellung und im Versand sehr kostengünstig, schnell und umweltfreundlich, gestatten eine effiziente und spontane Kommunikation und können per Tastendruck an mehrere Empfänger gleichzeitig versandt werden - gerade bei Rundschreiben an Kunden oder Lieferanten ein grosser zeit- und kostensparender Vorteil.

Wenden Sie sich bei technischen Fragen oder Problemen mit Ihrem E-Mail-Programm an unsere EDV-Abteilung. Unser Herr <Name>, Tel. intern 333, ist Ihnen jederzeit gerne behilflich.

Ihre Personalabteilung

PC-Ausbildungsangebot

Liebe Mitarbeiterinnen und Mitarbeiter

Wie andernorts auch, gewinnt der PC auch bei uns als rationelles und modernes Arbeitsinstrument zunehmend an Bedeutung. Der leistungsfähigste PC und die neueste Software nützen jedoch nichts, wenn nicht auch deren sichere und qualifizierte Bedienung sichergestellt ist.

Für jene Mitarbeiter, die sehr intensiv mit besonderen Aufgabenstellungen am PC arbeiten, wurde bereits ein obligatorisches Ausbildungsprogramm zusammengestellt. Die Erfahrungen aus diesen Ausbildungsaktivitäten möchten wir nun allen Mitarbeitern zugänglich machen. Dabei scheint uns wichtig, dass die Initiative aber in Ihrem Fall von Ihnen aus kommen sollte.

Wir von der EDV- und Personalabteilung stehen Ihnen in folgenden Fragen zur Seite:

- Definition des Ausbildungszieles
- Vorschlag eines auf Ihre Bedürfnisse zugeschnittenen Kurses
- Didaktische Form (Kurs, Fernunterricht, Selbstunterricht, Training on the job)
- Software
- Budget / Zeitrahmen

Wichtig sind aus unserer Sicht vor allem die sichere Beherrschung von Textverarbeitungs- und Tabellenkalkulationsprogrammen. Wir bitten Sie, von diesem Angebot regen Gebrauch zu machen und Ihre Weiterbildungswünsche Herrn Muster bis zum <Datum> zu melden.

Vielen Dank für Ihr Interesse und Ihre Initiative.

Die Personalabteilung Die EDV-Abteilung

Eintritt eines neuen Mitarbeiters

Liebe Mitarbeiterinnen und Mitarbeiter

Am <Datum> hat Herr Muster als Sachbearbeiter in der Abteilung Kundendienst seinen ersten Arbeitstag. Er verstärkt das Team - vor allem als Spezialist für schwierige und anspruchsvolle Kundenanfragen - und wird sich auch den Fragen eines zeitgemässen Softwareeinsatzes widmen.

Wir bitten Sie, Herrn Muster mit allen notwendigen Informationen zur Verfügung zu stehen und die sein Aufgabengebiet betreffenden Unterlagen bereitzuhalten.

Um ihn schnell und ganzheitlich in sein Tätigkeitsgebiet einführen zu können, wird er am <Datum> auch einen Einführungsrundgang antreten, der ihn in alle Abteilungen unseres Betriebes führen wird. Dürfen wir Sie daher bitten, untenstehend drei freie Termine auf jeweils drei Wochen verteilt zu nennen, die bei Ihnen für eine kurze, ca. zwei- bis dreistündige Abteilungs-Vorstellung noch frei sind.

Termin 1:	Woche: ...	Uhrzeit von	...... bis ......
Termin 2:	Woche: ...	Uhrzeit von	...... bis ......
Termin 3:	Woche: ...	Uhrzeit von	...... bis ......

Sie werden zu gegebener Zeit den Einführungsplan für Herrn Muster bekommen und dort dann den Ihre Abteilung betreffenden Termin vorfinden.

Für Ihre aktive Mithilfe und umfassende Einführung von Herr Muster danken wir Ihnen im voraus bestens.

Mit freundlichen Grüssen

Ihre Personalabteilung

<Vorname, Nachname>

Personelle Veränderung

Liebe Mitarbeiterinnen und Mitarbeiter

Nach langjähriger und erfolgreicher Tätigkeit verlässt uns der Leiter der Abteilung Servicetechnik, Herr Olaf Meier, auf den 31. Oktober 2003.

Wir danken Herrn Meier für die geleisteten Dienste. Er hat seine Abteilung im Laufe der letzten Jahre erfolgreich ausgebaut, war neuen technologischen Entwicklungen stets aufgeschlossen und hinterlässt ein leistungsfähiges und motiviertes Team. Für diese Leistungen danken wir Herrn Meier.

Die Nachfolge für diese Stelle ist bereits geregelt. Nach erfolgreichem Abschluss seiner Führungsausbildung und aufgrund seiner langjährigen und vielseitigen Betriebs- und Fachkenntnisse wird Herr Sonderegger von der Abteilung Montage ab 1. November 2003 die Leitung der Abteilung Servicetechnik übernehmen. Wir gratulieren Herrn Sonderegger zu dieser Beförderung und wünschen ihm in seinem neuen Aufgabenkreis viel Erfolg.

Wir wünschen Herrn Sonderegger in seiner neuen Funktion einen guten Start. Herrn Meier wünschen wir in seinem neuen Tätigkeitsbereich viel Erfolg.

Die Geschäftsleitung

Zusätzliche Arbeitsstunden

AN	Alle Mitarbeiter
VON	Geschäftsleitung und Personalabteilung
DATUM	10. Dezember 2003

Zusätzliche Arbeitsstunden

Die veränderte Wirtschaftslage hat dazu geführt, dass wir in unserer Branche den Arbeitsanfall im Rahmen der zur Zeit geltenden Arbeitszeiten nicht mehr bewältigen können. Da die Kontinuität des Auftragseinganges jedoch unsicher und schwierig prognostizierbar ist, müssen wir aus sozialen und kostenmässigen Überlegungen das steigende Arbeitsvolumen mit zusätzlichen Arbeitsstunden angehen.

Wir bitten Sie für diese mit Sicherheit nur vorübergehende Massnahme um Ihr Verständnis. Über die Zeitpläne, die betroffenen Mitarbeiter und weitere organisatorische Details informieren wir Sie in den nächsten Tagen.

Wo immer familiäre, gesundheitliche oder kapazitätsmässige Situationen eine solche Mehrleistung nicht oder begründetermassen nur unter erschwerten Bedingungen zulassen, besprechen wir dies selbstverständlich mit den betreffenden Mitarbeiter(inne)n.

Wir bitten Sie im Sinne einer Vorinformation schon heute, diese unabdingbare Massnahme zur Kenntnis zu nehmen. Wir versichern Ihnen, dass Sie auf jeden Fall mit den in unserem Betrieb in solchen Situationen üblichen Gegenleistungen rechnen können.

<Name>	<Name>
Personalabteilung	Geschäftsleitung

Arbeitszeit über Festtage

AN	Alle Mitarbeiter
VON	Geschäftsleitung und Personalabteilung
DATUM	10. Dezember 2003

Arbeitszeit zwischen Weihnachten und Neujahr

Nachdem die neue Festtagsregelung letztes Jahr bei Ihnen allen grossen Anklang gefunden hat, werden wir unsere Büros und Werkstätten während der Festtage auch dieses Jahr wieder durchgehend schliessen. Demzufolge wird der

Arbeitsschluss Donnerstag, der 24. Dezember 2003

und

Arbeitsbeginn der Montag, 4. Januar 2004 (normale Arbeitszeit)

sein. Von den drei ausfallenden Arbeitstagen werden zwei vorgeholt und der dritte am Ferienguthaben abgezogen. In besonderen Fällen und nach Rücksprache mit Frau Muster von der Personalabteilung kann der dritte Tag auch als unbezahlter Urlaubstag gewährt werden.

Wir werden Ihnen in den nächsten Tagen mitteilen, wann für welche Abteilungen die Ueberstunden geleistet werden müssen, um die ausfallenden Arbeitstage vorzuholen.

<Name>
Personalabteilung

<Name>
Geschäftsleitung

Who's who?

An alle Mitarbeiterinnen und Mitarbeiter

Nicht von Shakira, Guns & Roses oder Sarah Connor ist die Rede mit unserer "Who's who"-Idee.

Worum geht's?

In den letzten Jahren ist der Betrieb stetig gewachsen, sodass wir heute <Anzahl> Mitarbeiterinnen und Mitarbeiter zählen. Bei unserer letzten Zusammenkunft (der Betriebskommission, des Firmenclubs bzw. -vereins, usw.) wurde der Wunsch laut, jede Abteilung könnte doch einmal der gesamten Belegschaft Einblick in ihre Arbeit geben. Das kann durchaus auf unterhaltsame Art und Weise geschehen: Jedenfalls sind die Abteilungen in Form und Inhalt der Präsentation frei.

Die Geschäftsleitung freundete sich mit der Idee der "Who's who"-Veranstaltungen sofort an: Man kann von "Liebe auf den ersten Blick" sprechen. Wir sind bereit, während eines halben Jahres zwei Stunden Arbeitszeit monatlich für die Veranstaltungen zur Verfügung zu stellen. Nun sind Sie persönlich gefragt und gefordert. Vielleicht können auch Sie zum guten Gelingen beitragen?

Sie werden in allernächster Zeit abteilungsintern Detaillierteres erfahren.

Inzwischen verbleibt mit herzlichem Gruss

Das Firmen-Organisations-Komitee

Einschränkung des Rauchens

Liebe Mitarbeiterinnen und Mitarbeiter

In vielen Gesprächen mit nichtrauchenden Mitarbeitern unseres Unternehmens wurden und werden wir - in letzter Zeit vermehrt - wiederholt darum gebeten, dem nichtrauchenden Kollegen einen anderen Arbeitsplatz in einem Zimmer mit Nichtrauchern zu verschaffen. In den wenigsten Fällen können wir diesem Wunsch entsprechen.

Leider lässt sich das Problem der betroffenen Mitarbeiter aber nicht mit einer Bitte um Verständnis für die räumliche Situation der Firma lösen. Vor diesem Hintergrund bitten wir alle rauchenden Mitarbeiter um ihre Hilfe und Unterstützung, damit die Lage der nicht rauchenden Mitarbeiter verbessert werden kann.

Denken Sie beim Anzünden Ihrer nächsten Zigarette, Pfeife oder Zigarre daran, dass Ihr Kollege sich durch den Rauch beeinträchtigt fühlen oder unter Umständen sogar gesundheitliche Schäden davontragen kann.

Wir möchten, dass alle Mitarbeiter - rauchende und nichtrauchende - sich in unserer Firma wohlfühlen. Ebenso hoffen wir, dass dies in einem gemeinsamen Miteinander der Raucher und Nichtraucher erreicht werden kann, ohne durch Vorschriften den Entscheidungsspielraum der einen oder der anderen Seite zu beeinrächtigen.

In diesem Sinne hoffen wir auf verständnisvolle Gespräche zwischen den Rauchern und Nichtrauchern und sind davon überzeugt, dass gemeinsame Lösungen zur beiderseitigen Zufriedenheit gefunden werden können.

Mit freundlichen Grüssen
Die Personalabteilung

Krankheits-Absenzen

AN	Alle Mitarbeiter
VON	Personalabteilung
DATUM	10. Dezember 2003

Betrifft: Krankheitsabsenzen

Leider kommt es immer wieder vor, dass im Falle von Krankheitsabsenzen die Regelungen unseres Betriebes in Vergessenheit geraten oder etwas locker gehandhabt werden. Deshalb möchten wir Ihnen im Sinne einer einheitlichen Regelung folgende Punkte in Erinnerung rufen:

- Informieren Sie im Krankheitsfalle so früh wie möglich Ihren Vorgesetzten telefonisch.
- Am dritten Tag der Krankheit ist immer ein Arztzeugnis erforderlich. Lassen Sie dieses so früh wie möglich per Post der Personalabteilung zukommen.
- Informieren Sie Ihren Vorgesetzten mindestens ein Mal wöchentlich über Ihre voraussichtliche Absenz.
- Bei Unfällen - auch privat in Ihrer Freizeit - ist immer auch die Nichtbetriebs-Unfallversicherung betroffen. Benachrichtigen Sie bitte auch dann die Personalabteilung.

Für die Beachtung dieser Regelungen danken wir Ihnen. Betrachten Sie dies nicht als Misstrauen Ihnen gegenüber; es dient lediglich einer einfacheren administrativen Abwicklung und Entlastung unserer Personalabteilung von unnötigen Arbeiten und Nachfragen.

Mit freundlichen Grüssen

<Name>	<Name>
Leiter Personal	Personaladministration

Einführung Vorschlagswesen

AN Alle Mitarbeiter
VON Geschäftsleitung und Personalabteilung
DATUM 11. Oktober 2003

Liebe Mitarbeiterinnen und Mitarbeiter

Produktivität, Sorgfalt, Effizienz, Präzision - dies alles sind wichtige Merkmale und Voraussetzungen betrieblicher Leistungen und sie müssen gepflegt und weiterentwickelt werden. Doch die Essenz für eine dauerhafte Entwicklung sind

Innovationen, Ideen und Verbesserungen

Es verhält sich ähnlich wie mit Ihnen als Mensch und Person: Mehr Fitness, schöne Ferien und Geschenke sind wichtig und gehören zum Lebensgenuss - doch die wirklich bleibenden und Sie weiterbringenden Veränderungen sind neue Freundschaften, neue Hobbys, neue Lebensziele...

Nun aber genug der Einleitung - wir von der Geschäftsleitung offerieren Ihnen ein neues Vorschlagwesen. Was heisst das konkret? Wir befassen uns systematisch mit Ihren Innovationen, Ideen und Verbesserungen, prüfen und besprechen diese, realisieren sie, wenn immer möglich, schnell und - belohnen Sie dafür, und zwar im Rahmen zwischen CHF 200.– und CHF 1500.–. Für wirtschaftlich besonders gewinnbringende Ideen, z.B. im Neuprodukte-, Kundengewinnungs- oder Kostensenkungsbereich, ist die Grenze gegen oben offen.

Wir informieren Sie in den nächsten Tagen detailliert über den organisatorischen Ablauf. In der Hauszeitung schildern wir das neue Vorschlagwesen anhand eines praktischen Beispiels und werden darin auch immer alle Mitarbeiter und ihre Vorschläge nennen.

Geld ist eine Seite - Ihr Engagement, Ihr Ideenreichtum, Ihre Freude an Leistung und Erfolg und Ihre betriebliche Identifikationsbereitschaft ist allerdings der wahre "Humus", auf dem neue Ideen und Verbesserungen wachsen.

Mit freundlichen Grüssen
Die Personalabteilung

Generelle Sonderprämie

Liebe Mitarbeiterinnen
Liebe Mitarbeiter

Der Aufwärtstrend in unserem Unternehmen hält an: Die Werbekampagne zur Erweiterung des Kundenkreises und die Einführung der neuen Produktpalette kam zum rechten Zeitpunkt und deren Resultate können sich sehen lassen.

Die Geschäftsleitung ist sich im klaren darüber, dass nur der vorbildliche Einsatz jedes einzelnen von Ihnen über Wochen und Monate hinweg zu diesem erfreulichen Geschäftsgang geführt hat. Mehrarbeit an allen Ecken und Enden war in diesen hektischen Zeiten zudem an der Tagesordnung.

Als Zeichen der Anerkennung werden auf die kommenden Festtage hin alle Mitarbeiterinnen und Mitarbeiter eine Sonderprämie von CHF 1.000.– mit nach Hause nehmen können.

Auch in den kommenden Monaten zählen wir auf Ihre Unterstützung.

Mit freundlichen Grüssen

Ihre Firma

Ihr Name
Ihre Funktion

Leistungsausweis der Personal-Vorsorge-Stiftung

Leistungsausweis der Personal-Vorsorge-Stiftung <Name>

An alle Mitarbeitenden

In der Beilage erhalten Sie auch dieses Jahr wieder den Leistungsausweis der Personal-Vorsorge-Stiftung der <Name> mit den aktuellen Informationen zum Stand Ihrer persönlichen Versicherungsleistungen.

Gemäss den neu geltenden reglementarischen Bestimmungen der Personal-Vorsorge-Stiftung der <Name> wurde der Koordinationsabzug für dieses Jahr von bisher CHF <Betrag> auf CHF <Betrag> erhöht. Der Koordinationsabzug ist eine wichtige Einflussgrösse für das in der Stiftung versicherte Salär, das wiederum die Grundlage zur Berechnung aller Leistungen und Beiträge bildet.

Es ist Ihnen sicher nicht entgangen, dass die Pensionskassen gesamtschweizerisch unter den anhaltend schwachen Kapitalmärkten in ihrer Finanzkraft geschwächt wurden. Eine Folge davon war der Bundesratsbeschluss, den Mindestsatz zur Verzinsung der Altersguthaben in Vorsorgeeinrichtungen von bisher 4% auf neu 3.25% zu senken. Mit dieser Massnahme will man die von der negativen Börsenentwicklung stark betroffenen Pensionskassen nachhaltig entlasten.

Mit der durchdachten und sorgfältig geplanten Verwendung zweckgebundener Vermögensreserven konnte unsere Personal-Vorsorge-Stiftung der <Name> im Verlauf des letzten Jahres die schwierige Situation relativ unbeschadet meistern. Trotzdem kommt auch unsere Personal-Vorsorge-Stiftung nicht darum herum, weitere Massnahmen zur Stabilisierung und Verbesserung der finanziellen Situation zu ergreifen. Die Leistungsfähigkeit einer Personal-Vorsorge-Stiftung muss – im Interesse aller Generationen von Mitarbeitenden – auch mittel- und langfristig finanziell stabil und gesund sein.

Wir informieren Sie aber jederzeit über die getroffenen Massnahmen und konkreten Auswirkungen auf Ihre persönlichen Versicherungsleistungen. Auf eine transparente und offene Informationspolitik legen wir grossen Wert, da Vorsorgeleistungen für uns alle einen hohen Stellenwert haben und deren Entwicklung jederzeit im Auge behalten werden muss.

Für Ihr Verständnis vielen Dank. Für Fragen, die den beiliegenden Leistungsausweis oder diese Informationen betreffen, steht Ihnen unsere Personalabteilung oder Personal-Vorsorge-Stiftung der <NAME> jederzeit gerne zur Verfügung.

Mit freundlichen Grüssen

<Vorname, Name> Leiter Personal	<Vorname, Name> Personaladministration

Lohnabrechnungsfehler

AN Alle Mitarbeiter
VON Personalabteilung / Buchhaltung
DATUM 4. November 2003

Fehler in der letzten Lohnabrechnung

Liebe Mitarbeiterinnen und Mitarbeiter

In der Lohnabrechnung vom Oktober hat sich ein bedauerlicher Fehler eingeschlichen: Der AHV-Abzug wurde zum vollen Ansatz von Ihrem Gehalt abgezogen, was auf die ausbezahlte Lohnsumme zwar keinen Einfluss hat, aber verrechnungstechnisch nicht korrekt ist.

Wir bitten Sie, dieses Versehen zu entschuldigen. Wir werden dies in der Lohnabrechnung dieses Monats mit einer Bestätigung korrigieren. Sie brauchen diesbezüglich nichts unternehmen oder berichtigen; alles Notwendige wird von uns und der Buchhaltung veranlasst.

Die Personalabteilung

Umfrage für ein neues Arbeitszeitmodell

Sehr geehrte Frau ... / Sehr geehrter Herr ...

In letzter Zeit ist von mehreren Seiten Unzufriedenheit über unsere starren und wenig flexiblen Arbeitszeiten laut geworden.

Wir möchten Sie deshalb über Ihre individuellen Arbeitszeit- und Freizeitwünsche befragen.

Mit Ihnen zusammen wollen wir ein neues Arbeitszeitmodell entwickeln. Denn wir sind auch der Meinung, dass heutzutage der geäusserte Wunsch nach flexiblerer Arbeits- und Freizeitplanung einem Bedürfnis entspricht, welches sich letztlich auf Sie und auf uns positiv auswirkt. Wir bitten Sie daher, das beigelegte Frageblatt vollständig auszufüllen und bis ... der Personalabteilung zukommen zu lassen.

Wir danken für Ihre Mithilfe und sind überzeugt, dass wir gemeinsam die optimale Lösung für alle Mitarbeiterinnen und Mitarbeiter finden werden.

Mit freundlichen Grüssen

Ihre Firma

Ihr Name
Ihre Funktion

Einladung zu Qualifikationsgesprächen

AN	Alle Mitarbeiter
VON	Geschäftsleitung und Personalabteilung
DATUM	11. Oktober 2003

Einladung zu Qualifikationsgesprächen

Erstmals führen wir dieses Jahr in unserem Betrieb Qualifikationsgespräche durch. Sie dienen nicht der schulmässigen Benotung von Leistungen und sind auch nicht zu verwechseln mit Lohngesprächen. Sie dienen vielmehr folgenden Zielsetzungen:

Qualifikationsgespräche erlauben Ihnen und Ihrem Vorgesetzten eine Standortbestimmung in punkto Leistung und Verhalten. Sie sollen auch ein Instrument zur gemeinsamen Zielvereinbarung und Massnahmenplanung für das folgende Jahr sein. Diese Gespräche geben Ihnen die Gelegenheit, sich gegenseitig in vertiefter Form über Probleme, Wünsche, Chancen und Absichten zu unterhalten.

Das Ziel ist zur Hauptsache, die Form der Zusammenarbeit und Sie als Mitarbeiter im Einklang mit den betrieblichen Zielen in persönlicher und fachlicher Hinsicht weiter zu entwickeln. Nicht die Fragestellung "Was lief in der Vergangenheit alles falsch" sondern "Mit welchen Hilfsmitteln, Massnahmen und gegenseitigen Vorstellungen können wir Ihre Zukunft und die des Betriebes besser und effektiver meistern", steht im Vordergrund.

Jeder von Ihnen erhält in den nächsten Tagen detaillierte Vorbereitungsunterlagen und Termine. Die Gespräche selber werden im Laufe des Monats November stattfinden.

<Name>
Leiter Personal

<Name>
Personaladministration

Korreke und frühzeitige Ferienmeldungen

Liebe Mitarbeiterinnen und Mitarbeiter

In letzter Zeit ist es leider wieder vermehrt vorgekommen, dass Ferienabsenzen nicht oder mit erheblicher Verspätung gemeldet werden. Verschiedentlich wurden uns Ferienabsenzen auch nur telefonisch übermittelt.

Dies führt zu einer ungenauen und fehlerhaften Ferienkontrolle, unnötigen Mehrarbeiten und Rückfragen, die insgesamt Unordnung und Missverständnisse in unserer Personaladministration verursachen.

Wir fordern Sie deshalb alle auf, die bestehenden Richtlinien auch in Ihrem Interesse genau einzuhalten und Ferienansprüche oder Ferienmeldungen gewissenhaft, rechtzeitung und auf den offiziellen Formularen vorzunehmen. Für Sie bedeutet dies einige Minuten Mehrarbeit; für die Personaladministration jedoch führen solche fehlenden Informationen insgesamt zu stundenlangem Suchen und Eruieren von Fehlern und Missverständnissen. Es betrifft dies zur Hauptsache:

- Zeitpunkt der Ferienmeldung, möglichst zu Jahresbeginn oder wenn Ihre Ferienpläne schon feststehen
- Genaue Daten und andere Angaben
- Ferienjahresplanung in Absprache mit der Abteilung und Ihrem Vorgesetzten
- Absprache und Koordination unter Ihren ArbeitskollegInnen zu einem möglichst frühen Zeitpunkt

Erleichtern Sie uns die Arbeit mit dem disziplinierten Einhalten der Bestimmungen und gefährden Sie mit ungenauem Verhalten nicht die kulanten und auf gegenseitigem Vertrauen basierenden Regeln in unserer Firma. Sie tun sich selber und uns damit einen grossen Gefallen.

<Vorname, Nachname>
Die Personalabteilung

<Vorname, Nachname>
Die Geschäftsleitung

Wichtige Punkte zur Ferienplanung

Liebe Mitarbeiterinnen und Mitarbeiter

Es müssen zwar noch einige Monatsblätter abgerissen werden, bis sie kommen - die Erholung und Entspannung bringenden Ferien.

Damit die von uns allen so geliebten Ferien auch von uns in der Personaladministration genossen werden können und wir keine Ferienpendenzen mit an den Strand nehmen müssen, sind wir Ihnen für die Mithilfe bei der Ferienplanung dankbar. Dürfen wir Sie bitten, folgende Punkte zu beachten:

- Geben Sie Ihre Ferienzeitwünsche so früh wie möglich Ihrem Vorgesetzten bekannt, der sie nach seinem Einverständnis an uns weiterleitet. Es ist uns auch schon eine Hilfe, wenn Sie jeweils nur den Monat angeben, in dem Sie Ferien beziehen möchten.
- Haben Sie Verständnis dafür, dass wir Mitarbeitern mit Kindern, die sich auf deren Schulferien ausrichten müssen, wenn immer möglich, den Vorzug geben.
- Grundsätzlich haben ausser oben genanntem Grundsatz alle jene innerhalb einer Abteilung den "Vortritt", die Ihre Feriendaten als Erste melden.
- Sprechen Sie sich jeweils mit Ihren Stellvertretern ab und achten Sie auch auf wichtige Kontaktpersonen in anderen Abteilungen.
- Unsere Regelung, dass Ferien vom alten Jahr nur bis Ende des ersten Quartals ins Folgejahr übernommen werden können, bleibt bestehen. In begründeten und mit dem Vorgesetzten besprochenen Ausnahmefällen können Spezialregelungen getroffen werden.

Nun - das war's dann auch schon. Und weil wir nicht nur beim "Reglementieren" von Ferien aktiv sein wollen, sondern Ihnen auch bei deren Vorbereitung behilflich sein möchten, stehen ab Ende Jahr in der Personalabteilung als besondere Dienstleistung eine reichhaltige Auswahl von Ferienkatalogen und besonderen Angeboten von Reiseveranstaltern zu Ihrer Verfügung.

Weil Vorfreude - besonders bei rechtzeitig gemeldeten Ferien - bekanntlich die schönste Freude ist...

Personalabteilung Die Geschäftsleitung

Neues Textverarbeitungsprogramm

AN Alle Mitarbeiter
VON Personalabteilung
DATUM 12. Dezember 2003

Liebe Mitarbeiterinnen und Mitarbeiter

Nachdem wir kürzlich erfolgreich auf das neue Betriebssystem Windows XP umgestiegen sind, ist es an der Zeit, weitere Softwareprogramme zu erneuern.

Sie und wir wissen es: Das zur Zeit bei uns verwendete Textverarbeitungsprogramm ist nicht mehr das modernste und hat seine Tücken. Darauf wurden wir von Ihnen auch schon mehrmals angesprochen.

Deshalb hat sich die Geschäftsleitung entschlossen, MS Word XP (neue Version) auf allen Arbeitsplätzen zu installieren. Dieses Programm hat mehrere Vorzüge: Es ist sehr bedienerfreundlich und schnell erlernbar. Es verfügt ausserdem über einen grossen Leistungsumfang und kann für unterschiedlichste Zwecke eingesetzt werden. Bestechend sind vor allem auch die Gestaltungsmöglichkeiten von Texten und Mitteilungen. Selbstverständlich werden wir jeden von Ihnen während drei Tagen in kleinen Gruppen sorgfältig, und auf Ihre Anwendungsbedürfnisse zugeschnitten, schulen.

Sie werden begeistert sein: Dieses Programm ist für alle Schreibenden eine wahre Freude. Am ... werden wir Sie alle im Sinne einer Vor-Information zu einer Kurzpräsentation im Sitzungszimmer einladen und Sie dann auch über die Installations- und Schulungstermine informieren.

Mit freundlichen Grüssen

Ihre Firma

Ihr Name
Ihre Funktion

Fremdsoftware auf PC

Liebe Mitarbeiterinnen und Mitarbeiter

Immer häufiger muss <Vorname, Nachname> bei ihren Supportarbeiten an Ihren PC's feststellen, dass private Fremdsoftware von Spielen über Grafikprogrammen bis zu Shareware installiert werden.

Wir können dies nicht akzeptieren. Einerseits verstösst es klar gegen die offiziellen EDV-Richtlinien. Andererseits führt dieser Wildwuchs an unkontrollierbaren Softwareinstallationen zu zusätzlichem Supportaufwand und zu Inkompatibilitäten, welche ein einwandfreies Funktionieren unseres Netzwerkbetriebes und damit der gesamtbetrieblichen Kommunikation gefährden. Hinzu kommt die erhöhte und nicht kontrollierbare Virengefahr, welche ein erhebliches Gefahrenpotential für die Funktionstüchtigkeit unseres EDV-Systems bildet.

Deshalb fordern wir alle Mitarbeiter auf, die ausser der offiziell zugelassenen Software

MS Excel
MS Word für Windows
MS Explorer
Lotus Organizer
MS Access
Internet Explorer

andere installierte Programme im Einsatz haben, diese bis <Datum> zu entfernen. Bei Deinstallationsproblemen steht Ihnen unsere <Vorname, Nachname> jederzeit zur Verfügung. Spezialbewilligungen sind von dieser Aufforderung selbstverständlich ausgenommen. Ab dem genannten Datum wird jede nicht offiziell zugelassene, resp. nicht einer Sonderbewilligung unterstellte Software mit einer gleichzeitigen Mitteilung an die Geschäftsleitung entfernt.

<Vorname, Nachname>
Personalabteilung

<Vorname, Nachname>
EDV-Leitung

Interne Stellenausschreibung

In der Abteilung Revision ist zum <Datum> die Stelle einer Sekretärin neu zu besetzen. Die Sekretärin ist dem Abteilungsleiter der Revision direkt unterstellt. Sie soll den Abteilungsleiter von Verwaltungs- und Routinearbeiten entlasten und ihn bei der Erfüllung seiner Aufgaben unterstützen.

Im einzelnen sind u.a. die folgenden Aufgaben zu erfüllen:

- Bearbeitung der Eingangspost und weitgehend selbständige Erledigung der Ausgangspost.
- Empfang und gegebenenfalls Weiterleitung eingehender Telefonate und Beantwortung von Routinefragen.
- Führen des Terminkalenders des Abteilungsleiters und Festlegen von Besuchs- und Besprechungsterminen für Besucher, Mitarbeiter der eigenen Abteilung und von anderen Abteilungen.
- Vorbereitung von Besprechungen, Führung und Auswertung des Protokolls.
- Führen eines Kontrollplans und Vorbereiten der Kontrollen des Abteilungsleiters.
- Vorbereitung der Reisen des Abteilungsleiters und Erledigung der Reisekostenabrechnungen.
- Aufbereiten und Führen von Meldungen und Statistiken.
- Vertretung des Abteilungsleiters bei dessen Abwesenheit.

Falls Sie Interesse an der Stelle haben oder sich vorab mit weiteren Informationen versorgen wollen, so wenden Sie sich bitte bis zum <Datum> telefonisch - oder im Falle einer Bewerbung schriftlich - an Herrn <Name>.

Die Entscheidung über die Besetzung der Stelle fällt bis zum <Datum>.

<Vorname, Nachname>	<Vorname, Nachname>
Die Personalabteilung	Die Geschäftsleitung

Mitteilung zu einer Kündigung

Liebe Mitarbeiterinnen und Mitarbeiter

Die Geschäftsleitung musste sich letzte Woche in gegenseitigem Einvernehmen von Herrn Muster

Abteilung/Funktion/Hierarchiestufe

trennen. Unsere Ansichten über die künftige Zusammenarbeit und die Beurteilung der einzuschlagenden Richtung betreffend (Thema) gingen zu weit auseinander. Es war für eine weitere konstruktive Zusammenarbeit auch sachlich keine ausreichende Basis mehr vorhanden.

Zudem war aufgrund der gravierenden Meinungsverschiedenheiten auch die notwendige Vertrauensbasis nicht mehr in genügendem Ausmass gegeben.

Herr Muster wird unsere Firma auf den <Datum> verlassen.

Für seine berufliche und private Zukunft wünschen wir ihm alles Gute. Über weitere diesbezügliche Aktivitäten halten wir Sie auf dem Laufenden, insbesondere was die Neubesetzung der Stelle betrifft.

Die Personalabteilung　　　　Die Geschäftsleitung

Weihnachts- und Neujahrsgrüsse an die Mitarbeiter

Liebe Mitarbeiterinnen
Liebe Mitarbeiter

Sicher freuen Sie sich ebenso wie wir, dieses Jahr so erfolgreich und aktiv hinter uns gebracht zu haben. Dieser Erfolg ist vor allem Ihrem Einsatz zu verdanken, denn Sie haben diesen Erfolg mit Initiative, Einsatz und zahlreichen Verbesserungen mitgetragen. Als wir vor einigen Monaten nach dem markanten Rückgang der Aufträge doch etwas beunruhigt waren, zogen Herr <Name> und ich uns zunächst zur Beratung zurück.

Zusammen mit Ihnen entwickelten wir einen Aktionsplan und Ideenaustausch, wie der Umsatzeinbruch gestoppt und kompensiert werden könnte. Viele Entwicklungen, die wir nicht zu vertreten haben, hinderten uns zunächst, wesentliche Ziele zu verwirklichen. Doch Sie und wir glaubten mit Selbstvertrauen an die Zukunft unseres Unternehmens und an unsere Fähigkeit, die Lage gemeinsam zu verbessern. Genau diese Grundhaltung war der Hauptgrund, dass wir den Turnaround dann doch relativ schnell schafften.

Und weil das Glück am Ende doch mit den Tüchtigen ist, erreichten wir – eingedenk aller Umstände - einen beachtlichen Teil von dem, was wir uns vorgenommen hatten. Über diesen Erfolg freuen wir uns mit Ihnen zusammen, denn wir haben gemeinsam bewiesen, dass wir auch in schwierigen Zeiten zusammenhalten und das Steuer rumreissen können.

Mit den besten Wünschen für das bevorstehende Fest und das neue Jahr.

Ihre Firma

Ihr Name
Ihre Funktion

Einladung zum Weihnachtsfest

Liebe Mitarbeiterinnen und Mitarbeiter

Unsere Weihnachtsfeste sind Tradition - und im Zeitalter verschwindender und sich auflösender Traditionen möchten wir mindestens diese beibehalten und pflegen.

Wir laden Sie alle am 17. Dezember zu einem Dinner besonderer Art im Hotel ... in Amsbach ein. Unsere Frau Rohner hat für diesen Abend ein ganz besonderes Unterhaltungsprogramm zusammengestellt. Und da wir alle den Humor hochhalten, wird an diesem Abend auch das Lachen und Sich-Amüsieren mit Sicherheit nicht zu kurz kommen!

Die Geschäftsleitung möchte sich an dieser Stelle für die von Ihnen erbrachten Leistungen bedanken. Die Weiterentwicklung und der Erfolg unseres Unternehmens ist letztlich immer Ihr Verdienst - ohne Sie wäre das Fortkommen und der Erfolg undenkbar. Über die Hochs und Tiefs des vergangenen Geschäftsjahres und zu den Zielsetzungen und Aktivitäten des kommenden neuen Jahres wird Herr Schenk von der Geschäftsleitung am 17. Dezember eine Informationsveranstaltung mit Ausblick auf das nächste Jahr durchführen.

Geben Sie doch untenstehenden Talon bis 31. Oktober bei Frau Rohner ab. Nähere Informationen zum Wann und Wo werden die Teilnehmer unter Ihnen in ca. zwei Wochen bekommen.

----

o Ich nehme am Weihnachtsfest teil   o Ich bin leider verhindert

Name:
Abteilung:
Interne Tel-Nr.:
Datum:
Bemerkungen:

Einladung zum Betriebsfest

Jetzt sind wir an der Reihe!

Liebe Kolleginnen und Kollegen

Wir können mit Stolz auf das hinter uns liegende Geschäftsjahr blicken: Die Umsätze und die Erträge haben kräftig angezogen und die Kosten konnten gesenkt werden. Alles in allem also: Wir hatten einen starken Auftritt. Und das Besondere: Daran haben alle mitgewirkt. Nun wollen wir einmal andere für uns auftreten lassen! Sie sollten daher

am Freitag, den 2. Dezember 2003, 16.30 Uhr

das

"Betriebsfest 2003 im Hotel Schlossgarten"

dick und farbig in Ihrer Agenda vormerken. Im Schlossgarten wird dann einiges los sein und der Erfolg von uns allen gebührend gefeiert werden. Verraten sei nur soviel: Ein Riesenbuffet mit Köstlichkeiten aus allen Kontinenten, eine "fetzige" Band namens "RunNow" und Entertainer mit Rang und Namen werden uns weit über Mitternacht hinaus in Schwung halten und für Stimmung sorgen. Und vorausschauend wie unser Betrieb halt nun mal ist, denken wir auch schon an Ihre Ferien und werden für zwei MitarbeiterInnen eine Reise in die Ferne verlosen.

Kleiderfrage: Keine
Vom Shabby-Look bis zum Edelsmoking ist alles zugelassen.

Ende: Offen
Rückfahrt ab 23.00 Uhr stündlich mit Bus möglich

Bis dann
Ihr Festkomitee

Ermahnungen und Disziplinarisches

Ob es mangelhafte Leistungen oder gar Alkoholprobleme sind, Ermahnungen sind sehr heikle Situationen, die viel Takt- und Fingerspitzengefühl erfordern. Solche Briefe sind natürlich immer eingebettet in persönliche Gespräche und weitere Massnahmen, was in diesen Briefen auch zum Ausdruck kommt. Geht es um disziplinarische Probleme, ist aber oft auch eine klare und unmissverständliche Sprache und Haltung vonnöten, um die Interessen des Unternehmens und der HR-Verantwortlichen kompromisslos schützen zu können.

Ungenügende Leistung wegen Übermüdung

Sehr geehrter Herr <Name>

in den letzten Wochen ist es bei Ihrer Arbeit immer wieder zu krassen Fehlleistungen und Konzentrationsmängeln gekommen. Ihre Vorgesetzten haben sich wiederholt mit Ihnen über die Ursache Ihrer nachlassenden Konzentration und die bedenkliche Häufung von Fehlern unterhalten und auch mit konkreten Angeboten der Unterstützung von Fachleuten versucht, Sie zu besserer Arbeit anzuhalten - bisher aber leider ohne jeden Erfolg.

Es ist offensichtlich, dass Sie häufig übermüdet und spät zur Arbeit erscheinen und die von Ihnen erwartete Leistung nicht in dem Masse erbringen, wie Sie dies aufgrund Ihrer Qualifikation könnten. Bevor wir Ihnen eine schriftliche Ermahnung erteilen - Sie wissen, dass dies der erste Schritt und auch die Voraussetzung zur Kündigung sein kann -, wollen wir Sie darauf aufmerksam machen, dass Übermüdung, die nicht vom Arbeitgeber verursacht ist, als grob fahrlässiges Verhalten eingestuft werden kann. Für Schäden, die aufgrund der Übermüdung entstehen, hat der Arbeitnehmer allein zu haften, wenn diese keine betrieblichen Gründe hat.

Wir sind sicher, dass Sie Ihr Verhalten vor diesem Hintergrund nochmals, unter Einbezug aller Konsequenzen, überdenken und in Zukunft ausgeruht zur Arbeit erscheinen. Wir schätzen Ihre Arbeitsqualität und Ihr Engagement und würden es sehr begrüssen, wenn wir mit Ihrer Verhaltensänderung rechnen könnten.

Mit freundlichem Gruss

Ihre Firma

Ihr Name
Ihre Funktion

Mangelnde Leistungen einer Sekretärin

Sehr geehrte Frau Muster

Wiederholt haben Sie in den letzten 3 Wochen Ihrem Vorgesetzten Frau Fehr Anlass gegeben, Ihre Arbeitsweise und das Ergebnis Ihrer Arbeit zu beanstanden. Vor allem war zu kritisieren, dass die Schriftstücke, die Sie erstellen, überdurchschnittlich viele Rechtschreib- und Zeichensetzungsfehler enthalten. Obwohl Sie immer wieder auf diese Mängel hingewiesen worden sind, hat sich an der Qualität Ihrer Arbeit nichts geändert.

Wir bitten Sie ernsthaft, etwas gegen Ihre Leistungsmängel zu unternehmen. Um Sie in Ihren Bemühungen hierzu zu unterstützen, geben wir Ihnen Gelegenheit, ab <Datum> an einem Kurs "Rechtschreibung und Zeichensetzung für Schreibkräfte" teilzunehmen. Nähere Einzelheiten hierzu erfahren Sie in den nächsten Tagen von der Personalabteilung. Ferner werden wir auch das Volumen der täglich zu erledigenden Dokumente herabsetzen, um Sie vom Zeitdruck zu entlasten.

Um Ihnen zu verdeutlichen, dass wir die Mängel in Ihrer Arbeit nicht länger dulden können, appellieren wir hiermit an Ihre Bereitschaft, diesen Leistungsmängeln aktiv entgegenzutreten und auf unsere Vorschläge der Hilfestellungen einzugehen. Wenn Sie die Schreibergebnisse innerhalb der nächsten 2 Monate nicht wesentlich verbessern, müssen wir die Auflösung des Arbeitsverhältnisses erwägen.

Wir hoffen sehr, mit diesem Schreiben eine Besserung der Zusammenarbeit und Leistungserbringung zu bewirken, da wir eine Beendigung des Arbeitsverhältnisses aus charakterlichen und sozialen Gründen sehr bedauern würden. Zudem haben wir den Eindruck, dass von Ihren Fähigkeiten und der Auffassungsgabe her das Potential durchaus vorhanden ist, die notwendigen Verbesserungen zu erreichen.

Bitte bestätigen Sie auf der Kopie dieses Schreibens, dass Sie diese Ermahnung gelesen und verstanden haben. Wir bitten Sie, die unterschriebene Bestätigung bis zum <Datum> an die Personalabteilung zurückzugeben.

Mit freundlichem Gruss

Ihre Firma

Ihr Name
Ihre Funktion

Bestätigung:

Ich habe dieses Schreiben erhalten, gelesen und davon Kenntnis genommen.

Unterschrift:................................Datum:.............................

Mangelhafte Leistung im Aussendienst

Sehr geehrter Herr Muster

Mehrere Beschwerden von Kunden und die Tatsache, dass Ihre Verkäufe unter dem allgemeinen Niveau und vor allem unter der Leistungsgrenze liegen, die wir von Ihnen gewohnt sind, veranlassen uns, Sie in aller Form zu mahnen. Auch die zwei vorausgegangenen Gespräche haben keine Besserung der Leistungen bewirkt. Wenn sich Ihre Leistungen innerhalb der nächsten drei Monate nicht grundlegend bessern, müssen wir Ihren Vertrag zum nächstmöglichen Zeitpunkt kündigen.

Wir hoffen, dass es nicht dazu kommen muss. Sie sind seit vielen Jahren in unserem Betrieb tätig und haben als Aussendienstmitarbeiter stets gute Arbeit geleistet. Sollten persönliche oder betriebliche Probleme irgendeiner Art zu diesem Leistungsabfall geführt haben, bitten wir Sie, das offene Gespräch mit unserer Personalabteilung oder Ihrem Vorgesetzten zu suchen.

Wir wünschen Ihnen, dass Sie schnell zu Ihren Qualitäten, die Sie früher auszeichneten, zurückfinden.

Mit freundlichem Gruss

Ihre Firma

Ihr Name
Ihre Funktion

Fehlverhalten gegenüber Kunden

Sehr geehrter Herr Muster

Wir beziehen uns auf unsere persönliche Unterredung vom ... und bestätigen Ihnen die wichtigen Punkte daraus wie folgt:

Sie haben sich am Telefon und im persönlichen Umgang gegenüber Kunden zum wiederholten Male in höchstem Masse unanständig und beleidigend verhalten. Schon vorher wurden wir durch diverse Hinweise intern und extern auf Ihr unbeherrschtes und ausfälliges Verhalten gegenüber Kunden, Lieferanten und anderen, mit unserem Unternehmen zusammenarbeitenden, Personen hingewiesen.

Wie Ihnen bekannt ist, legt unser Unternehmen auf ein in jeder Hinsicht tadelloses und zuvorkommendes Verhalten gegenüber Kundschaft und Marktpartnern grossen Wert. Aufgrund Ihres, trotz diverser deutlicher Ermahnungen und begründeter Verwarnungen, wiederholten Fehlverhaltens verwarnen wir Sie heute schriftlich.

In diesem Zusammenhang machen wir Sie darauf aufmerksam, dass wir uns gezwungen sähen, Ihnen im Wiederholungsfall zu kündigen.

Wir bitten Sie um Kenntnisnahme und hoffen sehr, dass Sie nach den erfolgten Gesprächen und diesem Schreiben den Ernst der Situation und die Dringlichkeit einer Besserung Ihres Verhaltens erkennen.

Mit freundlichem Gruss

Ihre Firma

Ihr Name
Ihre Funktion

Fernbleiben vom Arbeitsplatz

Sehr geehrter Herr Muster

Mit Befremden müssen wir feststellen, dass Sie am <Datum> erneut von Ihrem Arbeitsplatz ferngeblieben sind, ohne dass Sie uns den Grund für Ihre Abwesenheit angegeben haben.

Ihr Verhalten erstaunt uns, denn bei der letzten Aussprache haben Sie uns versprochen, Ihren Pflichten als Arbeitnehmer gemäss Arbeitsvertrag nachzukommen. Dazu gehört auch die Meldepflicht bei Abwesenheit. Im übrigen bedürfen Absenzen, die in keinem Zusammenhang mit den üblichen Ereignissen wie Geburt, Hochzeit, Todesfall, Umzug und militärischen Inspektionen stehen, einer besonderen Bewilligung. Wir machen Sie nochmals darauf aufmerksam, dass gemäss Art. 337 OR wiederholtes Fernbleiben von der Arbeit ein wichtiger Grund zur fristlosen Entlassung ist.

Wir appellieren an Ihre Einsicht und bitten Sie um Einhaltung einer geregelten Arbeitszeit. Bei nochmaliger Abwesenheit vom Arbeitsplatz werden wir von den gesetzlichen Möglichkeiten Gebrauch machen und das Arbeitsverhältnis auflösen.

Mit freundlichem Gruss

Ihre Firma

Ihr Name
Ihre Funktion

Haftungsfolgen bei krassen Fehlleistungen

Sehr geehrter Herr Muster

Ihr Vorgesetzter Herr/Frau <Name> hat Sie in den letzten 3 Wochen mehrmals auf die häufigen, zum Teil krassen, Fehlleistungen angesprochen und Sie auch über die massiven Reklamationen unserer, zum Teil langjährigen, Kunden hingewiesen.

Da sich die Qualität Ihrer Arbeit weiter verschlechtert, möchten wir Sie heute nachdrücklich auf die Folgen hinweisen, die eine solche Anhäufung von Fehlern nach sich ziehen kann. Wir möchten vorerst davon absehen, Sie wegen der Leistungsmängel mit Kündigungsandrohung zu verwarnen. Andererseits ist es aber unsere Pflicht, Sie über die Haftungspflicht bei häufiger Fehlleistung zu informieren.

Wenn es durch häufige Fehlleistungen eines Arbeitnehmers zu Schäden kommt, die sich in starkem Ausmass auf Produkte und Qualitätsimage nachteilig auswirken, handelt es sich unter Umständen um grobe Fahrlässigkeit. In diesem Fall hat der Arbeitnehmer für den gesamten Schaden, den er verursacht hat, zu haften.

Wir sind jedoch sicher, dass Sie sehr schnell wieder zu Ihrer alten Leistung zurückfinden werden. Die dafür geeigneten Massnahmen wurden ja mit unserer Personalabteilung und Ihrem Vorgesetzten besprochen. Voraussetzung ist auf jeden Fall, dass Sie von diesen Angeboten disziplinierten Gebrauch machen und willens sind, die Qualität Ihrer Arbeitsleistung nachhaltig zu verbessern.

In diesem Sinne hoffen wir mit Ihnen zusammen, zur Verbesserung der Situation beizutragen, damit die in diesem Brief genannten Haftungsfolgen hinfällig werden.

Mit freundlichem Gruss

Ihre Firma

Ihr Name
Ihre Funktion

Verletzung der Sorgfalts- und Treuepflicht

Sehr geehrter Herr Muster

Leider ist es nicht das erste Mal, dass Sie die Ihnen anvertrauten Geräte (oder Maschinen, Apparaturen, Werkzeuge, Materialien) beschädigen, sei es durch Unachtsamkeit oder Vernachlässigung der Sorgfaltspflicht.

Wir machen Sie daher nochmals auf die im Arbeitsvertrag festgehaltenen Sorgfaltspflichten aufmerksam. Als Arbeitnehmer sind Sie verpflichtet, Ihre Arbeit unter Anwendung aller Sorgfalt zu verrichten. Das betrifft natürlich auch die Ihnen anvertrauten Gegenstände. Entstandene Schäden sind sofort zu melden. Beachten Sie ferner auch, dass Sie für Schäden, die aus Fahrlässigkeit oder absichtlicher Nichtbeachtung der Sorgfaltspflicht entstanden sind, haftbar gemacht werden können.

Da Sie bereits mehrere Male Schäden verursacht haben, können wir dies nun nicht mehr akzeptieren. Wir empfehlen Ihnen, sich ernsthaft zu bemühen, die von Ihnen benützten Materialien mit Sorgfalt zu handhaben. Es dürfte nicht schwierig sein, mit diesen Gegenständen so umzugehen, dass keine Schäden entstehen.

Wir bitten Sie, sich in Zukunft an diese Anweisung zu halten.

Mit freundlichem Gruss

Ihre Firma

Ihr Name
Ihre Funktion

Häufiges Zuspätkommen

Sehr geehrter Herr Muster

Nachdem wir Sie mündlich nun schon mehrere Male - und wie die letzte Woche gezeigt hat, ohne Erfolg - auf Ihr regelmässig verspätetes Erscheinen am Arbeitsplatz hingewiesen haben, müssen wir uns nun auf schriftlichem Weg an Sie wenden.

Sie wissen genauso gut wie alle anderen Mitarbeiter unseres Betriebes, dass bei uns in Sachen Arbeitszeiteinhaltung keine "Kontrolleur- und Stoppuhrenmentalität" herrscht und ein Sich-Verspäten von fünf bis zehn Minuten ein- bis zweimal pro Monat durchaus toleriert wird.

Diese Toleranzgrenze wird von Ihnen aber ganz entschieden immer wieder überschritten. Wenn Sie zweimal in derselben Woche um 09:00 Uhr gesucht werden und noch immer nicht am Arbeitsplatz sind, kann dies nicht mehr akzeptiert werden. Es ist ein Affront gegenüber Ihren Kolleginnen und Kollegen und ein Verstoss gegen eine Mindestdisziplin, die wir von allen Mitarbeitern fordern und erwarten.

Sie diesbezüglich jede Woche zur Rede stellen zu müssen, liegt ebenfalls nicht im Sinn und Geist unserer Firma und des Umganges mit unseren Mitarbeitern. Zudem lassen wir es ganz einfach nicht zu, dass unsere toleranten und auf gegenseitigem Vertrauen basierenden Regelungen ausgenützt werden. Wir werden Sie deshalb während des nächsten Monates - ohne Sie noch einmal auf das Zuspätkommen anzusprechen - beobachten. Sollte sich in dieser Zeit keine wesentliche und auch nachher andauernde Verbesserung des Einhaltens Ihrer Arbeitszeit zeigen, werden wir ohne Vorwarnung die Kündigung aussprechen müssen.

Wir bedauern, uns zu diesem Schritt veranlasst zu sehen und hoffen sehr, dass Sie sich dieses Mal dem Ernst der Lage bewusst sind.

Mit freundlichem Gruss

Ihre Firma

Ihr Name
Ihre Funktion

Verspätete Krankheitsmeldung

Sehr geehrter Herr Muster

in der Zeit vom <Datum> bis zum <Datum> blieben Sie krankheitsbedingt Ihrem Arbeitsplatz fern. Von Ihrer Arbeitsunfähigkeit erfuhren wir nun zum wiederholten Male erstmals am <Datum> durch den Eingang der Arbeitsunfähigkeitsbescheinigung. Bis zu diesem Tag waren wir ohne Nachricht von Ihnen bzw. über Ihre Arbeitsunfähigkeit. Dies hatte u.a. zur Folge, dass Ihr Vorgesetzter, Herr Frei, einige Tage lang nicht wusste, wie er hinsichtlich Ihres Arbeitsplatzes disponieren sollte.

Gemäss Arbeitsreglement sind Sie verpflichtet, eine Arbeitsunfähigkeit unverzüglich anzuzeigen. Unverzüglich bedeutet in Ihrem Fall, dass Sie - da Sie nicht bettlägerig waren - am <Datum> zu Schichtbeginn, spätestens aber bis zur Frühstückspause, uns über Ihre Arbeitsunfähigkeit und deren voraussichtlicher Dauer hätten unterrichten müssen. Dadurch, dass Sie dies nicht getan, sondern lediglich die Arbeitsunfähigkeitsbescheinigung eingeschickt haben, haben Sie die Pflichten aus Ihrem Arbeitsvertrag verletzt. Dies hat dann auch zu massiven Produktionsausfällen geführt.

Wir beanstanden dieses Verhalten ausdrücklich und fordern Sie auf, in Zukunft eine eventuelle Arbeitsunfähigkeit unverzüglich zu melden. Bei einer erneuten Pflichtverletzung in dieser Richtung oder bei ähnlichen Arbeitsvertragsverletzungen müssten wir die Kündigung Ihres Arbeitsverhältnisses in Betracht ziehen.

Bitte bestätigen Sie auf der Kopie dieses Schreibens, dass Sie die Ermahnung gelesen und verstanden haben.

Mit freundlichem Gruss

Ihre Firma

Ihr Name
Ihre Funktion

Bestätigung:

Ich bestätige hiermit, mit meiner nachfolgenden Unterschrift, dieses Schreiben erhalten, gelesen und verstanden zu haben.

Unterschrift:....................................Datum:.............................

Unberechtigte Krankmeldung mit Lohnabzug

Sehr geehrter Herr Muster

Wie Sie wissen, ist für Krankheiten, die länger als drei Tage dauern, innerhalb einer Woche ab Krankheitsbeginn ein Arztzeugnis vorzulegen.

Die Frist von einer Woche ist nun abgelaufen, ohne dass wir Ihr Arztzeugnis erhalten hätten. Das wundert uns allerdings nicht; denn es scheint, dass Sie Ihre Krankheit dazu benützt haben, einige willkommene freie Tage zu geniessen.

Wie wir aus zuverlässiger Quelle erfahren haben, sind Sie während Ihrer "Krankheit" mehrmals gesehen worden - und das in feuchtfröhlicher Runde! Zu solchem Tun gehört wohl eher eine gesunde und kräftige Natur als ein kranker und arbeitsunfähiger Mensch.

Aus diesem Grund sind wir nicht bereit, Ihnen einen "unbezahlten Urlaub" zu gewähren. Sie werden daher sicher verstehen, wenn wir Ihnen diese Tage nicht bezahlen.

Ferner weisen wir Sie mit aller Deutlichkeit darauf hin, dass wir ein solches, unsere Vertrauensbasis krass missbrauchendes, Fehlverhalten ein weiteres Mal nicht mehr akzeptieren werden.

Mit freundlichem Gruss

Ihre Firma

Ihr Name
Ihre Funktion

Sexuelle Belästigung

Sehr geehrter Herr Muster

Nach unseren sehr ausführlichen, persönlichen Gesprächen zu Ihrem Fehlverhalten gegenüber Frau <Name> bestätigen wir Ihnen unseren Standpunkt und die wichtigsten Punkte wie abgemacht in diesem Schreiben nochmals.

Die sexuelle Belästigung am Arbeitsplatz ist nach unserer Auffassung - wie auch im Gespräch klar dargelegt - jedes vorsätzliche, sexuell bestimmte Verhalten, das die Würde von Beschäftigten am Arbeitsplatz verletzt. Dies sind – wie in Ihrem Fall geschehen - sexuell bestimmte, körperliche Berührungen, Bemerkungen sexuellen Inhalts und anzügliche Bemerkungen, unerwünschte Einladungen mit eindeutiger Absicht und das Versprechen beruflicher Vorteile bei sexuellem Entgegenkommen.

Wir sind bemüht, die Umstände objektiv und umfassend abzuklären und keine vorschnellen Urteile – auch Ihnen gegenüber - zu fällen. Wir haben nicht nur mit Frau <Name>, sondern auch mit Ihrem Abteilungsleiter, seinem Stellvertreter und Ihnen verschiedene Gespräche zur fairen und objektiven Klärung der Situation geführt. Nach sorgfältiger und ausgewogener Abklärung aller dieser Punkte steht es für uns fest, dass Sie sich gegenüber Frau Muster mindestens in einigen der obigen Punkten inakzeptabel verhalten und die Würde von Frau <Name> somit verletzt haben.

Wir fordern Sie deshalb auf, dieses Verhalten sofort zu korrigieren und sich bei Frau <Name> unverzüglich persönlich zu entschuldigen.

In diesem Zusammenhang machen wir Sie darauf aufmerksam, dass wir uns gezwungen sähen, Ihnen im Wiederholungsfall, ohne jede mündliche oder schriftliche Vorwarnung, zu kündigen.

Mit freundlichem Gruss

Ihre Firma

Ihr Name
Ihre Funktion

Internet-Missbrauch

Sehr geehrter Herr Muster

Das Internet hat auch in unserer Firma einen hohen Stellenwert erreicht und ist als Kommunikations- und Informationsinstrument nicht mehr wegzudenken. Allerdings erfordert dieses neue Medium auch einen disziplinierten Umgang und die Einhaltung getroffener Abmachungen.

Sowohl Ihr Vorgesetzter wie auch unser IT-Support haben zum wiederholten Male festgestellt, dass Sie während der Arbeitszeit ausgedehnte Surftouren unternehmen, die mit Ihren Aufgaben in keinem Zusammenhang stehen und nur Ihren privaten Interessen dienen. Sie wurden dabei übrigens nicht im Hintergrund ohne Ihr Wissen kontrolliert, sondern an Ort und Stelle offen darauf angesprochen.

Zu Ihrer Erinnerung: Unsere Bestimmungen sind liberal und gestatten es jedem Mitarbeiter, während der Mittagszeit bis maximal eine halbe Stunde auch Informationen abzufragen, die nicht geschäftlicher Art sind.

Doch Sie halten diese Bestimmungen in keiner Weise ein und haben unser Vertrauen nun schon mehrmals missbraucht. Mit diesem Brief verwarnen wir Sie nun schriftlich und fordern Sie auf, den Abmachungen Folge zu leisten.

Im Wiederholungsfalle würden wir uns gezwungen sehen, das Arbeitsverhältnis mit Ihnen, ohne jegliche weitere Warnung, zu beenden. Wir hoffen sehr, dass Sie nun den Ernst der Situation erkannt haben und die notwendigen Konsequenzen ziehen.

Mit freundlichem Gruss

Ihre Firma

Ihr Name
Ihre Funktion

Verwarnung wegen privater Telefongespräche

Sehr geehrter Herr Muster

Wir wurden in letzter Zeit von Ihrem Vorgesetzten und Ihren Kollegen wiederholt darauf aufmerksam gemacht, dass Sie häufig gegen die Arbeitsordnung unserer Firma verstossen und private Telefongespräche von Ihrem Dienstanschluss aus auf Kosten der Firma führen. Wir haben festgestellt, dass Sie innerhalb von <Anzahl> Wochen insgesamt <Anzahl> private Telefongespräche von Ihrem Anschluss aus geführt haben, welche zum Teil von erheblicher Dauer waren.

Wir weisen Sie darauf hin, dass private Telefongespräche von den Dienstanschlüssen untersagt sind. Für diese Telefonate stehen Ihnen Telefonzellen ausserhalb der Firma zur Verfügung, die Sie ausschliesslich in Ihren Pausen benutzen können.

Wegen des oben beschriebenen Verstosses gegen unsere Arbeitsordnung müssen wir Sie leider ermahnen. Sollte sich in Zukunft Ihr Verhalten in diesem Punkt nicht nachhaltig ändern, so wären wir gezwungen, das Arbeitsverhältnis durch eine ausserordentliche Kündigung aufzulösen.

Bitte bestätigen Sie auf der Kopie dieses Schreibens, dass Sie den Inhalt gelesen und verstanden haben. Wir bitten Sie, die unterschriebene Bestätigung bis zum <Datum> an die Personalabteilung zurückzugeben.

Mit freundlichem Gruss

Ihre Firma/Ihr Name/Ihre Funktion

Ich bestätige hiermit, mit meiner nachfolgenden Unterschrift, dieses Schreiben erhalten, gelesen und verstanden zu haben.

Unterschrift:..................................Datum:............................

Kündigungsandrohung wegen privater Telefongespräche

Sehr geehrte Frau Muster

Wir haben erneut feststellen müssen, dass Sie, trotz unserer schriftlichen Ermahnung vom <Datum> und des vorausgegangenen Gesprächs, während der Arbeitszeit täglich Privatgespräche von teilweise über einer Stunde Dauer geführt haben.

In der letzten Woche ergaben Stichprobenkontrollen, dass Sie wöchentlich insgesamt ca. sieben Stunden private Telefongespräche führten, was insgesamt annähernd einen Arbeitstag ausmacht.

Diese Gespräche wurden innerhalb ihrer Arbeitszeit, wohlverstanden auf Kosten des Arbeitgebers, geführt und die Telefonzentrale über eine Kostenentschädigung nicht informiert. Wir sehen uns gezwungen, Sie erneut eindringlich zu ermahnen, die privaten Telefonate auf ein Minimum zu reduzieren.

Wir sehen vorläufig davon ab, Ihnen wegen Ihres Verhaltens zu kündigen. Sollten wir aber keine Besserung feststellen, würde uns nichts anderes übrig bleiben, als Ihnen zu kündigen, was wir natürlich sehr bedauern würden.

Der Vollständigkeit halber weisen wir ausdrücklich darauf hin, dass Sie, gemäss Betriebsreglement, verpflichtet sind, die Telefonkosten zu übernehmen. Eine genaue Aufstellung dieser Kosten werden Sie demnächst von der Personalabteilung erhalten, die die entstandenen Kosten mit Ihrem nächsten Lohn verrechnen wird. Auch die für private Zwecke verwendete Arbeitszeit wird nächsten Monat bei Ihrem Zeitkonto in Abzug gebracht.

Bitte bestätigen Sie untenstehend, dass Sie die Ermahnung gelesen und verstanden haben. Wir bitten Sie, die unterschriebene Bestätigung bis zum <Datum> an die Personalabteilung zurückzugeben.

Mit freundlichem Gruss

Ihre Firma/Ihr Name/Ihre Funktion

Ich bestätige hiermit, mit meiner nachfolgenden Unterschrift, dieses Schreiben erhalten, gelesen und verstanden zu haben.

Unterschrift:...................................Datum:.............................

Alkoholprobleme

Sehr geehrter Herr Muster

Wir beziehen uns auf die verschiedenen Aussprachen und möchten nochmals auf Ihr Problem zurückkommen.

Die von Ihnen geschilderten Gründe, die zu den jetzigen Alkoholproblemen geführt haben, sind menschlich verständlich; sie können aber nicht darüber hinwegtäuschen, dass Ihr Verhalten die heutige Situation mitverursacht hat. Trotzdem meinen wir, dass sich Ihre Alkoholprobleme mit Hilfe geeigneter Massnahmen lösen lassen. Wir schlagen Ihnen deshalb vor, sich in ärztliche Behandlung zu begeben und eine Entziehungskur ins Auge zu fassen.

Wie bereits in unserem Gespräch betont, sind wir bereit, Ihnen in dieser schwierigen Situation zu helfen. Sie waren bisher ein tüchtiger Mitarbeiter, und wenn Sie gewillt sind, bei der Bewältigung Ihres Problems ernsthaft mitzuwirken, werden wir Sie weiterhin beschäftigen. Ein erster Schritt, Ihren guten Willen zu bekunden, wäre Ihr Entscheid zu einer sofortigen, gemeinsam noch zu besprechenden, Behandlung.

Wir hoffen auf eine baldige Genesung und wünschen Ihnen dazu das notwendige Durchhaltevermögen.

Mit freundlichem Gruss

Ihre Firma

Ihr Name
Ihre Funktion

Nichteinhalten des Rauchverbotes

Sehr geehrte Frau ... / Sehr geehrter Herr ...

in den letzten drei bis vier Wochen sind Sie bereits mehrmals durch Kollegen und Vorgesetzte in freundlicher, aber bestimmter Art gebeten worden, sich an das allgemeine Rauchverbot zu halten und für Rauchpausen den dafür vorgesehenen Cafeteria-Raum im zweiten Stock zu benützen.

Das Rauchverbot wurde aufgrund einer Mitarbeiterbefragung eingeführt und mit dem Ziel erlassen, unter Berücksichtigung der beiderseitigen Interessen, eine für Raucher und Nichtraucher zufriedenstellende Lösung zu finden. Beachten Sie jedoch unbedingt, dass diese Lösung nur dann im Sinne aller Mitarbeitenden sein kann, wenn sich alle Mitarbeiter an die doch auch für Raucher liberalen und fairen Vorschriften halten.

Wir erwarten von Ihnen ab sofort ein vereinbarungsgemässes und kollegiales Einhalten unserer Raucherbestimmungen. Dies umso mehr, als hier auch die Gesundheit und das Wohlbefinden Ihrer Arbeitskolleginnen und –kollegen davon betroffen ist.

Bitte bestätigen Sie untenstehend, dass Sie diese Ermahnung gelesen und verstanden haben und setzen Sie auch in Ihrem Interesse alles daran, die Vorschriften zukünftig genauestens einzuhalten.

Wir bitten Sie, die unterschriebene Bestätigung bis zum <Datum> an die Personalabteilung zurückzugeben.

Mit freundlichen Grüssen

Ihre Firma/Ihr Name/Ihre Funktion

Bestätigung

Ich bestätige hiermit, mit meiner nachfolgenden Unterschrift, dieses Schreiben erhalten, gelesen und verstanden zu haben.

Unterschrift:.................................Datum:...........................

Nichteinhalten der Sicherheitsvorschriften

Sehr geehrte Frau ... / Sehr geehrter Herr ...

unser für die Arbeitssicherheit zuständiger Herr <Name> hat uns darauf hingewiesen, dass unsere Sicherheitsvorschriften von Ihnen schon mehrmals auf krasse Weise verletzt worden sind. Insbesondere verstossen Sie häufig gegen die Vorschriften zum Tragen von Schutzkleidung (Helm, Gesichtsschutz, Schutzhandschuhe). Das letzte Mal haben Sie am <Datum> die Sicherheitsvorschriften nicht eingehalten und damit nicht nur sich selber, sondern auch Ihre Arbeitskollegen und -kolleginnen unnötigen Gefahren ausgesetzt.

Aus unserer Fürsorgepflicht und unserer Verantwortung für Schutz und Sicherheit gegenüber unseren Mitarbeitern heraus, müssen wir konsequent und genau darauf bestehen, dass die Sicherheitsvorschriften in allen Punkten genau eingehalten werden. Aus diesem Grund sehen wir uns gezwungen, Sie wegen der oben genannten Verletzung der Sicherheitsvorschriften am <Datum> eindringlich zu ermahnen. Damit verbunden ist die Auflage, in Zukunft alle Sicherheitsvorkehrungen nach den betrieblichen Sicherheitsvorschriften und den Anweisungen von Herrn <Name> zu treffen.

Sollten Sie erneut gegen diese Vorschriften verstossen, werden wir uns gezwungen sehen, das Arbeitsverhältnis durch eine ausserordentliche Kündigung aufzulösen. Bitte bestätigen Sie untenstehend, dass Sie diese Ermahnung gelesen und verstanden haben. Setzen Sie auch in Ihrem Interesse alles daran, die Vorschriften zukünftig genauestens einzuhalten.

Wir bitten Sie, die unterschriebene Bestätigung bis zum <Datum> an die Personalabteilung zurückzugeben.

Mit freundlichen Grüssen

Ihre Firma

Ihr Name
Ihre Funktion

Bestätigung

Ich habe dieses Schreiben erhalten, gelesen und verstanden.

Unterschrift:................................Datum:.............................

Nichtbeachtung der Sicherheitsbestimmungen

Sehr geehrter Herr Muster

Trotz mehrerer Verwarnungsgespräche und sorgfältiger Instruktionen haben Sie erneut vorgestern auf fahrlässige Weise in der Endmontage die Sicherheitsbestimmungen verletzt.

Wie schon mündlich informiert, sehen wir uns gezwungen, Ihnen nun auf schriftlichem Weg die Kündigung anzudrohen. Diese Art von Fehlverhalten kann von uns aus den in unseren Gesprächen mehrmals genannten Gründen nicht mehr toleriert werden.

Wir werden Ihnen bei einem weiteren Vorfall dieser Art unverzüglich kündigen. Je nach Schwere eines weiteren Vorfalls und rechtlichem Sachverhalt müssten wir dann sogar eine fristlose Kündigung in Betracht ziehen, um keine weiteren Risiken für Sie, unseren Betrieb und seine Mitarbeiter einzugehen.

Wir bitten Sie, die Fotokopie dieses Schreibens mit Ihrer Unterschrift zu versehen und uns diese als Bestätigung Ihrer Kenntnisnahme bis spätestens übermorgen, den <Datum> zukommen zu lassen.

Mit freundlichen Grüssen

Ihre Firma

Ihr Name
Ihre Funktion

Bestätigung:

Ich habe dieses Schreiben erhalten, gelesen und zur Kenntnis genommen.

Datum: Unterschrift:

Arbeitsverweigerung mit Kündigungsandrohung

Sehr geehrter Herr Muster

seit dem <Datum> sind Sie, trotz mehrmaliger mündlicher und schriftlicher Aufforderung durch Ihren Vorgesetzten, Herrn <Name>, nicht mehr zur Arbeit erschienen. Seit diesem Zeitpunkt haben Sie weder Termine mit Kunden und Lieferanten eingehalten, noch Kundenbesuche gemäss Ihrer Einsatzplanung vorgenommen.

Aufgrund Ihres Arbeitsvertrages sind Sie als Aussendienstmitarbeiter vertraglich verpflichtet, den Einsatzplan mit der entsprechenden Anzahl täglicher Kundenbesuche einzuhalten. Da dies aber in letzter Zeit wiederholt nicht der Fall war, haben Sie klar gegen Ihre arbeitsvertraglichen Verpflichtungen verstossen. Einen Grund für Ihre Arbeitsverweigerung haben Sie weder Ihrem Vorgesetzten, noch unserer Personalabteilung mitgeteilt.

Ihr Verhalten ist für uns inakzeptabel. Wir fordern Sie deshalb eindringlich auf, Ihre Arbeit sofort wieder aufzunehmen und Ihren arbeitsvertraglichen Verpflichtungen in jeder Beziehung nachzukommen. Sollten Sie dieser Aufforderung nicht Folge leisten, sähen wir uns gezwungen, im Wiederholungsfall eine Kündigung des Arbeitsverhältnisses vorzunehmen.

Bitte bestätigen Sie untenstehend, dass Sie diese Ermahnung, gelesen und verstanden haben und der hier geschilderte Sachverhalt den Tatsachen entspricht.

Wir bitten Sie, die unterschriebene Bestätigung bis zum <Datum> an die Personalabteilung zurückzugeben und hoffen sehr, Ihnen den Ernst der Situation klargemacht zu haben.

Mit freundlichem Gruss

Ihre Firma/Ihr Name/Ihre Funktion

Ich bestätige hiermit, mit meiner nachfolgenden Unterschrift, dieses Schreiben erhalten, gelesen und verstanden zu haben.

Unterschrift:....................................Datum:.............................

Kündigung und Beendigung des Arbeitsverhältnisses

Eine schlichte Kenntnisnahme einer Kündigung ist eine einfache und problemlose Routineaufgabe. Geht es allerdings um Kündigungen aus wirtschaftlichen Gründen oder gar um fristlose Entlassungen, sind dies auch aus rechtlichen Gründen oft problematische Situationen, bei denen es zahlreiche Aspekte zu berücksichtigen gilt. Auch diese Korrespondenzvorlagen finden Sie in diesem Kapitel – sei es als Formulierungsanregung oder je nach Situation für die direkte Übernahme.

Begleitbrief zum Austrittsfragebogen

Sehr geehrte Frau Muster

Sie werden unser Unternehmen, gemäss Ihrer Kündigung vom <Datum>, bald verlassen. Dabei sind wir immer an den Gründen interessiert, die zu einer Kündigung führten, unabhängig davon, von welcher Seite das Arbeitsverhältnis jeweils beendet wurde.

Aus diesen Gründen und aus Ihrer Beurteilung des Arbeitsverhältnisses als ganzes können wir lernen und Verbesserungen und Optimierungen erzielen, wo begründete und berechtigte Schwachstellen bestehen.

Wir bitten Sie deshalb, den beiliegenden Fragebogen vollständig, kritisch und konstruktiv auszufüllen und zu beantworten. Sie können uns diesen Austrittsbogen auch nach Ihrem Austritt zukommen lassen. Bei Rückfragen rufen Sie uns einfach unter Telefon <Nummer>. Wir sind Ihnen gerne dabei behilflich.

Für Ihre Zukunft wünschen wir Ihnen schon heute persönlichen und beruflichen Erfolg und danken Ihnen bei dieser Gelegenheit nochmals für Ihre Mitarbeit in unserem Unternehmen.

Mit freundlichen Grüssen

Ihre Firma

Ihr Name
Ihre Funktion

Kenntnisnahme Kündigung

Sehr geehrter Herr Muster

Wir haben von Ihrer am <Datum> bei uns eingegangenen Kündigung Kenntnis genommen und bestätigen Ihnen diese hiermit.

Mit dem Ihnen zustehenden Ferienbezug von zwei Wochen und Ihrem demzufolge letzten Arbeitstag vom <Datum> sind wir einverstanden.

Wir bedauern Ihren Entscheid. Sie sind viele Jahre ein treuer und einsatzfreudiger Mitarbeiter gewesen und haben mit Ihrer Initiative und ausgesprochenen Zuverlässigkeit unserem Unternehmen wertvolle Dienste geleistet. Andererseits haben wir Verständnis dafür, dass für Sie nun die Zeit gekommen ist, auch einmal eine neue Branche und ein neues Tätigkeitsgebiet kennenzulernen.

Wir danken Ihnen für Ihre Mitarbeit. Das Arbeitszeugnis werden wir Ihnen wunschgemäss an Ihrem letzten Arbeitstag überreichen und werden mit Ihnen am gleichen Tag gerne auch das in unserem Betrieb übliche Austrittsgespräch führen.

Für Ihre berufliche und private Zukunft wünschen wir Ihnen alles Gute.

Mit freundlichen Grüssen

Ihre Firma

Ihr Name
Ihre Funktion

Kündigung während der Probezeit

Kündigung

Sehr geehrte Frau ... / Sehr geehrter Herr

Wir haben festgestellt, dass Sie mit Ihrer Arbeit gut zurechtkommen, aber in der Zusammenarbeit mit dem Team Mühe bekunden. Sie haben sich eher als Einzelkämpfer hervorgetan, dem es an der nötigen Kommunikationsbereitschaft und an Teamgeist mangelt. Gerade die Teamintegration betrachten wir aber als eine sehr wichtige Voraussetzung für Wohlbefinden und gute Leistungen.

Diesen Eindruck haben Sie uns im letzten Gespräch bestätigt. Da weder Sie noch wir zum Zeitpunkt der Anstellung von Ihrer Unerfahrenheit in der Teamarbeit gewusst hatten, halten wir es auch in Ihrem Interesse für das Beste, die Zusammenarbeit fristgerecht auf den <Datum> aufzulösen.

Wir sind überzeugt, dass Sie eine Anstellung finden werden, die Ihren Vorstellungen eher entspricht.

Für Ihre Mitarbeit danken wir und wünschen Ihnen für die Zukunft viel Glück und alles Gute.

Mit freundlichen Grüssen

Ihre Firma

Ihr Name
Ihre Funktion

Kündigung innerhalb der Probezeit

Sehr geehrter Herr Muster

Wir sehen uns leider gezwungen, den mit Ihnen am <Datum> abgeschlossenen Arbeitsvertrag (gemäss Absatz 9 in der dort genannten Probezeit mit Kündigungsfrist) auf das Ende der übernächsten Woche, d.h. den <Datum> aufzulösen.

Zu unserem Bedauern haben unsere verschiedenen Gespräche und gemeinsam ergriffenen Massnahmen zur Reduktion der hohen Fehlerquoten nicht zu den erhofften und gewünschten Resultaten geführt. Da wir aus Ihrem Verhalten und Ihren Äusserungen immer mehr auch den Eindruck gewinnen mussten, dass Ihre Bereitschaft zur Leistungsverbesserung nicht im notwendigen Ausmass vorhanden ist, sehen wir uns - wie mündlich vorbesprochen - zu diesem Schritt gezwungen.

Auf Wunsch stellen wir Ihnen gerne eine Arbeitsbestätigung aus. Ein Leistungszeugnis ist aufgrund der Umstände wohl nicht angebracht und auch wegen der kurzen Anstellungsdauer nicht möglich.

Wir hoffen sehr, dass Sie bald wieder eine Stelle finden, die besser auf Ihre Fähigkeiten und Stärken zugeschnitten ist.

Mit freundlichen Grüssen

Ihre Firma

Ihr Name
Ihre Funktion

Betriebsbedingte Kündigung

Sehr geehrte Frau Muster

Die betrieblichen Verhältnisse zwingen uns, das mit Ihnen bestehende Arbeitsverhältnis zum <Datum> zu kündigen.

Sie werden nicht daran zweifeln, dass wir Ihnen diese Mitteilung nur schweren Herzens machen. Jedoch zwingen uns der harte internationale Wettbewerbs- und Kostendruck und die sinkenden Marktpreise und Erträge zu diesem unausweichlich gewordenen Schritt.
Sie sind nicht der einzige Mitarbeiter, von dem wir uns aus den vorgenannten Gründen trennen müssen. Dass Sie zu den Mitarbeitern gehören, die wir entlassen müssen, beruht darauf, dass die soziale Lage anderer Mitarbeiter sich wesentlich ungünstiger darstellt als die Ihre. Wir möchten mit aller Deutlichkeit festhalten, dass sowohl Ihre Leistungen wie auch Ihr Verhalten in keiner Art und Weise Grund für diese Kündigung sind. Dies geht auch aus dem beiliegenden Zeugnis klar hervor.

Wir sind gerne bereit, Ihnen schon zum jetzigen Zeitpunkt ein Zwischenzeugnis auszustellen und Ihnen beim Suchen einer geeigneten Arbeit behilflich zu sein. Wir werden zu diesem Zweck für Sie und die betroffenen Mitarbeiter eine Informationsschrift herausgeben und Ihnen bei allen Fragen und Problemen rund um Ihre bevorstehende Stellensuche behilflich sein.

Ihre Arbeitspapiere erhalten Sie am Ende der Beschäftigungszeit.

Mit freundlichen Grüssen

Ihre Firma

Ihr Name
Ihre Funktion

Sofortige Freistellung

Sehr geehrter Herr Muster

Hiermit kündigen wir den Arbeitsvertrag vom <Datum> unter Einhaltung der vertraglich vereinbarten Kündigungsfrist von drei Monaten per Ende November 2003.

Wie in unserem persönlichen Gespräch, auch unter Einbezug der zu dieser Freistellung führenden Gründe, informiert, sind Sie ab sofort von der Erbringung Ihrer Arbeitsleistung in unserem Unternehmen entbunden. Sie haben das Recht und die Pflicht zugleich, während Ihrer Zeit der Freistellung eine neue, zumutbare Stelle zu suchen und anzunehmen. Einen durch eine andere Tätigkeit oder einen neuen Arbeitgeber erzielten Verdienst müssen Sie uns mitteilen, da dieser von unserer Lohnzahlung abgezogen würde.

Ihr Restferienanspruch von 10 Tagen und das aufgelaufene Überstunden-Guthaben von 25 Stunden (das gemäss Arbeitsvertrag mit Freizeit kompensiert werden kann), sind mit der Freistellung abgegolten. Boni und Sonderleistungen berechnen sich aus Durchschnittswerten des vergangenen Jahres. Nach dem Gespräch mit Ihnen und der Rücksprache mit der Lohnbuchhaltung und der Personalabteilung bestehen keine anderweitigen Ansprüche finanzieller Art mehr.

Falls Sie während der Freistellung erkranken oder verunfallen, sollten Sie uns dies sofort mitteilen. In einem solchen Fall treten nämlich arbeitsrechtliche, den Kündigungsschutz betreffende Verpflichtungen in Kraft, und wir müssten uns allenfalls vorbehalten, unseren Vertrauensarzt einzuschalten.

Wir bitten Sie, sämtliche Dokumente, Unterlagen und Gegenstände, inkl. evtl. bei Ihnen zuhause installierte Software, bis spätestens <Datum> an unsere Personalabteilung zurückzugeben. Der Geschäftswagen und die Lunchkarten sind ebenfalls abzugeben.

Ausserdem bleibt die allgemeine Loyalitäts- und Geheimhaltungspflicht des Arbeitnehmers gemäss Art. 321 a des Obligationenrechts uneingeschränkt auch nach Auflösung des Vertrages bestehen.

Firma:...

<Ort>, den <Datum>

Ich bestätige, die vorliegende Freistellungserklärung gelesen und verstanden zu haben. Ich bin damit einverstanden.

Name und Unterschrift des Arbeitnehmers /der Arbeitnehmerin:

....

<Ort>, den <Datum>

Kündigung wegen unentschuldigter Absenzen

Sehr geehrter Herr Muster

Leider sehen wir uns gezwungen, das mit Ihnen durch Arbeitsvertrag vom <Datum> begründete Arbeitsverhältnis fristlos zu kündigen.

Trotz mehrfacher Ermahnung unsererseits und Ihrer Zusicherung, in Zukunft Ihren Arbeitspflichten pünktlich nachzukommen, sind Sie erneut am <Datum>, am <Datum> und am <Datum> erheblich zu spät zur Arbeit erschienen. Am <Datum> und am <Datum> fehlten Sie darüber hinaus den ganzen Tag unentschuldigt.

Eine Fortsetzung des Arbeitsverhältnisses bis zum Ablauf der ordentlichen Kündigungsfrist ist uns daher nicht mehr zuzumuten.

Auch die Geschäftsleitung hat der Kündigung zugestimmt. Beigefügt erhalten Sie Ihr Zeugnis und eine provisorische Lohnabrechnung. Diese und den Versicherungsausweis erhalten Sie unverzüglich nach Erstellung der definitiven Lohnabrechnung.

Wir bitten Sie, die unterschriebene Bestätigung bis zum <Datum> an die Personalabteilung zurückzusenden.

Mit freundlichen Grüssen

Ihre Firma

Ihr Name
Ihre Funktion

Das Original der Kündigung habe ich am <Datum> erhalten.

....	....
Ort	Unterschrift des Mitarbeiters

Kündigung nach Konflikt

Sehr geehrter Herr Muster

Unser gestriges Gespräch hat mit aller Deutlichkeit gezeigt, dass unsere Ansichten über die künftige Zusammenarbeit und die Beurteilung der einzuschlagenden Richtung Ihrer Abteilung zu weit auseinandergehen und dafür keine sachlich ausreichende Basis mehr vorhanden ist.

Zudem ist wohl aufgrund der zur Sprache gekommenen Punkte und gravierenden Meinungsverschiedenheiten auch die notwendige Vertrauensbasis nicht mehr in genügendem Ausmass gegeben.

Wir bestätigen deshalb Ihre Kündigung auf Ende dieser Woche, den <Datum>, sowie nachfolgend alle anderen Vereinbarungen:

Punkt 1 ....

Punkt 2 ....

Punkt 3 ....

Punkt 4 ....

Wir bedauern, dass wir uns auf diese Art und Weise voneinander trennen. Für Ihre berufliche und private Zukunft wünschen wir Ihnen alles Gute.

Mit freundlichen Grüssen

Ihre Firma

Ihr Name
Ihre Funktion

Kündigung wegen Verdachts einer strafbaren Handlung

Sehr geehrter Herr Muster

Hiermit kündigen wir das mit Ihnen bestehende Arbeitsverhältnis ausserordentlich aufgrund des Verdachts einer strafbaren Handlung zum Nachteil unseres Unternehmens.

Wir haben den Verdacht, dass Sie in der Zeit vom <Datum> bis <Datum> Hard- und Software bei Lieferanten zu massiv überhöhten Preisen eingekauft haben. Hierdurch ist uns ein Schaden von schätzungsweise CHF<Betrag> entstanden. Ausserdem haben wir den begründeten und durch mehrere Beobachtungen erhärteten Verdacht, dass Sie von den Lieferanten und Grossisten hohe Geldbeträge und Sachwerte erhalten haben, um bei diesen dann überteuerte Waren zu bestellen. Insoweit besteht der Verdacht der persönlichen Bereicherung zu unserem erheblichen Nachteil.

Diese Vorwürfe sowie die Tatsachen, die unseren Verdacht erhärten, wurden Ihnen am <Datum> mitgeteilt und Ihnen Gelegenheit zu einer ausführlichen Stellungnahme gegeben. Sie haben diese Vorwürfe pauschal bestritten, ohne den Sachverhalt glaubhaft aufzuklären und den schwerwiegenden Verdacht zu entkräften.

Weitere Nachforschungen nach diesem Gespräch haben unseren Verdacht dermassen erhärtet, dass eine weiterhin vertrauensvolle Basis der Zusammenarbeit nicht mehr besteht und wir das Arbeitsverhältnis kündigen müssen.

Wir weisen Sie noch darauf hin, dass wir uns weitere rechtliche Schritte wegen Ihres Verhaltens sowie die Geltendmachung von Schadensersatzansprüchen ausdrücklich vorbehalten, wenn sich Beweise oder neue Sachverhalte herausstellen sollten.

Mit freundlichen Grüssen

Ihre Firma

Ihr Name
Ihre Funktion

Kündigung wegen firmenschädigenden Verhaltens

Fristgerechte Kündigung Ihres Arbeitsvertrags vom <Datum> auf den <Datum>

Sehr geehrter Herr Muster

Da Sie leider die Ermahnungen vom <Datum>. sowie zwei Schreiben unsererseits nicht ernstgenommen und Ihr firmenschädigendes Verhalten nicht abgestellt haben, sehen wir uns gezwungen, Ihr Arbeitsverhältnis fristgerecht auf den <Datum> zu kündigen. Die Gründe sind Ihnen bekannt:

Kunden beschwerten sich über Ihr unfreundliches Verhalten; in einem Fall schreckten sie sogar vor einer massiven Beleidigung nicht zurück ("Dann hauen Sie doch ab mit Ihrem Seich"). Kolleginnen beklagen sich wegen Ihrer ständigen Meckerei und Besserwisserei, die das Arbeitsklima negativ beeinflusst und zu Spannungen führt, die sich auch auf die Leistungen auswirken.

Der Hauswart beschwerte sich, weil sie ihn beschimpften ("Sie alter Dubel"). Auch dies ist ein Beispiel dafür, welch aggressives und deplaziertes Verhalten Sie in gewissen Situationen an den Tag legen. Solche durch einen Mitarbeiter von uns gemachten Äusserungen fallen natürlich auch auf die Firma zurück.

Da Sie keinerlei Einsicht gezeigt haben und die Ihnen vor 2 Monaten angebotene Frist zur Selbstkündigung verstreichen liessen, sehen wir uns nun gezwungen, das Arbeitsverhältnis aufzulösen.

Bis zu Ihrem endgültigen Ausscheiden am <Datum> werden Sie in unserer <Abteilung> tätig sein. Ausserdem bitten wir Sie, in dieser Zeit Ihren verbleibenden Ferienanspruch einzulösen.

Mit freundlichen Grüssen

Ihre Firma/Ihr Name/Ihre Funktion

Kündigung wegen Betruges

Sehr geehrte Frau Muster

Leider sehen wir uns gezwungen, das mit Ihnen durch Arbeitsvertrag vom <Datum> begründete Arbeitsverhältnis ausserordentlich zu kündigen.

Bei der gestern - also am <Datum> - durchgeführten routinemässigen Revision Ihrer Kassenführung sind grössere Unregelmässigkeiten festgestellt worden, für die Sie die Verantwortung zu tragen haben. In einem Gespräch unmittelbar nach der Prüfung der Kassenführung haben Sie die Unregelmässigkeiten zugegeben.

Eine Fortsetzung des Arbeitsverhältnisses bis zum Ablauf der ordentlichen Kündigungsfrist ist uns, unter den gegebenen Umständen und angesichts der Gefahr einer Wiederholung Ihres Verhaltens, nicht mehr zuzumuten. Dafür fehlt beiderseits die gerade in dieser Aufgabe sehr wichtige Vertrauensbasis. Auch unser Gespräch und Ihre Reaktionen auf die Vorkommnisse haben dieses Vertrauen in einer Art und Weise erschüttert, die eine weitere Zusammenarbeit unmöglich macht.

Beigefügt erhalten Sie Ihr Zeugnis und eine Ersatzbescheinigung für Ihren Lohnausweis. Die AHV-Versicherungskarte erhalten Sie unverzüglich nach Erstellung der Lohnabrechnung.

Wir bitten Sie, die unterschriebene Bestätigung bis zum <Datum> an die Personalabteilung zurückzusenden.

Mit freundlichen Grüssen

Ihre Firma/Ihr Name/Ihre Funktion

Das Original der Kündigung habe ich am <Datum> erhalten.

....	....
Ort	Unterschrift des Mitarbeiters

Kündigung wegen schlechter Arbeitsqualität

Sehr geehrte Frau ... / Sehr geehrter Herr

Mit Ihrem Schreiben vom <Datum> wünschen Sie von uns eine schriftliche Begründung unserer am <Datum> ausgesprochenen Kündigung per <Datum>. Diesem Wunsch kommen wir mit diesem Schreiben nun nach.

Die Qualität Ihrer Arbeitsleistung hat sich in den letzten Wochen dermassen massiv verschlechtert und die Fehlerhäufigkeit ist so stark angestiegen, dass es immer öfter zu Reklamationen kam. Wir haben sogar einige grosse Kunden wegen mancher sehr grober Fehler verloren. Zahlreiche Gespräche und konkrete, auch von Ihnen befürwortete, Massnahmen zur Verbesserung der Leistungsqualität haben leider nicht die dringend notwendige Verbesserung der Situation bewirkt.

Unter diesen Umständen sind wir der Meinung, dass eine weitere Zusammenarbeit für uns nicht mehr zumutbar ist und sehen uns gezwungen, den Arbeitsvertrag mit Ihnen fristgerecht auf den <Datum> zu kündigen.

Wir bedauern diesen Entscheid, hoffen aber dennoch, mit Ihrem Verständnis rechnen zu können.

Mit freundlichen Grüssen

Ihre Firma

Ihr Name
Ihre Funktion

Kündigung wegen fortgesetztem Alkoholmissbrauchs

Sehr geehrter Herr Muster

am 14. Juni 2003 traten Sie einmal mehr in schwer alkoholisiertem Zustand Ihre Arbeit an. Eine Kollegin beobachtete, wie Sie mehrmals verstohlen eine Flasche aus Ihrer Pultschublade nahmen. Sie forderte Sie, in Gegenwart eines Kollegen auf, ihr die Flasche auszuhändigen. Die Flasche enthielt zweifelsfrei ein hochprozentiges alkoholisches Getränk.

In der Ermahnung vom 27. Februar 2003, die wir erst nach vielen fruchtlosen und – wie wir heute feststellen müssen - wenig erfolgreichen Gesprächen mit Ihnen geschrieben haben, sahen wir uns gezwungen, Ihnen die Kündigung anzudrohen. Um jedoch, unter Rücksichtnahme auf Ihre Familie, eine grosse soziale Härte zu vermeiden, kündigen wir Ihnen heute fristgerecht zum <Datum> und bezahlen Ihnen bis zu diesem Zeitpunkt noch den vollen Lohn. Bis dahin sind Sie vom Dienst freigestellt.

Wir raten Ihnen dringend: Nutzen Sie die Chance, und begeben Sie sich sofort in fachärztliche Behandlung. Wir sind sogar bereit, Sie in dem für Sie und Ihre Zukunft sehr wichtigen Schritt noch einmal zu unterstützen.

Mit freundlichen Grüssen

Ihre Firma

Ihr Name
Ihre Funktion

Kündigung wegen wiederholter unentschuldigter Abwesenheit

Sehr geehrter Herr Muster

vom <Datum> bis <Datum> blieben Sie zum wiederholten Male unentschuldigt von Ihrer Arbeit fern. Obwohl wir Sie gleichentags aufgefordert haben, uns ein Arztzeugnis vorzulegen, kamen Sie dieser Bitte erst fünf Tage später nach. Die ärztliche Arbeitsunfähigkeitsbescheinigung des Arztes Dr. <Name> ist am <Datum> ausgestellt und erreichte uns am <Datum>.

Nach Ihren eigenen Ausführungen waren Sie wegen ... arbeitsunfähig erkrankt. Nach unserer Auffassung hätten Sie mit diesen Beschwerden die Arbeit aber dennoch ausüben können. Wir vermuten, dass der behandelnde Arzt über Ihre Berufstätigkeit nicht genügend informiert war und somit die Arbeitsunfähigkeit nicht präzise genug beurteilen konnte. Nach Ihren eigenen Aussagen wurden Sie nach der Art Ihrer Tätigkeit überhaupt nicht gefragt.

Auf unsere Zweifel an der von Ihnen angeführten Arbeitsunfähigkeit haben wir Sie bereits am zweiten Tag Ihres Fernbleibens vom Arbeitsplatz hingewiesen, nachdem Sie uns, nach Ihrem ersten Arztbesuch, kein Arztzeugnis vorlegten. Wir haben Sie deshalb dann mit Schreiben vom <Datum> auch deutlich verwarnt, weil Sie unserer Aufforderung nach einem Arztzeugnis nicht nachkamen.

Nachdem Sie, trotz der Verwarnung und unseren wiederholten und eindringlichen Aufforderungen, einmal mehr nicht zur Arbeit erschienen sind, betrachten wir Ihr Fehlen in der Zeit vom <Datum> bis zum <Datum> als unentschuldigtes Fernbleiben vom Arbeitsplatz. Ihr Verhalten müssen wir demzufolge bedauerlicherweise zum Anlass nehmen, das mit Ihnen bestehende Arbeitsverhältnis mit sofortiger Wirkung zu kündigen.

Ihre Arbeitspapiere und Ihre Lohnabrechnung für den laufenden Monat senden wir Ihnen zu Beginn des nächsten Monats zu.

Mit freundlichen Grüssen

Ihre Firma/Ihr Name/Ihre Funktion

Kündigung wegen Personalabbaus

Sehr geehrter Herr Muster

Wir haben Ihnen bereits in einem Gespräch die Situation unseres Betriebes erläutert und Sie auf die notwendigen Umstrukturierungen aufmerksam gemacht. Die rezessive Wirtschaftslage und immer härter werdende Konkurrenzsituation auf den Weltmärkten zwingen uns zu massiven Kostensenkungen. Ohne solche Massnahmen ist die Konkurrenzfähigkeit und somit das Überleben unseres Betriebes nicht mehr sichergestellt. Sie sind ebenfalls über die daraus entstehenden Konsequenzen für unsere Mitarbeiter informiert.

Glauben Sie uns: Es fällt uns nicht leicht, Ihnen nach 7-jähriger Betriebszugehörigkeit mitteilen zu müssen, dass auch Ihr Arbeitsplatz von der Reorganisation betroffen und die Kündigung auf den <Datum> unumgänglich ist.

Wir haben in all den Jahren Ihre qualifizierte Mitarbeit sehr geschätzt und bedauern es ausserordentlich, dass unsere Zusammenarbeit unter diesen Umständen beendet werden muss. Es ist uns daher ein Bedürfnis, Ihnen für Ihren Einsatz unseren besten Dank auszusprechen.

Wenn wir Ihnen in irgendeiner Weise helfen können, sei es in Form von Referenzen oder persönlichen Empfehlungen, sind wir dazu jederzeit gerne bereit. Frau <Name> wird den für Sie ausgearbeiteten Sozialplan und weitere Hilfestellungen unsererseits in den nächsten Tagen mit Ihnen besprechen.

Mit freundlichen Grüssen

Ihre Firma

Ihr Name
Ihre Funktion

Beilage: Arbeitszeugnis

Begründung einer Kündigung

Sehr geehrte Frau ... / Sehr geehrter Herr ...

Mit Ihrem Schreiben vom <Datum> wünschen Sie von uns eine schriftliche Begründung unserer am <Datum> ausgesprochenen Kündigung per Ende November 2003. Diesem Wunsch kommen wir mit diesem Schreiben nun nach.

Wie wir Ihnen bereits mündlich, unter Beizug Ihres Vorgesetzten Herrn Muster und des Geschäftsleitungsmitglieds Herrn Mustermann, darlegten, hat sich das Vertrauensverhältnis zwischen Ihnen und Ihrem Vorgesetzten so stark verschlechtert, dass wir an eine Beilegung des Konfliktes und eine Wiederherstellung des Vertrauensverhältnisses nicht mehr glauben. Zudem geniesst Ihr Vorgesetzter, Herr Mustermann, als langjähriger Mitarbeiter unser Firma uneingeschränktes Vertrauen. Wir möchten die Mitarbeit von Herrn Mustermann auf keinen Fall gefährden.

Wir sind zudem auf ein gut eingespieltes und harmonisches Team angewiesen, welches sich nicht in unproduktiven Konflikten und Auseinandersetzungen aufreibt.

Dies sind die Gründe, weshalb eine weitere Zusammenarbeit für uns nicht mehr zumutbar war und wir den Arbeitsvertrag mit Ihnen kündigen mussten.

Mit freundlichen Grüssen

Ihre Firma

Ihr Name
Ihre Funktion

Einigung auf Kündigung mit Abfindung

Sehr geehrter Herr Muster

Am 16. Oktober, 2003 einigten wir uns darauf, dass Sie auf den 16. Dezember 2003 unsere Firma verlassen. Sie als Mitarbeiter zu verlieren, bedauern wir, denn Sie besitzen alle Qualitäten eines guten <Funktionsbezeichnung>. Die Unstimmigkeiten zwischen Ihnen und unserer Geschäftsleitung erschweren ein produktives Zusammenarbeiten nun allerdings so sehr, dass ein weiteres Verbleiben Ihrerseits in unserem Unternehmen für alle Beteiligten nur noch Konflikte verursachen würde.

Wir einigten uns weiterhin, dass Sie mit sofortiger Wirkung und bei vollen Bezügen - d.h. einschliesslich einer wie auf dem Beiblatt berechneten Durchschnittsprovision - vom Dienst freigestellt sind.

Sie übergeben Herrn Wälti Ihre Unterlagen und informieren ihn umfassend über den Stand der Dinge. Damit Sie sich mit der notwendigen Zeit auf die Suche nach einer neuen Stelle begeben können, zahlen wir Ihnen eine Abfindung in Höhe von drei Monatsgehältern. Als Monatsgehalt gilt dabei das monatliche Fixum zuzüglich der Durchschnittsprovision aus den letzten zwölf Monaten.

Wir möchten mit dieser Abfindung auch zum Ausdruck bringen, dass wir Ihre Leistungen und Ihren Einsatz für unser Unternehmen zu würdigen wissen und geschätzt haben. Wir wünschen Ihnen für Ihre berufliche Weiterentwicklung alles Gute und am neuen Ort einen erfolgreichen Start.

Mit freundlichen Grüssen

Ihre Firma

Ihr Name
Ihre Funktion

Anlage:

Ausserordentliche Kündigung wegen rufschädigender Äusserungen

Sehr geehrter Herr Muster

am <Datum> haben Sie gegenüber Frau <Name> in einem Gespräch geäussert, "Sie würden uns ruinieren und in der Öffentlichkeit und bei Kunden total fertigmachen".

Wir haben am <Datum>mit Ihnen offen und direkt über diese geschäftsschädigenden Äusserungen gesprochen und Ihnen die Gelegenheit einer Gegendarstellung und Relativierung gegeben. Sie entgegneten dann, dass diese Äusserung nicht so gemeint gewesen sei, sondern Sie damit eher die Aussage machen wollten, dass uns unsere Strategie in den finanziellen Ruin treiben würde. Ausserdem baten Sie uns um eine Gegenüberstellung mit den Mitarbeitern und Mitarbeiterinnen, vor denen Sie diese Äusserung gemacht haben sollen.

Durch Ihre Bemerkung und Ihre Reaktionsweise haben Sie das Vertrauensverhältnis und die Glaubwürdigkeit uns und den übrigen Mitarbeitern und Mitarbeiterinnen gegenüber sowie das Betriebsklima aber nachhaltig und irreparabel zerstört.

Wir haben uns daher, in Abstimmung mit der Geschäftsleitung und Ihrem Vorgesetzten, Herrn Roland Keller, entschieden, das Arbeitsverhältnis mit Ihnen aus wichtigem Grund ausserordentlich zu kündigen.

Ihr Arbeitsverhältnis endet mit Ablauf des heutigen Tages. Sie sind ab sofort von der Verpflichtung der Arbeitsleistung freigestellt. Ihr Lohn wird Ihnen noch bis <Datum> ausbezahlt. Wir fordern Sie auf, den Arbeitsplatz morgen am <Datum> unter Aufsicht Ihres Vorgesetzten, Herr, Roland Keller, zu räumen.

Mit freundlichen Grüssen

Ihre Firma

Ihr Name
Ihre Funktion

Ablehnung von Ferienansprüchen durch Freistellung

Sehr geehrter Herr Muster

vielen Dank für Ihr Schreiben vom <Datum>.

Wir können uns Ihrer darin zum Ausdruck kommenden Forderung betreffend noch bestehender Ferienansprüche, die wir abzugelten hätten, in keiner Weise anschliessen.

Nach unserer Kündigung vom <Datum> zum <Datum> haben wir uns in einem über die Auflösung des Arbeitsverhältnisses zum <Datum> und Ihre sofortige Freistellung von der Arbeitspflicht geeinigt. Zudem wurde klar abgemacht, dass mit der Zahlung des Novemberlohnes und der Ausstellung eines qualifizierten Zeugnisses keine gegenseitigen Forderungen mehr bestehen und weder von Ihnen noch von uns weitere Ansprüche geltend gemacht werden. Im übrigen sollten noch bestehende Ferienguthaben der Freistellungszeit hinzugerechnet werden.

Vor dem Hintergrund dieser klaren Abmachung sehen wir keinen Grund, die Restferienansprüche abzugelten, da Ihre Ferien während der Zeit der Freistellung in natura gewährt wurden. Die Anrechnung der Restferienansprüche auf die Zeit der Freistellung war im Vertrag und Kündigungsschreiben vom <Datum> auch ausdrücklich geregelt.

Wir rechnen damit, dass Sie diese Vereinbarungen einhalten und von weiteren Forderungen dieser Art absehen. Für Rückfragen stehen wir Ihnen gerne jederzeit zur Verfügung.

Mit freundlichen Grüssen

Ihre Firma

Ihr Name
Ihre Funktion

Antwort auf berechtigte Zeugnisreklamation

Sehr geehrte Frau Muster

Mit Ihrem Schreiben/Telefonanruf vom <Datum> haben Sie das von uns am <Datum> ausgestellte Zeugnis mit dem Hinweis beanstandet, dass die Leistungs- und Tätigkeitsangaben zu wenig detailliert und lückenhaft seien. Dies benachteilige Sie und erschwere Ihnen das Finden einer Ihren Erwartungen entsprechenden Stelle.

Wir haben Ihre Kritik in der Personalabteilung und mit Ihrem Vorgesetzten sorgfältig geprüft und sind zum Schluss gekommen, dass Ihre Darlegungen in einigen Punkten zutreffen. Es ist zudem ganz klar auch unser Anliegen, keinem unserer ehemaligen Mitarbeitern im heutigen Arbeitsmarkt die Stellensuche zu erschweren.

Wir haben deshalb mit dem in der Beilage neu ausgestellten und überarbeiteten Zeugnis sowohl den Detaillierungsgrad wie auch die Leistungsaspekte genauer und umfassender umschrieben. Wir sind überzeugt, mit diesem Zeugnis Ihren Wünschen weitgehend entgegenzukommen. In diesem Zusammenhang versichern wir Ihnen auch, dass mündliche Referenzen selbstverständlich dem insgesamt guten Zeugnis entsprechen und alles in allem ein positives Bild Ihrer Leistungen und Ihres Verhaltens abgeben werden.

Für Ihre Stellensuche wünschen wir Ihnen den Ihnen zustehenden Erfolg - und was es eben immer auch braucht - das notwendige Quentchen Glück.

Mit freundlichen Grüssen

Ihre Firma

Ihr Name
Ihre Funktion

Antwort auf unberechtigte Zeugnisreklamation

Sehr geehrte Frau Muster

Mit Ihrem Schreiben/Telefonanruf vom <Datum> haben Sie das von uns am <Datum> ausgestellte Zeugnis mit dem Hinweis beanstandet, dass die Leistungs- und Tätigkeitsangaben zu wenig detailliert und mit zu vielen Einschränkungen aufgeführt seien. Dies benachteilige Sie und erschwere das Finden einer Ihren Erwartungen entsprechenden Stelle.

Wir haben Ihre Kritik in der Personalabteilung und mit Ihrem Vorgesetzten sorgfältig geprüft und sind zum Schluss gekommen, dass Ihre Kritik und Beanstandungen ungerechtfertigt sind.

Einerseits entspricht das Zeugnis in allen Punkten den gesetzlichen Anforderungen, wonach ein Arbeitszeugnis wahr sein muss und die objektiv feststellbaren Angaben den Tatsachen entsprechen sollen. Andererseits ermöglicht es Ihnen das berufliche Fortkommen und ist zudem auch vollständig und klar verfasst. Interpretieren Sie die allenfalls als codierte Formulierungen aufzufassenden Abschnitte nicht für sich allein und seien Sie sich bewusst, dass ein Zeugnis immer im Gesamtzusammenhang beurteilt wird. Des weiteren sind "Spitzenleistungs-Beschreibungen" selten anzutreffen und entsprechen wohl auch ebenso selten der Realität.

In diesem Zusammenhang versichern wir Ihnen, dass mündliche Referenzen selbstverständlich dem alles in allem guten Zeugnis entsprechen werden und Ihnen von uns aus sicher nicht unnötig "Steine in den Weg" gelegt werden.

Für Ihre Stellensuche wünschen wir Ihnen Erfolg - und was es eben immer auch braucht - das notwendige Quentchen Glück.

Mit freundlichen Grüssen

Ihre Firma

Ihr Name
Ihre Funktion

Merkblätter, Betriebsordnungen und Reglemente

Wie nur soll man das Raucherproblem lösen – wie kann man dem unkontrollierten Surfen und Internetmissbrauch begegnen? Reglemente, Betriebsordnungen und Merkpunkte braucht es je länger je mehr zur Regelung konfliktträchtiger oder oft Unklarheiten und Fragen bewirkender Situationen im Betriebsalltag. Diese Reglemente sind nicht nur Formulierungshilfen, sondern können Ihnen auch Anregungen geben, wie bestimmte Probleme oder Konfliktsituationen angegangen oder gar gelöst werden können.

Reglement zur Einführung neuer Mitarbeiter

Der Eintritt neuer Mitarbeiter in unser Unternehmen ist für die betreffenden neuen Mitarbeiter und deren Einführung ein für beide Seiten wichtiges Ereignis. Diesen entscheidenden Schritt möchten wir deshalb sorgfältig planen, ganzheitlich angehen und alle wesentlichen, erfolgsentscheidenden Aspekte einbeziehen. Alle Kaderleute und Mitarbeiter werden deshalb gebeten, diesem Reglement die gebührende Beachtung zu schenken und die aus der Erfahrung entwickelten Regelungen und Grundsätze zu beachten.

Vorbereitung

Eine sorgfältige und umfassende Vorbereitung ist von entscheidender Bedeutung. Dazu gehört ein genauer Einsatzplan, der Aufgaben, Termine und Verantwortungsbereiche umfasst, ein gut vorbereiteter Arbeitsplatz, die Überprüfung und Vervollständigung der Arbeitshilfsmittel, inklusive PC und Softwareinstallationen, und die Information zum Neueintritt an alle Mitarbeitenden. Diese Information erfolgt am Schwarzen Brett, im Intranet, per E-Mail am ersten Arbeitstag mit Foto-Attachment und in der ersten Ausgabe der Mitarbeiterzeitschrift nach dem Neueintritt.

Informationsunterlagen

Neu eintretenden Mitarbeitenden werden diverse Informationsunterlagen zur Verfügung gestellt. Dies wird neu eintretenden Mitarbeitenden in Form einer Mitteilung als Welcome-Package ausgehändigt, welches Stellenbeschreibung, Organigramm, Telefonverzeichnis, Unternehmensleitbild, Fort- und Weiterbildungsangebote, den Einführungsplan und eine aktuelle Ausgabe der Mitarbeiterzeitschrift enthält.

Begrüssung

Vom Vorgesetzten wird ein erstes persönliches Gespräch über die beruflichen Ziele des neueintretenden Mitarbeiters und die gegenwärtigen Hauptziele und wichtigsten Projekte des Unternehmens geführt. Der Überblick über die Unternehmensorganisation, Arbeit und Aufgabe im gesamtbetrieblichen Zusammenhang, Führungsgrundsätze und das Aushändigen der Reglemente sind weitere zu erledigende Aufgaben.

Vorstellungsrunde

Das persönliche Vorstellen und das Vermitteln eines umfassenden Eindrucks des Unternehmens sind wichtig. Neu eintretende Mitarbeitende werden beim nächsthöheren Vorgesetzten, bei künftigen Kollegen und Kolleginnen und den in die Einführung involvierten Mitarbeitenden vorgestellt. Dabei schildern die von regelmässiger Zusammenarbeit betroffenen Kollegen und Kolleginnen jeweils ihr Aufgabengebiet und die Zusammenhänge mit den Aufgaben des Neueintretenden.

Einarbeitung

Der von der Personalabteilung und dem direkten Vorgesetzten erstellte Einsatzplan enthält die konkreten Schritte und Aufgaben der Einführung. Darin enthalten sind die Stellenbeschreibung, Arbeitsunterlagen und Arbeitsabläufe, Informationen zum Datenschutz, die Besprechung der Arbeitsergebnisse und zur Verfügung stehende Arbeitshilfsmittel. Die Ziele der Probezeit müssen qualitativ und quantitativ gemeinsam besprochen und schriftlich festgehalten werden. Dazu gehören regelmässige Feedbackgespräche und Erfolgskontrollen.

Erfolgs- und Fortschrittskontrollen

Es obliegt der Verantwortung des direkten Vorgesetzten, die Qualität der Einführung permanent zu kontrollieren und zu überwachen. I.a. empfehlen wir, diese Mitarbeitergespräche regelmässig alle zwei Wochen zu führen.

Probezeit

Jeder neu eintretende Mitarbeiter enthält mündlich und schriftlich Bescheid über das Bestehen der Probezeit. Probezeitverlängerungen werden mit der Personalabteilung und dem nächsthöheren Vorgesetzten zusammen entschieden, ebenso Kündigungen, deren Gründe zusätzlich schriftlich festgehalten werden müssen.

Widerrufbarkeit dieses Regelements

Das Unternehmen kann dieses Reglement ohne das Nennen von Gründen jederzeit widerrufen, aufheben, neuen Gegebenheiten anpassen oder aufgrund betrieblicher und gesetzlicher Neuerungen ändern.

Wirksamkeit und Gültigkeit dieses Reglements

Mit der schriftlichen Bekanntgabe dieser neuen Regelung erlischt die alte Richtlinie oder ersetzt die in anderen Regelungen dazu erlassenen Bestimmungen.

Dieses Reglement ist Vertragsbestandteil

Diese Richtlinie ist integraler Vertragsbestandteil des zwischen dem Mitarbeiter und dem Unternehmen ausgearbeiteten Arbeitsvertrags. Mündliche anderslautende oder abweichende Äusserungen sind nicht gültig, wenn diese nicht schriftlich vorliegen.

Merkblatt für Mitarbeitergespräche

Einführung, Motivation und Ziele

Mitarbeitergespräche sind in unserem Unternehmen ein zentrales Führungsinstrument zur Standortbestimmung und offenen Kommunikation. Mitarbeitergespräche fördern die Leistungen in einer partnerschaftlichen Kultur, in der Menschen mit ihren Stärken und Schwächen akzeptiert werden und gemeinsame Lösungen im Vordergrund stehen. Wie erfolgreich dieses Instrument eingesetzt wird, hängt ganz wesentlich von der Einstellung des Vorgesetzten und Mitarbeiters und deren Motivation ab.

Arten von Mitarbeitergesprächen

Jedes berufliche oder persönliche Problem oder Anliegen kann ein Mitarbeitergespräch erfordern, welches nicht Gegenstand einer Reglementierung sein soll und darf. Gemäss unserer Führungsphilosophie und Unternehmenskultur sind es aber die folgenden Arten von Mitarbeitergesprächen, die fester und verpflichtender Bestandteil der Unternehmenskommunikation sind und denen besondere Bedeutung beigemessen werden soll: Leistungsbeurteilung, Förderung und Beförderung, Zielvereinbarung, Qualifikation, Aus- und Weiterbildung, Laufbahn und Karriere, und mindestens zwei Mal pro Jahr stattzufindende Standortbestimmungen.

Organisation, Zeitpunkt und Dauer

Mitarbeitergespräche sollten mehrere Male, mindestens vier bis fünf Mal pro Jahr, nach individuellem und situativem Bedarf stattfinden. Offizielle Jahres-Mitarbeitergespräche werden in unserem Unternehmen jeweils Ende <Monat> durchgeführt und von der Personalabteilung organisiert und betreut. Die Personalabteilung wird mittels Fragebogen und Gesprächsbericht vom Linienvorgesetzten informiert.

Rahmenbedingungen und Beurteilungsbögen

Für die Akzeptanz von Mitarbeitergesprächen ist es wichtig, dass sie geplant und reibungslos in den Arbeitsalltag integriert werden. Dabei müssen Mitarbeiter erfahren: a) wie sie sich optimal auf die Gespräche vorbereiten können b) warum ein durchdachtes Beurteilungssystem wichtig ist c) wie Beurteilungsbögen gestaltet werden können d) was grundsätzlich wichtig ist, um ein gutes Gespräch zu führen.

Grundlagen für die Kommunikation

Es geht nie nur um Inhalte, die wir unseren Mitarbeitern vermitteln, sondern immer auch um die Art und Weise, wie das Gespräch geführt wird und wie konstruktiv die Atmosphäre ist, die wir schaffen. Führungskräfte haben dabei klare Ziele, die auf Basis einer guten Kommunikationskultur von Mitarbeitern verstanden und akzeptiert werden.

Kommunikation - auch schwierige Gespräche und Situationen meistern

Die eigentliche Bewährungsprobe für jeden Vorgesetzten sind die Gespräche, in denen es um unangenehme und heikle Gesprächsanlässe geht oder bei denen der Mitarbeiter sich anders verhält, als man dies erwartet. Die Mittel für Gegensteuer: a) Motivation: Herausforderung c) Kritikgespräche d) Zukunfts- und nicht Vergangenheitsorientierung. Bei solchen Gesprächen ist die Personalabteilung jederzeit behilflich oder übernimmt diese sogar, je nach Situation, in Absprache mit dem Linienvorgesetzten, ganz.

Nachbereitung und Zielumsetzung

Die eigentliche Arbeit beginnt nach dem Mitarbeitergespräch. Hier geht es um: a) das Festhalten von Vereinbarungen und Zielen b) das Interesse an den Mitarbeitern, ihrer Arbeit und ihren Fortschritten im Arbeitsalltag c) die Kontrolle und regelmässige Gespräche und d) das Feedback zu den Mitarbeitergesprächen, wenn dies notwendig oder sinnvoll ist.

EFA – Entwicklung-Förderung-Anerkennung

Dieser in unserem Unternehmen wichtige und konsequent zu praktizierende Prozess ist modulartig aufgebaut: Beschreibung der Stelle mit ihren Verantwortungsbereichen und Kompetenzen, Zielvereinbarungen, Besprechen der Zielerreichung sowie Planung der Fördermassnahmen und der Personalentwicklung. Gerade die Potentialeinschätzung des Mitarbeiters hat grosse Bedeutung. Hier werden auch ganz konkrete Schritte in die Wege geleitet – beispielsweise Auslandsaufenthalte im Vorfeld einer Managementaufgabe. Ein Hilfsmittel ist dabei das Kompetenzmodell, das einen Katalog zu "Kenntnissen, Erfahrungen, Fähigkeiten" beinhaltet.

Feedback auch für Führungskräfte

Sollte die Sicht des Mitarbeiters von der seines Vorgesetzten abweichen, so kann der Mitarbeiter eine Stellungnahme abgeben und ein Gespräch mit der nächsthöheren Führungskraft oder der Personalabteilung verlangen.

Bewertungen

Die Bewertungen müssen qualitativ und quantitativ durch Skalierungen erfolgen. Dabei ist der qualitativen Beurteilung die grössere Bedeutung und entsprechende Ausführlichkeit und Zeit zu widmen. Entsprechende Formulare liegen vor und die Personalabteilung ist dazu angehalten, Kaderleute dabei zu beraten und zu unterstützen.

Widerrufbarkeit dieses Reglements

Das Unternehmen kann dieses Reglement ohne das Nennen von Gründen jederzeit widerrufen, aufheben, neuen Gegebenheiten anpassen oder aufgrund betrieblicher und gesetzlicher Neuerungen anpassen.

Wirksamkeit und Gültigkeit dieses Reglements

Mit der schriftlichen Bekanntgabe dieser neuen Regelung erlischt die alte Richtlinie oder ersetzt die in anderen Regelungen dazu erlassenen Bestimmungen.

Human Resources Management-Leitbild

Die Aufgaben und Dienstleistungen der Personalabteilung für das Unternehmen und die Mitarbeitenden

Die Bedeutung des Human Resources Management in unserem Unternehmen

Die Personalarbeit, heutzutage auch Human Resources Management genannt, ist in einem modernen Unternehmen mehr als nur die Erledigung administrativer Personalaufgaben wie das Verteilen der Lohnabrechnung oder das Aushändigen von Formularen. Vielmehr versteht unsere Firma darunter eine strategische Managementaufgabe, bei der es im Kern um die bedarfsgerechte Bereitstellung und Betreuung von Personal, dessen zielorientierten Einsatz und die koordinierte Ausrichtung der Wünsche und Vorstellungen der Mitarbeiter auf die Unternehmensziele geht.

Offene und mitarbeiterorientierte Informationskultur

Offene Kommunikationsstrukturen und eine transparente und mitarbeiterorientierte Informationskultur motiviert die Mitarbeiter und beeinflusst das Betriebsklima positiv. Sie sorgen dafür, dass sich die Mitarbeiter mit dem Unternehmen, den Produkten, aber auch mit den Herausforderungen der jeweiligen Abteilung identifizieren. Deshalb ist bei uns das HRM ein zentrales und auch von der Geschäftsleitung als sehr wichtig erachtetes Element. Die Schwergewichte der internen Aufgaben des Human Resources Management sind in unserem Unternehmen insbesondere:

Umfassendes Informationsmanagement

Eine der zentralen Aufgaben des HRM ist es, die Mitarbeiter hierarchieübergreifend über aktuelle Nachrichten zum Thema Personal zu informieren. Dazu zählen die Vorstellung neuer Mitarbeiter, Informationen zu Aus- und Weiterbildungsmöglichkeiten, Informationen und Begleitmaterial zu Mitarbeitergesprächen oder die Herausgabe neuer Formulare, z.B. für Spesenabrechnungen. Wir bedienen uns zahlreicher Informationsmittel wie Rundschreiben, E-Mails, Intranet, Mitarbeiterzeitschrift, Workshops, Befragungen, Beratungsgespräche und vieles mehr.

Umfassende Mitarbeiterbetreuung

Unser Personalwesen sieht sich auch als Drehscheibe und Kommunikationspartner für wichtige berufliche, unternehmerische und persönliche Anliegen eines jeden Mitarbeitenden. Diese Betreuung verstehen wir umfassend – sie kann von familiären und persönlichen Problemen über Konflikte und Unsicherheiten in der Abteilung bis zu Fragen der Laufbahn- und Karriereplanung gehen. Auch unsere Funktion kann unterschiedlich sein: Von der Beratung über die Vermittlung bis zur Schlichtung.

Personalplanung und Ressourcenmanagement

Ein weiterer wichtiger Aufgabenbereich des HRM ist die Ermittlung und Planung des Personalbedarfs. Dieses Ziel wird durch Interviews mit Abteilungsleitern und durch die Analyse vergangener Monate und Jahre ermittelt. Aktuelle Kennzahlen wie Fluktuation oder Absenzarten werden genauso berücksichtigt wie aktuelle Projekte.

Personaladministration

Zu den Kernaufgaben des HRM gehören zahlreiche administrative Aufgaben und Prozesse, die regelmässig im Dialog mit einem Mitarbeiter bearbeitet werden. Beispiele hierfür sind Ferienanträge, das Ausstellen bestimmter Bescheinigungen, Lohn- und Gehaltsabrechnungen, Bewilligungen für bezahlte Aus- und Weiterbildungsmassnahmen und vieles mehr.

Publikationen

Die Mitarbeiterzeitschrift ist ein wichtiges Instrument der internen Kommunikation und ein Spiegelbild der Kommunikations- und Informationskultur unseres Unternehmens. In ihr kommen das Management und Mitarbeiter aus unterschiedlichen Unternehmensbereichen zu Wort und stellen ihre Arbeit und sich als Menschen in Portraits vor. Neue Strategien für das nächste Jahr werden genauso präsentiert wie das geplante Betriebs- und Weihnachtsfest und ein Interview mit der Geschäftsleitung.

Personalentwicklung

Zu den Aufgaben des HRM gehört auch die Personalentwicklung: Die umfassende und ganzheitliche Förderung und Weiterentwicklung aller unserer Mitarbeitenden. Mitarbeitergespräche, Führungskräfte- und Personalschulungen, Karriereplanung und -förderung, Partnerprogramme, Seminare, interne Workshops sowie die Trainee-Ausbildung sind einige Beispiele der von uns eingesetzten Instrumente.

Personalmarketing

Personalmarketing-Aktivitäten sollen Personal an unser Unternehmen binden und die Leistungsbereitschaft sowie die Identifikation mit dem Unternehmen und seinen Leistungen und Produkten erhalten und steigern. Zu solchen Massnahmen gehören das Verbesserungswesen, das gemeinsame Feiern von speziellen Anlässen (z.B. Jubiläen und Geburtstage), Vorstellen von Mitarbeitern ("Mitarbeiter der Woche") sowie Mitarbeiterevents ("Integration-Days" für neue Mitarbeiter und Auszubildende). Mitarbeiterbefragungen stellen zudem sicher, dass unser Unternehmen in seinen Leistungen und in seiner Ausrichtung mitarbeitergerecht denkt und handelt. Doch auch nach aussen wollen wir als moderner, mitarbeiterfreundlicher und gesellschaftlich aufgeschlossener Arbeitgeber auftreten.

Stellenausschreibungen und Personalgewinnung

Werden neue Stellen geschaffen oder bestehende Stellen frei, ist der erste Schritt immer eine "interne Stellenausschreibung", bevor der Mitarbeiter auf dem externen Arbeitsmarkt gesucht wird. Normalerweise erfolgt die Ausschreibung in Form einer Anzeige am Schwarzen Brett. Neben der Veröffentlichung der internen Ausschreibungen im Intranet oder via Newsletter streben wir auch die Digitalisierung des gesamten Bewerbungs-Managements an. In der externen Personalgewinnung setzen wir geeignete Medien ein, wenden uns an Personaldienstleister oder Institutionen wie Universitäten. Der Bewerbungsprozess wird von uns sehr streng, sehr sorgfältig und umfassend abgewickelt und der Integration neuer Mitarbeiter Bedeutung beigemessen, wie auch deren Qualifikationsniveau.

Eintritt neuer Mitarbeiter

Kommt ein neuer Mitarbeiter in das Unternehmen, bietet sich bei vielen Unternehmen das gleiche Bild: Zahlreiche Formalitäten stehen an, die "Bürogrundausstattung" muss bestellt und die EDV für den neuen Nutzer eingerichtet werden. Gleichzeitig werden dem neuen Kollegen die wichtigsten Ansprechpartner im Unternehmen sowie die Kollegen aus seiner Abteilung vorgestellt.

Merkblatt zur Berechtigung externer Aus- und Weiterbildung

Unser Unternehmen legt auf die gezielte Aus- und Weiterbildung seiner Mitarbeiter grossen Wert. Mitarbeiter, die sich ausserhalb der Arbeitszeit in ihrer Freizeit aus –und weiterbilden oder umschulen lassen, werden von uns unter bestimmten Bedingungen unterstützt. Dies gilt sowohl für fachliche Aus- und Weiterbildungsmassnahmen wie auch solche, die der persönlichen Weiterentwicklung oder der Kommunikation und sozialen Kompetenzerweiterung dienen.

Nachweis des Nutzens und der Zielerreichung

Bei einer Aus- und Weiterbildung oder Umschulung muss unter Beizug der Personalabteilung vom Vorgesetzten und Mitarbeiter der Nachweis erbracht werden, dass das Ziel den Interessen des Unternehmens dient und die Relevanz des Stoffes und der Fächer auf die praktischen Bedürfnisse unseres Unternehmens ausgerichtet sind.

Anforderungen an Schule oder Institut

Die besuchte Schule bzw. das gewählte Aus- und Weiterbildungsinstitut muss bestimmten Qualitätsanforderungen entsprechen, die von der Personalabteilung festgelegt und geprüft werden. Dazu gehören unter anderem Referenzen, Professionalität der Didaktik, Praxisausrichtung des Schulstoffes und eine eventuelle Anerkennung eidgenössischer Prüfungskommissionen und die Beurteilung ehemaliger TeilnehmerInnen aus unserem Unternehmen, wenn vorhanden.

Bezahlte Weiterbildungszeit

Bei Aus- und Weiterbildung oder Umschulungsaktivitäten haben Mitarbeiterinnen und Mitarbeiter Anspruch auf bezahlte Ferien, wenn dies nach Einschätzung des Vorgesetzten während der regulären Arbeitszeit nicht möglich ist bzw. für das Unternehmen wichtige Aufgaben nicht erfüllt werden könnten.

Unbezahlte Weiterbildungszeit

Geht der Mitarbeiter nebenberuflich Aus- und Weiterbildung oder Umschulungsaktivitäten nach, die vom Vorgesetzten nicht direkt gefördert aber dennoch begrüsst werden, können ihm pro Kalenderjahr ein bis höchstens zwei Wochen unbezahlte Ferien gewährt werden.

Prüfungsvorbereitung

Maximal eine weitere Woche unbezahlte Ferien wird zur Vorbereitung auf und Teilnahme an der Prüfung für eine eidgenössisch anerkannte Abschlussprüfung bzw. ein anerkanntes Diplom gewährt.

Wertschätzungsprämie

Nach Abschluss einer eidgenössisch anerkannten Prüfung oder der Erlangung eines anerkannten Diploms, erhält der Mitarbeiter eine Anerkennungsprämie von CHF 700.–, wenn diese Prüfung oder dieses Diplom nach Beurteilung des Vorgesetzten und der Personalabteilung in den wesentlichen Punkten dem Erreichen der Unternehmenszielsetzungen dient.

Widerrufbarkeit dieses Reglements

Das Unternehmen kann dieses Reglement ohne das Nennen von Gründen jederzeit widerrufen, aufheben, neuen Gegebenheiten anpassen oder aufgrund betrieblicher und gesetzlicher Neuerungen ändern.

Wirksamkeit und Gültigkeit dieses Reglements

Mit der schriftlichen Bekanntgabe dieser neuen Regelung erlischt die alte Richtlinie oder ersetzt die in anderen Regelungen dazu erlassenen Bestimmungen.

Merkblatt zum Datenschutz und Umgang mit Mitarbeiterdaten

Unser Unternehmen erachtet den Schutz der Privatsphäre und der Persönlichkeit jeden Mitarbeiters als sehr wichtig und folgt daher den Bestimmungen des eidgenössischen Datenschutzes soweit wie möglich. Auch diese Richtlinie soll unterstreichen, welch hoher Stellenwert der Schutz der Privatsphäre und der Persönlichkeit jeden Mitarbeiters in unserem Unternehmen zukommt.

Wo welche Daten erfasst und gespeichert sind

Die für die Personalabteilung und das Unternehmen relevanten Personaldaten werden in unserem Personalinformationssystem einerseits digital und in Printakten offline erfasst und gespeichert. Dabei wird jährlich geprüft, ob Daten wegen Wegfall, Notwendigkeit, Korrektheit oder der Erforderlichkeit noch notwendig, zu berichtigen oder zu löschen sind.

Aufnahme neuer Informationen

Die Neuaufnahme von Rubriken, Datenbankfeldern oder anderer Informationsarten und -kategorien darf nur mit Zustimmung der Geschäftsleitung, dem Einverständnis des/der Mitarbeiter und bei gesetzlichen Grundlagen wie dem eidgenössischen Datenschutz und arbeitsrechtlichen Vorschriften, vorgenommen werden. Auch muss der Nachweis eines für das Arbeitsverhältnis oder das Unternehmen berechtigten Interesses erbracht werden.

Statistische Auswertung

Personaldaten können zu statistischen Zwecken nach Anonymisierung und zum Erreichen von Analysen nur dann ausgewertet und interpretiert werden, wenn die Möglichkeit der Bezugnahme auf oder der Herstellung eines Zusammenhangs auf einzelne Mitarbeiter nicht möglich ist.

Jährliche Datenkontrolle durch Mitarbeiter

Alle Mitarbeiter erhalten einmal jährlich eine vollständige Aufstellung aller über sie elektronisch und in den Akten gespeicherten Daten und Informationen in vertraulicher und verschlossener Post zugesandt. Hier besteht dann auch jederzeit ein Einsichtsrecht zu den aufgelisteten Informationen.

Kontrollmassnahmen

Die Überwachung und anonyme Kontrolle des Verhaltens oder der Leistung von Mitarbeitern durch die IT-Abteilung oder entsprechende Software ist untersagt und wird - nur in berechtigten und von der Personalabteilung gestatteten Gründen - nur mit dem Wissen des überwachten bzw. kontrollierten Mitarbeiters eingesetzt.

Zugriffsberechtigung

Die Geschäftsleitung und die zuständigen Abteilungsleiter sind zu informieren, welche Mitarbeiter des Unternehmens aus welchen Gründen auf welche Personaldaten zugriffsberechtigt sind.

Die Datenübermittlung an Aussenstehende

Die Datenübermittlung an Aussenstehende bzw. Dritte (beispielsweise Krankenkassen, Versicherungen, Behörden, Graphologen usw.) erfolgt nur mit dem Wissen und Einverständnis des Mitarbeiters und im Rahmen der gesetzlichen Bestimmungen unter Beachtung des Datenschutzes.

Widerrufbarkeit dieses Reglements

Das Unternehmen kann dieses Reglement ohne das Nennen von Gründen jederzeit widerrufen, aufheben, neuen Gegebenheiten anpassen oder aufgrund betrieblicher und gesetzlicher Neuerungen ändern.

Wirksamkeit und Gültigkeit dieses Reglements

Mit der schriftlichen Bekanntgabe dieser neuen Regelung erlischt die alte Richtlinie oder ersetzt die in anderen Regelungen dazu erlassenen Bestimmungen.

Dieses Reglement ist Vertragsbestandteil

Diese Richtlinie ist integraler Vertragsbestandteil des zwischen dem Mitarbeiter und dem Unternehmen ausgearbeiteten Arbeitsvertrags. Mündliche anderslautende oder abweichende Äusserungen sind nicht gültig, wenn diese nicht schriftlich vorliegen.

Merkblatt zur Nutzung privater und geschäftlicher Mobiltelefone

Mit Mobiltelefonen bzw. Handys im Sinne dieser Vereinbarung sind alle Kommunikationsmittel zu verstehen, die in Telekommunikationsnetzen eingesetzt werden. Unser Unternehmen fördert den Einsatz und die Nutzung moderner Informationstechnologien, wenn diese im Interesse des Unternehmens sind und der Zielerreichung von Aufgaben und Tätigkeiten dienen.

Berechtigung zur Handynutzung

Das Unternehmen stellt Mitarbeitern und Mitarbeiterinnen ein Mobiltelefon zur Verfügung, damit diese ihre Kommunikationsaufgaben besser, schneller, rationeller und komfortabler erfüllen können. Den Nachweis für die Berechtigung und Notwendigkeit eines Mobiltelefons hat der Abteilungsleiter mit dem Handynutzer zusammen zu erbringen. Im Allgemeinen handelt es sich dabei um teilweise oder ausschliesslich ausserhalb des Betriebes tätige Mitarbeiter, die auch auswärts erreichbar sein sollten.

Sorgfaltspflicht der Nutzung

Jeder Mitarbeiter ist wie bei allen anderen Arbeitsgeräten und Arbeitshilfsmitteln auch bei Handys zur sachgerechten und sorgfältigen Behandlung verpflichtet. Bei Verlust muss das Handy unverzüglich gesperrt werden. Der Verlust des Mobiltelefons ist zudem unverzüglich der Personalabteilung zu melden.

Private Nutzung

Für geschäftliche Zwecke überlassene Mobiltelefone dürfen grundsätzlich nicht für private Zwecke genutzt werden. Dennoch gibt es berechtigte Ausnahmen. Sollte dies aus Gründen von Notfällen oder anderen Dringlichkeitssituationen erforderlich sein, muss die Gesprächsdauer, der Zeitpunkt und der Zweck notiert und der Personalabteilung bekanntgegeben werden.

Einsatz privater Handys

Private Handys müssen im Betrieb ausgeschaltet werden; Gespräche dürfen damit nicht geführt werden, da dies zu einer unzulässigen Störung des Betriebes und anderer Mitarbeiter führen würde. Sollten Ausnahmen aus Gründen von Notfällen oder anderen Dringlichkeitssituationen erforderlich sein, müssen solche Gespräche ausserhalb der Arbeitsräume stattfinden.

Widerrufbarkeit dieses Reglements

Das Unternehmen kann dieses Reglement ohne das Nennen von Gründen jederzeit widerrufen, aufheben, neuen Gegebenheiten anpassen oder aufgrund betrieblicher und gesetzlicher Neuerungen ändern.

Wirksamkeit und Gültigkeit dieses Reglements

Mit der schriftlichen Bekanntgabe dieser neuen Regelung erlischt die alte Richtlinie oder ersetzt die in anderen Regelungen dazu erlassenen Bestimmungen.

Reglement zur Home-Office-Arbeit

Was wir unter Home-Office-Arbeit verstehen

Unter der "Home-Office"-Arbeitsform verstehen wir in unserem Unternehmen die Erbringung der Arbeitsleistung von Mitarbeiterinnen und Mitarbeitern an deren privatem Wohnort, wobei dies in einem Teilzeit- oder Vollzeitpensum geschehen kann.

Vertragliche Regelung

Wenn ein Mitarbeiter in einem Home-Office arbeitet, wird eine Zusatzvereinbarung zum Arbeitsvertrag ausgearbeitet, die vom Vorgesetzen, allenfalls betroffenen Abteilungsleitern und der Personalabteilung festgelegt wird. Der Status, die Funktion oder die hierarchische Stellung des Mitarbeiters (Festanstellung, Vergütung, Teilzeit, Jobsharing usw.) wird durch die Arbeit in einem Home-Office nicht verändert oder beeinflusst.

Kostenbeteiligung an Home-Office-Infrastruktur

Das Unternehmen beteiligt sich finanziell an den indirekt entstehenden Kosten, die durch die Führung des Home-Offices anfallen. Dies kann ein Raumkostenanteil und den Arbeitsweg betreffen oder Kommunikationskosten wie Telefon, Internet, E-Mail-Anschluss usw. Die Kosten werden zwischen der Personalabteilung, der Lohnbuchhaltung und dem Vorgesetzten geregelt, dürfen aber X% der Lohnkosten nicht überschreiten.

Eignung von Räumlichkeiten und Infrastruktur

Räumlichkeiten und Infrastruktur des Home-Office werden vor der Nutzung sicherheitstechnisch und funktional überprüft und wenn notwendig optimiert. Hierzu gehört auch eine funktionale und ergonomische Prüfung des Heimarbeitsplatzes und die Ausrüstung entsprechender Hard- und Software.

Arbeitszeitenerfassung

Der Mitarbeiter erfasst seine Arbeitszeiten im Home-Office in einem dafür vorgesehenen HO-Excelsheet, welches sich auf dem Intranet des Firmenservers befindet und vom Vorgesetzten jederzeit eingesehen werden kann. Die Arbeitszeitenerfassung muss dem Vorgesetzten immer gegen Ende des Monats, ohne dessen Aufforderung, zur Prüfung vorgelegt werden.

Bereitstellung der Arbeitsmittel

Die notwendigen Arbeitsmittel für das Home-Office werden dem Mitarbeiter vom Unternehmen zur Verfügung gestellt. Handelt es sich um Arbeitsmittel des Unternehmens, werden diese gegen Unterschrift für die Dauer der Home-Office-Tätigkeit zur Verfügung gestellt. Sind es zusätzliche, durch die Home-Office-Tätigkeit gegebene infrastrukturelle Änderungen oder Ausgaben, werden diese zwischen Personalabteilung, Vorgesetztem und dem Mitartarbeiter geregelt und entschieden.

Kommunikation mit dem Unternehmen

Aufgrund des hohen Stellenwertes der Kommunikation mit dem Unternehmen, Vorgesetzten und Arbeitskolleginnen und -kollegen sind zu deren Sicherstellung sämtliche technischen und schulungsrelevanten Massnahmen zu ergreifen. Besprechungen und Monatssitzungen sind so zu planen, dass sie an Tagen stattfinden, an denen der Mitarbeiter sich im Betrieb aufhält. Bei der Festsetzung weiterer, die Anwesenheit des HO-Mitarbeitenden im Unternehmen erfordernden, Termine sollen nach Möglichkeit immer beide Interessenlagen berücksichtigt werden. Es obliegt der Verantwortung des HO-Mitarbeitenden und seines Vorgesetzten, dass der Mitarbeiter über alle betrieblichen Mitteilungen informiert wird.

Auflösungsberechtigung eines Home-Offices

Nach einer individuell zu erarbeitenden Vereinbarung zwischen Mitarbeiter, Personalabteilung und Unternehmen kann das Home-Office jederzeit aufgelöst und der Mitarbeiter angehalten werden, die Arbeit wieder im Unternehmen zu leisten, wenn bestimmte Umstände dies erfordern. Dafür ist eine Ankündigungsfrist von mindestens drei Monaten für beide Seiten zu berücksichtigen und der Entscheid gemeinsam von der Personalabteilung und vom Vorgesetzten zu fällen.

Widerrufbarkeit dieses Reglements

Das Unternehmen kann dieses Reglement ohne das Nennen von Gründen jederzeit widerrufen, aufheben, neuen Gegebenheiten anpassen oder aufgrund betrieblicher und gesetzlicher Neuerungen ändern.

Wirksamkeit und Gültigkeit dieses Reglements

Mit der schriftlichen Bekanntgabe dieser neuen Regelung erlischt die alte Richtlinie oder ersetzt die in anderen Regelungen dazu erlassenen Bestimmungen.

Reglement zur Auszahlung variabler Vergütungen

Zweck dieses Reglements

Variable Vergütungen sollen in unserem Unternehmen herausragende Leistungen und besonderes Engagement honorieren und damit jene Mitarbeiterinnen und Mitarbeiter fördern und anerkennen, die sich mit ihrer Grundhaltung und ihrem Leistungswillen für die Prosperität und das Wohlergehen unserer Firma einsetzen.

Berechnungsgrundlage

Basis für die nach objektiven Kriterien mögliche Berechnung eines ausbezahlten variablen Lohnanteils ist die zwischen dem Mitarbeiter und dem Unternehmen während den Qualifikationsgesprächen im <Monat> jeweils besprochene und schriftlich festgehaltene Zielvereinbarung, die die quantitativen und qualitativen Zielsetzungen in einem bestimmten Zeitraum enthält.

Auszahlungsmodus

Auf den variablen Lohnanteil erhält der Mitarbeiter einen bestimmten, vom Vorgesetzten und einem Experten des Faches festzulegenden Prozentsatz des vereinbarten Betrags. Diese Summe wird dem Mitarbeiter während zwölf monatlichen Raten mit dem jeweiligen fixen Teil des Monatsendgehalts zusammen ausbezahlt. In besonderen Situationen kann eine variable Vergütung auch als einmalige Summe ausbezahlt werden. Die Berechtigung bzw. Begründung dafür wird vom Vorgesetzten, der Personalabteilung und der Lohnbuchhaltung gemeinsam entschieden und organisiert.

Auszahlung des Restbetrages

Mit der Zahlung des Lohnes im <Monat> des jeweiligen Folgejahres wird der verbleibende Restbetrag ausbezahlt. Dieser ergibt sich aus der qualitativ oder quantitativ erreichten Zielsetzung wie unter Abschnitt "Berechnungsgrundlage" definiert. (Berechnungs-Beispiel: Wird die Zielvorgabe zu X% erreicht und hat der Mitarbeiter bereits X% des vereinbarten Vorschusses bezogen, bekommt er mit der Vergütung für den <Monat> des folgenden Jahres X% des variablen Entgelts.)

Vergütungsanteil bei Kündigung

Verlässt der Mitarbeiter unser Unternehmen vor Ablauf des Kalenderjahres, besteht keine weitere Berechtigung mehr auf die Zahlung des variablen Entgeltanteils. Bereits ausbezahlte Anteile bleiben natürlich im Besitze des Mitarbeiters.

Bemessungsgrundlage für das jeweils nachfolgende Kalenderjahr

Die Zielvorgabe und die Bemessungsgrundlage für das nachfolgende Kalenderjahr werden zwischen dem Unternehmen und dem Bezieher der Sondervergütung jeweils neu und auf Basis aktueller Informationen, zuerst im Gespräch unter Beisein eines Vertreters der Personalabteilung und dann schriftlich vereinbart. Beide Parteien sind sich dabei jeweils bewusst, dass der variable Entgeltanteil für das Folgejahr, je nach neuer Standortbestimmung, höher oder niedriger als die jeweils vorher berechnete Vergütung sein kann.

Sondervergütung während der Probezeit

Während der Probezeit besteht kein zwingender Anspruch des Mitarbeiters auf den variablen Entgeltanteil. Dieser kann vom Unternehmen jederzeit widerrufen werden. Die Zahlungen des Vorschusses auf den variablen Entgeltanteil stehen unter dem Vorbehalt der Rückforderung des Unternehmens für den Fall, dass das Anstellungsverhältnis während der Probezeit gekündigt wird.

Widerrufbarkeit dieses Reglements

Das Unternehmen kann dieses Reglement ohne das Nennen von Gründen jederzeit widerrufen, aufheben, neuen Gegebenheiten anpassen oder aufgrund betrieblicher und gesetzlicher Neuerungen ändern.

Wirksamkeit und Gültigkeit dieses Reglements

Mit der schriftlichen Bekanntgabe dieser neuen Regelung erlischt die alte Richtlinie oder ersetzt die in anderen Regelungen dazu erlassenen Bestimmungen.

Dieses Reglement ist Vertragsbestandteil

Diese Richtlinie ist integraler Vertragsbestandteil des zwischen dem Mitarbeiter und dem Unternehmen ausgearbeiteten Arbeitsvertrags. Mündliche anderslautende oder abweichende Äusserungen sind nicht gültig, wenn diese nicht schriftlich vorliegen.

Lohn- und Entschädigungs-Reglement

Lohneinstufungspolitik

Jeder Mitarbeiter wird entsprechend seinem Aufgabenbereich, seiner Funktion, seinem Ausbildungsstand, seiner Betriebszugehörigkeit, und weiterer Kriterien in eine Lohnklasse mit Erfahrungsstufe bzw. Leistungsstufe eingereiht. Leistungs- und Qualifikationskriterien sind dabei klar die Hauptkriterien zur Festlegung des Lohnes.

Kriterien zur Lohnfestlegung

Funktion, formale Ausbildung und die Zugehörigkeitsdauer zum Betrieb sind ebenfalls Einflussgrössen. Auch Arbeitscharakter, Arbeitsqualität, Lernbereitschaft, Ausprägung des Engagements, Initiative und Alter sind gebührend zu berücksichtigen.

Gehaltsgruppen

In unserem Unternehmen unterscheiden wir folgende Lohngruppen: *Mitarbeiter mit einfachen Aufgaben* und Hilfstätigkeiten, *Fachkräfte* wie Sachbearbeiter und Assistenten, *gehobene Fachkräfte* wie Senior-Sachbearbeiter und Lohnbuchhalter, *Spezialisten und Experten* wie IT-Spezialisten und Product Manager, *Führungskräfte der 2. Ebene* wie Abteilungsleiter und Teamleiter und *Führungskräfte der 1. Ebene* wie Spartenleiter und Geschäftsleitungsmitglieder.

Bonussystem und Bonusregelungen

Der Bonusanteil wird mit 20% des geplanten Jahreseinkommens definiert. Er wird für das Erreichen quantitativer und qualitativer Ziele jeweils im Oktober/November ausbezahlt. Boni für quantitative Zielsetzungen müssen 70% des Bonusanteils ausmachen. Die Messdaten und Bonusstaffelungen werden von der Geschäftsleitung, den Abteilungsleitern und der Personalabteilung gemeinsam festgelegt.

Lohngespräche und Lohnerhöhungen

Lohngespräche erfolgen einmal pro Jahr, immer im Anschluss an die im Oktober stattfindenden Qualifikationsgespräche. Das Lohnkostenbudget wird dabei von der Geschäftsleitung festgelegt und dann im Falle von Lohnerhöhungsentscheiden prozentual auf die Unternehmensbereiche verteilt. Jeder Abteilungsleiter legt in Zusammenarbeit mit der Personalabteilung sowohl die Personen wie auch das Ausmass allfälliger Lohnerhöhungen fest.

Teuerungsausgleich

Allfällige Teuerungszulagen werden aufgrund des Budgets und der Konjunkturdaten durch die Geschäftsleitung festgelegt.

Stundenansatz

Im Stundenansatz sind die Entschädigungsanteile für Ferien, Feiertage und 13. Monatslohn bereits eingerechnet.

13. Monatsgehalt

Sieht der Anstellungsvertrag die Ausrichtung eines 13. Monatslohnes vor, so erfolgt dessen Auszahlung im Dezember. Bei Ein- oder Austritt während des Jahres wird der Anspruch anteilsmässig gekürzt.

Lohnauszahlungen

Die Monatslöhne werden am 25. des laufenden Monats bzw. bis am nächstfolgenden Valutatag auf das Lohnkonto überwiesen. Die Auszahlung der Stundenlöhne erfolgt bis am 12. des Folgemonats. Mitarbeiter, die nach dem 16. des laufenden Monats die Arbeit aufgenommen haben, erhalten die erste Lohnzahlung am Auszahlungstermin des folgenden Monats. Zulagen für Pikett- und Nachtdienst werden im folgenden Monat ausgerichtet.

Lohnfortzahlung bei Zivilschutz- und Militärdienst

Während der Rekrutenschule sowie obligatorischen Diensten, bis zu vier Wochen im Jahr, erhält der Mitarbeiter das volle Gehalt. Über die Gehaltsansprüche des Mitarbeiters bei anderweitigen Dienstleistungen erlässt die Geschäftsleitung nähere Bestimmungen. Für nicht obligatorische Militärdienste muss die Bewilligung der Personalabteilung eingeholt werden. Diese Bestimmung findet auf den Zivilschutz- und Feuerwehrdienst sinngemäss Anwendung. Kollidiert der Zeitpunkt eines Dienstes mit berechtigten Interessen des Unternehmens, so ist der Mitarbeiter gehalten, die erforderlichen Schritte für die Verschiebung des Dienstes zu unternehmen.

Lohnfortzahlung bei Todesfall

Hinterlässt ein Mitarbeiter Familienangehörige, für die er im Zeitpunkt des Ablebens zu sorgen hatte, so haben sie Anspruch auf einen Besoldungsnachgenuss, der dem zuletzt bezogenen Gehalt entspricht. Der Besoldungsnachgenuss wird bei weniger als 15 Dienstjahren im Kanton für ein Vierteljahr, von 15 Dienstjahren an für ein halbes Jahr ausgerichtet. Der Anspruch auf Pensionskassen-Rente beginnt mit dem Tag, von dem an der Besoldungsnachgenuss aufhört; allfällige Leistungen der Sozialversicherungen werden vom Besoldungsnachgenuss in Abzug gebracht.

Lohnfortzahlung bei Krankheit und Unfall

Bei vorübergehender Arbeitsunfähigkeit infolge Krankheit oder Unfalls haben die Mitarbeiter Anspruch auf folgende Lohnzahlungen, sofern nicht grobes Selbstverschulden (Unfall) vorliegt:

- im 1. Dienstjahr 3 Monate
- im 2. Dienstjahr 6 Monate
- im 3. Dienstjahr 9 Monate
- im 4. Dienstjahr 12 Monate

Lohnfortzahlung

Mitarbeiter im Stundenlohn haben ab dem vierten Kalendertag Anspruch auf Lohnfortzahlung. Dieser bemisst sich nach der durchschnittlichen Lohnzahlung der letzten sechs Monate vor der Krankheit. Die Versicherung des krankheitsbedingten Lohnausfalles nach Ablauf der Lohnfortzahlung ist Sache des Mitarbeiters. Bei länger dauernder Arbeitsunfähigkeit erfolgt die Anmeldung bei der IV durch den Mitarbeiter und den behandelnden Arzt. Bei Unfall zahlt die Unfallversicherung 80 Prozent der Besoldung bis zur Rentensprechung. Die Auszahlung erfolgt in der Regel durch das Unternehmen.

Lohnfortzahlung bei Schwangerschaft und Niederkunft

Bei Beginn der Schwangerschaft - neun Monate vor dem vom Arzt errechneten Geburtstermin - ist eine allfällige Erhöhung eines bis zu diesem Zeitpunkt reduzierten Beschäftigungsgrades bis zum Zeitpunkt der Wiederaufnahme der Arbeit nach der Niederkunft nicht möglich. Eine Erhöhung, die in Unkenntnis der Schwangerschaft durchgeführt wurde, wird für die Besoldungsfortzahlung nicht anerkannt.

Für alle Absenzen im Zusammenhang mit Schwangerschaft und Niederkunft ab der 38. Schwangerschaftswoche haben die Mitarbeiterinnen Anspruch auf Lohn während insgesamt maximal zwölf Wochen (entsprechend der durchschnittlichen Anstellung während der letzten 52 Wochen), sofern das Anstellungsverhältnis beim ersten Urlaubstag während mindestens zwölf Monaten ununterbrochen gedauert hat. Bei kürzerer Anstellungsdauer wird der bezahlte Schwanger- und Mutterschaftsurlaub wie folgt gewährt:

- 4 Wochen (= 1 durchschnittlicher Monatslohn) von Anfang des 2. bis zum Ende des 6. Dienstmonats;
- 8 Wochen (= 2 durchschnittliche Monatslöhne) von Anfang des 7. bis zum Ende des 12. Dienstmonats.

Bezahlter Urlaub bei ungekündigtem Anstellungsverhältnis im Stundenlohn: Für alle Absenzen im Zusammenhang mit Schwangerschaft und Niederkunft ab der 38. Schwangerschaftswoche haben die Mitarbeiterinnen Anspruch auf Besoldung (ohne beiterinnen Anspruch auf Besoldung (ohne Dienstzulagen) während insgesamt maximal zwölf Wochen (entsprechend dem wöchentlichen Durchschnittslohn in den letzten 52 Wochen resp. der durchschnittlichen Mitarbeit in Stunden), sofern das Anstellungsverhältnis beim ersten Urlaubstag während mindestens zwölf aufeinanderfolgenden Monaten gedauert hat. Bei kürzerer Anstellungsdauer wird der bezahlte Schwanger- und Mutterschaftsurlaub wie folgt gewährt:

- 4 Wochen (= 1 Besoldung analog derjenigen im 1. Dienstmonat) von Anfang des 2. bis zum Ende des 6. Dienstmonats;
- 8 Wochen (= 2 Besoldungen entsprechend dem monatlichen Durchschnitt im ersten Halbjahr) von Anfang des 7. bis zum Ende des 12. Dienstmonats.

Sozialzulagen

Der Anspruch auf Sozialzulagen ist vom Mitarbeiter beim Personalbüro geltend zu machen und schriftlich nachzuweisen.

Familienzulage

Der Anspruch besteht, sofern der Mitarbeiter verheiratet ist und gemäss Lohnausweis mehr als 50 Prozent des Einkommens beider Ehepartner erzielt. Ledige, Verwitwete oder Geschiedene sind ebenfalls anspruchsberechtigt, sofern sie eine Unterhalts- oder eine regelmässige Unterstützungspflicht von mindestens 120 Prozent des Gehaltes erfüllen. Bei Teilzeitbeschäftigung wird normalerweise die Zulage anteilsmässig berechnet. Die Höhe der Zulage und die Bezugsberechtigung richten sich nach der von der Geschäftsleitung definierten Salärpolitik.

Kinderzulage

Der Mitarbeiter hat Anspruch auf eine Kinderzulage für jedes Kind unter 16 Jahren, das in seiner Obhut ist oder für dessen Unterhalt er aufkommen muss. Die Kinderzulage wird bis zum vollendeten 25. Lebensjahr ausgerichtet, wenn das Kind in der Ausbildung steht oder erwerbsunfähig ist. Bei Teilzeitbeschäftigung wird normalerweise die Zulage anteilsmässig berechnet. Die Höhe der Zulage und die Bezugsberechtigung richten sich nach dem Gesetz über die Kinderzulagen.

Richtlinie für Sonderzahlungen

Die Bedeutung der Sonderzahlungen

Die Sonderzahlungen sind in unserem Unternehmen eine materielle Form der Belohnung und Anerkennung, mit der die Mitarbeiter am erfolgreichen Geschäftsverlauf teilhaben.

Auszahlungs- Entscheid

Die Geschäftsleitung entscheidet jedoch jedes Jahr von neuem, ob und in welcher Höhe eine Jahressondervergütung gezahlt wird.

Anspruchsberechtigung

Eine Jahressondervergütung erhalten nur die Mitarbeiter, die in dem Geschäftsjahr des Auszahlungsentscheides mindestens acht Monate in einem festen Salärverhältnis im Unternehmen beschäftigt sind und in einem ungekündigten Verhältnis stehen. Später eingetretene Mitarbeiter haben Anspruch auf eine der Angestelltendauer entsprechende pro rata temporis-Zahlung.

Auszahlungsform

Die Auszahlung der Sonderzahlungen erfolgt mit der Lohnabrechnung zusammen in dem Monat, in dem der Geschäftsbericht vorliegt.

Anspruch und Recht auf Sonderzahlungen

Eine durch Gewohnheitsrecht entstehende Berechtigung auf Sonderzahlungen für zukünftige Jahre besteht ausdrücklich nicht. Auch eine Auszahlung der Sonderzahlungen in mehreren aufeinanderfolgenden Jahren begründet in keiner Weise einen weitergehenden Anspruch und ist auch an keinerlei Bedingungen geknüpft.

Widerrufbarkeit dieses Reglements

Das Unternehmen kann dieses Reglement ohne das Nennen von Gründen jederzeit widerrufen, aufheben, neuen Gegebenheiten anpassen oder aufgrund betrieblicher und gesetzlicher Neuerungen ändern.

Wirksamkeit und Gültigkeit dieses Reglements

Mit der schriftlichen Bekanntgabe dieser neuen Regelung erlischt die alte Richtlinie oder ersetzt die in anderen Regelungen dazu erlassenen Bestimmungen.

Dieses Reglement ist Vertragsbestandteil

Diese Richtlinie ist integraler Vertragsbestandteil des zwischen dem Mitarbeiter und dem Unternehmen ausgearbeiteten Arbeitsvertrags. Mündliche anderslautende oder abweichende Äusserungen sind nicht gültig, wenn diese nicht schriftlich vorliegen.

Spesenreglement

1. Allgemeines

1.1. Geltungsbereich

Dieses Spesenreglement gilt für sämtliche Mitarbeiterinnen und Mitarbeiter (nachfolgend der Einfachheit halber nur Mitarbeiter genannt), welche mit unserem Unternehmen in einem Arbeitsverhältnis stehen.

Einzelne Niederlassungen bzw. Filialen können aufgrund von lokalen Besonderheiten - unter Berücksichtigung von gesetzlichen und steuerlichen Aspekten - notwendige Änderungen vornehmen oder Ergänzungen zu einzelnen Punkten dieses Spesenreglements anbringen.

1.2 Definition des Spesenbegriffs

Als Spesen im Sinne dieses Reglements betrachten wir alle Auslagen, die einem Mitarbeiter bei der Ausführung von Tätigkeiten und Aufgaben entstehen, die im Interesse oder Auftrag des Arbeitgebers anfallen. Sämtliche Mitarbeiter werden um das notwendige Kostenbewusstsein gebeten, um ihre Spesen - gemäss den Bestimmungen dieses Reglements - möglichst tief und im Rahmen des dafür vorgesehenen Budgets zu halten. Aufwendungen, die für die Firmentätigkeit nicht zwingend erbracht werden müssen, werden nicht übernommen, sondern sind vom Mitarbeiter selbst zu tragen.

Im Wesentlichen werden den Mitarbeitern folgende geschäftsbedingten Auslagen ersetzt:

- Fahrtkosten (Mehr unter Punkt 2)
- Verpflegungskosten (Mehr unter Punkt 3)
- Übernachtungskosten (Mehr unter Punkt 4)
- Übrige Kosten (Mehr unter Punkt 5)

1.3. Grundsatz der Spesenrückerstattung

Grundsätzlich gilt, dass sämtliche Spesen effektiv nach den getätigten Ausgaben und gegen Vorweisung des Originalbeleges und des dafür vorgesehenen Spesenformulars abgerechnet werden. Das Formular kann per E-Mail als Excel-Datei oder als Papierformular bei der Personalabteilung abgegeben werden. Fallpauschalen werden nur in den nachfolgend angeführten Ausnahmefällen gewährt.

2. Fahrtkosten

2. 1. Geschäftsreisen – Reservationen und Buchungen

Alle Reservationen und Buchungen für Geschäftsreisen müssen über unsere Personalabteilung abgewickelt werden. Dies betrifft Flugbillette, Bahnbillette ins Ausland, Hotelreservationen, Hotelaufenthalte, Automieten und Reiseversicherungen. In Einzelfällen sind direkte Buchungen - aus Gründen der Diskretion - möglich. In diesem Fall ist die Bewilligung durch ein Geschäftsleitungsmitglied einzuholen.

Es ist grundsätzlich nicht gestattet, Begleitpersonen wie Ehepartner auf Kosten des Unternehmens auf eine Geschäftsreise mitzunehmen. Ausnahmen, beispielsweise bei zwingenden Repräsentationspflichten, werden von der Personalabteilung bewilligt.

2.2. Bahnreisen

Für Geschäftsreisen im In- und Ausland sind sämtliche Mitarbeiter berechtigt, im Zug die 1. Klasse zu benützen. Der zuständige Linienvorgesetzte entscheidet, mit der Personalabteilung und der Lohnbuchhaltung zusammen, je nach Spesenbudget über die Anschaffung eines Halbtax- oder Generalabonnements.

2.3. Flugzeug

Im Allgemeinen können, unabhängig von der hierarchischen Funktion, Buchungen in den folgende Airlineklassen vorgenommen werden. In begründeten Fällen können Flugtickets auf die nächsthöhere Klasse in Absprache mit der Personalabteilung umgebucht werden.

Zulässige Buchungsklassen bei Flügen innerhalb der Schweiz:

Alle Mitarbeiterinnen und Mitarbeiter, Kader und Direktion
Economy

Zulässige Buchungsklassen bei Flügen ins Ausland:

a) Alle Mitarbeiterinnen und Mitarbeiter, Kader und Direktion
Business-Class

b) Bei einer Flugzeit von mehr als 8 Stunden, wenn der Flug ab 16.00 Uhr nach mindestens 6 Stunden Arbeit erfolgt
First Class

c) Flüge zur Aus- und Weiterbildung sowie für Sprachaufenthalte, Workshops und Informationsveranstaltungen innerhalb der Firmengruppe:Alle Mitarbeiterinnen und Mitarbeiter sowie Kader
Economy / Exkursionstarif

2.4 Dienstfahrten mit Privatauto/Taxi

Die Kosten für den Gebrauch des Privatautos bzw. Taxis für eine Geschäftsreise werden nur dann vergütet, wenn dadurch erhebliche Zeit- und Kostenersparnisse erzielt werden können. Wird trotz guter öffentlicher Verkehrsverbindungen in der Schweiz das eigene Fahrzeug oder ein Taxi benützt, werden nur die Kosten des öffentlichen Verkehrsmittels vergütet. Im Ausland und in dort zum ersten Mal besuchten Städten kann im Falle von Ortsunkundigkeit das Taxi benutzt werden, wobei stets eine Quittung mit Angabe der Fahrstrecke, des Grundes und der Kosten verlangt werden muss.

Wer für Geschäftsreisen sein Privatauto benützen muss (z.B. für Materialtransporte, Anreise an einen mit den öffentlichen Verkehrsmitteln nur schwer zugänglichen Ort, eine besondere dringende, kurz anberaumte Reise, Transport mehrerer Personen bei Firmenveranstaltungen jeglicher Art), hat Anrecht auf eine Entschädigung von CHF 0.65 pro Kilometer.

Unser Unternehmen übernimmt keine Haftung für Personen- oder Sachschäden, die aus Geschäftsreisen mit dem eigenen Privatauto entsehen können. Der Autofahrer übernimmt das Risiko und ist für Versicherungen selber verantwortlich. Diese Kosten werden aber anteilsmässig in der jedes Jahr immer wieder neu festgelegten Kilometerpauschale berücksichtigt.

3. Verpflegungskosten

3.1. Verpflegungsbeitrag

Bei Mitarbeitern, welche eine Essensgeldentschädigung am Arbeitsort erhalten - Kantinenverpflegung mit Ausweis oder sofern keine Kantine in der Nähe, Lunch-Checks im Betrag von zur Zeit CHF 150.- pro Monat - wird dies im Lohnausweis vermerkt.

3.2. Auswärtige Verpflegung

Bei einer Geschäftsreise oder an Orten ausserhalb des Firmensitzes, werden vom Unternehmen für die Verpflegung die folgenden Kosten übernommen, wobei die Richtwerte nicht überschritten werden sollten:

Frühstück (bei Abreise vor 07:30 Uhr bzw. bei vorangehender Übernachtung, sofern das Frühstück in den Hotelkosten nicht inbegriffen ist)	CHF	10.-
Mittagessen	CHF	35.-
Abendessen (bei auswärtiger Übernachtung oder Rückkehr nach 19:30 Uhr)	CHF	35.-

4. Übernachtungskosten

4.1. Hotelkosten

Reservationen und Buchungen von Unterkünften müssen über die Personalabteilung abgewickelt werden, welche die Hotels mit für uns vorteilhaften Konditionen kennt. Es werden die effektiven Hotelkosten gemäss Originalbeleg übernommen, wobei allfällige Privatauslagen (z.B. Mini-Bar, Privattelefone, Unterhaltung, Barkonsumationen ab 18.00 Uhr) auf der Hotelrechnung abgezogen werden müssen.

5. Weitere Ausgabenarten

5.1. Aus- und Weiterbildungskosten

Bei vom Unternehmen bewilligten und initiierten Aus- und Weiterbildungs-Veranstaltungen werden die Kosten im Normalfall gemäss

Informationen der Personalabteilung übernommen. In diese Kostenübernahme fallen - sofern von der Personalabteilung oder Geschäftsleitung nicht anders entschieden – folgende Kostenarten:

- Seminarkosten
- Kurskosten
- Prüfungsgebühren
- Kursmaterial

5.2. Mobiltelefon

Die Personalabteilung und der Linienvorgesetzte bestimmen gemeinsam die Mitarbeiter, welche begründetermassen auch ausserhalb der üblichen Arbeitszeiten erreichbar sein müssen und daher zu Lasten des Spesenkontos Anrecht auf die Benutzung eines Mobiltelefons haben. Es sind dies im Allgemeinen Mitarbeiter, die mindestens 30% ihrer Arbeitszeit ausserhalb der Firma verbringen, während dieser Zeit vorwiegend Kundenkontakte pflegen und regelmässig auf Informationen von und Kontakte mit dem Unternehmen angewiesen sind. Im Falle einer Mobiltelefon-Anschaffung durch das Unternehmen wird der Vertrag mit dem Anbieter von der Personalabteilung zu Sonderkonditionen abgeschlossen.

5.3. Kleinausgaben

Kleinausgaben, wie z.B. Parkgebühren, Geschäftstelefonate, Kurzsteckenfahrten mit öffentlichen Verkehrsmitteln, Kleinkonsumationen und Zwischenverpflegungen unter CHF 10.– pro Inanspruchnahme werden grundsätzlich vergütet, auch ohne Belegvorweisung. Hierfür genügt die Angabe des Totalbetrages unter "Kleinausgaben" auf der Spesenabrechnung.

5.4 Kreditkarten

Auf Antrag des Linienvorgesetzten werden für Aussendienstmitarbeiter und Mitarbeiter mit regelmässiger Reisetätigkeit (Im Allgemeinen, wenn diese 30% der Arbeitszeit übersteigt) Firmenkreditkarten abgegeben. Die Belastung erfolgt direkt auf das Spesenkonto der von der Lohnbuchhaltung vorgesehenen Kostenstelle.

6. Administrative Bestimmungen

6.1. Spesenvorschuss

In der Regel werden keine Spesenvorschüsse entrichtet, es sei denn, es handle sich um grössere Spesenauslagen, die den Betrag von CHF 1000.– (bei Kader und Direktion), bzw. CHF 500.– (bei allen Mitarbeitern ohne Führungs- und Kaderposition) überschreiten. Solche Vorschüsse müssen von der Personalabteilung, der Lohnbuchhaltung und dem direkten Vorgesetzten bewilligt und visiert werden.

6.2 Spesenabrechnung und Visum

Die Spesen werden den dafür vorgesehenen Kostenstellen belastet.

Die Mitarbeiter rechnen ihre persönlichen Auslagen monatlich mit dem Formular "Spesenabrechnung 20XX" ab. Diese Formulare sind bei der Personalabteilung zu beziehen und werden jedes Jahr zusammen mit dem überarbeiteten Spesenreglement ausgehändigt. Alternativ kann auch das Excelfile "Spesenformular.xls" als E-Mail-Attachment benutzt werden, welches dann an die Personalabteilung zu senden ist und von dort aus an die Lohnbuchhaltung weitergeleitet wird.

Dem Formular sind Ausgabenbelege wie Quittungen, quittierte Rechnungen, Kassenbons, Kreditkartenbelege, Fahrspesenbelege etc. beizulegen.

Rechnungen müssen via Lohnbuchhaltung abgewickelt werden. Bei Auslandsreisen müssen Rechnungen die erhobene Mehrwertsteuer detailliert enthalten. Für Spesen in Fremdwährungen kommt der tagesgültige Wechselkurs zur Anwendung. Wird der Wechselkurs nicht angegeben, wird von der Lohnbuchhaltung der Tageskurs der jeweiligen Spesenverbuchung angewandt.

Für die Korrektheit der Spesen und die Einhaltung der Spesenbudgets ist die Lohnbuchhaltung verantwortlich. Sie kontrolliert die Abrechnungen und prüft insbesondere, ob die aufgeführten Posten diesem Spesenreglement entsprechen und ob die Ausgaben berechtigt und angemessen sind. Die Durchführung dieser Kontrolle wird mit einem eigens dafür vorgesehenen Visum auf dem Spesenbeleg bestätigt.

Mitglieder der Geschäftsleitung können ihre Spesenabrechnungen, welche CHF 700.- pro Ereignis nicht übersteigen, selbst unterzeichnen. Spesenabrechnungen zwischen CHF 700.- und CHF 10'000.- müssen vom nächsthöheren Vorgesetzten oder der Personalleitung bewilligt und unterzeichnet und Spesenabrechnungen ab CHF 10'000.- von einem Geschäftsleitungsmitglied bewilligt und unterzeichnet werden.

Mitglieder der Geschäftsleitung können ihre Spesenabrechnungen bis zu einem Betrag von CHF 10'000.- selbst unterzeichnen; Abrechungen welche CHF 10'000.- übersteigen, müssen vom Vorsitzenden der Geschäftsleitung und/oder vom Leiter der Buchhaltung bewilligt und unterzeichnet werden.

6.3 Spesenrückerstattung

Die Lohnbuchhaltung prüft die Vollständigkeit und Korrektheit der Originalbelege und bewahrt diese mit den Spesenaufstellungen zusammen in einer zentralen Ablage auf. Sie visiert alle Spesenaufstellungen, verbucht sie und sorgt für deren Auszahlung.

6.4. Aufbewahren der Spesenbelege und -abrechnungen

Spesenabrechnungen samt den entsprechenden Belegen sind während zehn Jahren für allfällige Kontrollen aufzubewahren.

7. Gültigkeit

Dieses Spesenreglement tritt mit Wirkung ab 1. Januar 2004 in Kraft.

Dieses Spesenreglement wurde dem kantonalen Steueramt <KANTON> zur Prüfung unterbreitet und von diesem genehmigt.

Aufgrund dieser Genehmigung verzichtet das Unternehmen auf die betragsmässige Bescheinigung der nach tatsächlichem Aufwand abgerechneten Spesen in den Lohnausweisen.

Jede Änderung dieses Spesenreglements wird dem Steueramt des Kantons <KANTON> vorgängig zur Genehmigung unterbreitet.

Ort, Datum/Firma

Ferienreglement

Dauer des Ferienanspruchs

Die Arbeitnehmerin hat bis zum vollendeten 20. Lebensjahr Anspruch auf 5 Wochen bezahlte Ferien pro Jahr (ab 20. Lebensjahr 4 Wochen). Für ein unvollendetes Dienstjahr sind die Ferien entsprechend der Dauer des Arbeitsverhältnisses im betreffenden Jahr zu gewähren.

Die Ferien sind so zu gewähren, dass wenigstens 2 Wochen zusammenhängend sind. Der altersabhängige höhere Ferienanspruch beginnt mit dem Kalenderjahr, in welchem die Mitarbeiterin bzw. der Mitarbeiter das 50. bzw. das 60. Lebensjahr erreicht. Jugendlichen steht der höhere Ferienanspruch bis zum Ende des Kalenderjahres zu, in welchem sie das 20. Lebensjahr erreichen.

Ferienanspruch bei Ein- und Austritt

Bei Ein- und Austritten während des Jahres, wird der pro rata-Anspruch berechnet, wobei Bruchteile von weniger als einem halben Tag unberücksichtigt bleiben. Bei Auflösung des Arbeitsverhältnisses durch den Mitarbeiter kann die Firma zuviel bezogene Ferien mit Überstunden oder mit einem Gehaltsabzug verrechnen.

Zeitpunkt und Bezug der Ferien

Bei der Festlegung der Ferien werden die Wünsche der Mitarbeiter soweit wie möglich berücksichtigt. Während der offiziellen Schulferien geniessen Mitarbeiter mit schulpflichtigen Kindern oder Kindern in Ausbildung Vorrang. Die Ferien sind in der Regel im Anspruchsjahr zu beziehen. Mindestens zwei Ferienwochen müssen dabei von Gesetzes wegen am Stück bezogen werden. Es dürfen nicht mehr als 5 Ferientage ins Folgejahr übertragen werden, die bis spätestens Ende April bezogen werden müssen. In Ausnahmefällen kann der Vorgesetzte, in Absprache mit der Personalabteilung, diese Frist verlängern.

Die Ferien müssen grundsätzlich in längeren, zusammenhängenden Abschnitten bezogen werden. Bei der Aufstellung des Ferienplanes sind die betrieblichen Notwendigkeiten und die Wünsche des einzelnen Mitarbeiters gemeinsam zu berücksichtigen.

Berechnung des Ferienanspruchs

Für die Berechnung des Ferienanspruchs wird eine Arbeitswoche 5 Arbeitstagen gleichgesetzt. Bei Teilzeitarbeit oder Beginn oder Ende des Arbeitsverhältnisses während des Jahres besteht der Ferienanspruch anteilsmässig nach Massgabe des Teilpensums bzw. der Beschäftigungsdauer.

Nichtbezug von Ferien

Für nicht bezogene Ferien wird keine Entschädigung ausgerichtet, ausgenommen bei Beendigung des Arbeitsverhältnisses, wenn die Ferien aus dienstlichen Gründen nicht mehr vor Ablauf der Kündigungsfrist oder der Vertragsdauer bezogen werden können.

Absenzen- und Ferienkompensation

Absenzen wegen Krankheit, Unfall oder freiwilliger, gemeinnütziger Dienstleistung werden, sofern deren Gesamtdauer drei Monate im Kalenderjahr übersteigt, mit den Ferien verrechnet, indem für den vollen vierten und jeden weiteren Absenzmonat die Ferien um 1/12 des jährlichen Ferienanspruchs gekürzt werden. Obligatorische Dienstleistungen und Beförderungsdienste haben keine Kürzung der Ferien zur Folge.

Ferienkürzung

Bei Absenzen infolge Krankheit, Schwangerschaft, Unfall, Erfüllung und Ausübung öffentlicher Ämter bleibt der Ferienanspruch unverändert bestehen, sofern die Abwesenheit pro Kalenderjahr *insgesamt* nicht mehr als 50 Arbeitstage beträgt. Darüber hinausgehende Absenzen haben für jeden weiteren vollen Monat eine Reduktion des Ferienanspruchs von 1/12 zur Folge. Für die Berechnung ist jeweils das Kalenderjahr massgebend. Wird in einem Kalenderjahr überhaupt keine Arbeitsleistung erbracht, besteht auch kein Ferienanspruch.

Erkrankung und Unfall während der Ferien

Erkrankt oder verunfallt ein Mitarbeiter während der Ferien so, dass kein Erholungseffekt, geplante Reisen oder andere Ferienaktivitäten mehr möglich sind, genügt ein Arztzeugnis und eine schriftliche Begründung der Umstände, um eine Ferienunterbrechung zu beantragen. Ärztliche Zeugnisse aus dem Ausland müssen durch den firmeneigenen Vertrauensarzt oder eine Bestätigung der Krankenkasse des Mitarbeitenden eingereicht werden.

Ferienanspruch bei Pensionierung

Mitarbeiter, die während des Ferienjahres pensioniert werden, erhalten das in diesem Jahr volle Ferienguthaben. Mitarbeiter, die während des Urlaubjahres in den Vorruhestand treten, erhalten anteiligen Urlaub.

Arbeit während der Ferien

Entgeltliche Ferienarbeit wird von uns abgelehnt, da sie nicht dem Erholungszweck der Ferien dient. Es gibt aber Ausnahmefälle - z.B. ein praktischer Aus- und Weiterbildungseffekt oder ein finanzieller Engpass - die von uns bewilligt werden. Für solche Bewilligungen müssen aber Gesuche mit Informationen zur Art der Arbeit, der Dauer und des Zweckes eingereicht werden.

Alkoholverbot

Liebe Mitarbeiterinnen und Mitarbeiter

In unserem Unternehmen besteht zu jeder Tageszeit und für sämtliche Mitarbeiter ein striktes Alkoholverbot. Dabei sind folgende Punkte zu beachten:

Alkoholgenuss am Arbeitsplatz und vor Arbeitsbeginn ist durch die arbeitsvertraglichen Vereinbarungen und die Unfallverhütungsvorschriften untersagt. Dies gilt umso mehr, wenn die Arbeit nicht mehr ordnungsgemäss und den Sorgfaltsverpflichtungen entsprechend ausgeführt werden kann oder eine Gefährdung des Arbeitnehmers oder seiner Kollegen zu befürchten ist.

Mitarbeiter, die bei der Erledigung ihrer Arbeit unter Alkoholeinfluss stehen, gefährden nicht nur sich selbst, sondern in ebenso unverantwortlicher Weise auch ihre Kolleginnen und Kollegen. Ausserdem können gravierende Schäden an Maschinen, Anlagen und sonstigen Betriebseinrichtungen die Folge sein.

Vorgesetzte sind verpflichtet, unter Alkoholeinfluss stehende Arbeitnehmer unverzüglich von ihrem Arbeitsplatz zu entfernen. Auch alle Mitarbeitenden werden angehalten, begründeten Verdacht auf übermässigen Alkoholgenuss eines Mitarbeiters sofort der Personalabteilung oder ihrem Vorgesetzten zu melden. Angetrunkene oder betrunkene Arbeitnehmer werden mündlich und schriftlich unter Aufzeigen der Konsequenzen verwarnt. Im Wiederholungsfall kann die Kündigung des Arbeitsverhältnisses ausgesprochen werden.

Unter Alkoholeinfluss stehende Mitarbeiter können sich auf eigenen Wunsch einem Alkoholtest unterziehen, der von unserer Personalabteilung organisiert wird. Bei psychologischen Ursachen verfügt unsere Personalabteilung über Unterlagen und kennt Experten, die sich eines solchen Problems kompetent annehmen können.

Der Betrieb ist bereit, Mitarbeiter, die unter Alkoholeinfluss stehen, auf ihren Wunsch, gegebenenfalls auch mit einem Taxi, nach Hause zu bringen.

Wir bitten um unbedingte und strikte Beachtung dieser Regelung.

Mit freundlichen Grüssen

Ihre Firma

<Name>	<Name>
Personalabteilung	Geschäftsleitung

Betriebsordnung

Liebe Mitarbeiterinnen und Mitarbeiter,

in Zusammenarbeit und Abstimmung mit den Führungskräften und der Personalleitung unseres Unternehmens gelten ab dem <Datum> folgende Neuregelungen:

- Innerhalb des Firmengeländes ist den Mitarbeitern der Handel mit Produkten und Dienstleistungen jeglicher Art strengstens untersagt.
- Sammlungen, Sammeln von Beiträgen oder Unterschriften sind auf dem Firmengelände nur mit einer vorherigen Bewilligung der Personalabteilung gestattet.
- Das Verteilen von Zeitungen, Zeitschriften, Flugblättern oder anderem Werbematerial, gleich welchen Inhalts, auf dem Firmengelände ist untersagt.
- Parteipolitische Betätigungen in der Firma sind untersagt. Für unpolitische Vereinigungen darf ein Mitarbeiter sich in der Firma nur betätigen, wenn dadurch die betriebliche Ordnung oder der Betriebsfrieden nicht beeinträchtigt werden.
- Das Fotografieren innerhalb des Firmengeländes oder das Anfertigen von Zeichnungen und Skizzen betrieblicher Einrichtungen ist nur nach vorheriger Bewilligung durch die Geschäftsleitung oder Personalabteilung zulässig.
- Die Erledigung von Privatarbeiten während der Arbeitszeit ist unzulässig. Lehrlinge haben für ihre Aufgaben pro Woche die Möglichkeit, dies drei Stunden im Betrieb zu erledigen. Mit Erlaubnis des Vorgesetzen können Privatarbeiten vor oder nach der Arbeitszeit aber ausgeführt werden.
- Für Diebstahl übernimmt die Geschäftsleitung keine Haftung. Sie sind gehalten, Ihre bei der Arbeit nicht benötigten privaten Utensilien und Gegenstände im dafür bei der Telefonzentrale vorgesehenen Tresor aufzubewahren.

- Fahrräder und Autos dürfen nur an den hierfür vorgesehenen Parkplätzen abgestellt oder geparkt werden. Nicht den Vorschriften entsprechend abgestellte oder geparkte Fahrzeuge, Autos und Fahrräder werden auf Kosten des Arbeitnehmers entfernt.

Mit freundlichen Grüssen

Ihre Firma

<Name> Personalabteilung	<Name> Geschäftsleitung

Reglement über die gleitende Arbeitszeit (GLAZ)

Mit diesem von uns mit aller Sorgfalt und auf die Bedürfnisse unserer Mitarbeiter ausgerichteten Reglement über die gleitende Arbeitszeit (GLAZ) möchten wir in unserem Unternehmen die Möglichkeit bieten, den Arbeitsbeginn und das Arbeitsende der täglichen Arbeitszeit und die Zeitdauer der Mittagspause im Rahmen der Garantie des Betriebsablaufes und der Erfüllung der sich stellenden Aufgaben mit diesem Gleitzeitreglement flexibler zu gestalten.

Gültigkeit dieses Reglements

Grundsätzlich gilt dieses Reglement (GLAZ) für alle Mitarbeiter und Mitarbeiterinnen unseres Unternehmens. Der Umfang der gleitenden Arbeitszeit muss unter Umständen nur dann teilweise eingeschränkt oder aufgehoben werden, wenn die Abwicklung eines rationellen Arbeitsablaufes oder die Wahrnehmung wichtiger Aufgaben (Kundenservice-Leistungen, Maschinen- und IT-Bedienung usw.) nicht gewährleistet werden kann.

Die Arbeitszeit von Aushilfen und Teilzeitangestellten

Die Arbeitszeit von Aushilfen und Teilzeitangestellten wird vom entsprechenden Vorgesetzten individuell – auf die Bedürfnisse seiner Abteilung – ausgerichtet bestimmt. Lehrlinge haben in der Regel fixe Arbeitszeiten. Arbeitszeiten und deren Ausnahmen werden unter Einhaltung der gesetzlichen Bestimmungen vom Lehrlingsverantwortlichen festgesetzt. Die Arbeitszeit wird in Blockzeit und Gleitzeit gegliedert. Während der Blockzeit müssen alle Mitarbeiter anwesend sein. Während der Gleitzeit hingegen können die Mitarbeiter innerhalb festgelegter Grenzen ihre Arbeitszeit frei bestimmen – dies ist das Wesen der gleitenden Arbeitszeit.

Blockzeit

Montag – Freitag
08.00 - 11.30 Uhr und
14.00 - 16.00 Uhr

Gleitzeit

Montag - Freitag
06.30 - 08.00 Uhr Morgen
11.30 - 14.00 Uhr Mittag
16.00 - 18.30 Uhr Abend

Sollarbeitszeit

Die Normalarbeitszeit beträgt im Tagesdurchschnitt 8 ¼ Stunden, zusätzlich ¼ Stunde Vorholzeit = 8 ½ Stunden pro Tag.

Arbeitspause

Im Betriebsbereich wird von 09.00 bis 09.15 Uhr eine unbezahlte Pause eingeschaltet.

Mittagspause

Die Mittagspause beträgt bei einer täglichen Arbeitszeit von 8 Stunden und mehr mindestens 1 Stunde, bei einer täglichen Arbeitszeit von weniger als 8 Stunden aber mindestens 30 Minuten. Der Arbeitsplatz ist während der Pausen grundsätzlich zu verlassen. Die Mittagspause ist in jedem Fall als Unterbrechung auszuweisen.

Ausgewiesene und vom Vorgesetzten verordnete Arbeitszeit zwischen 18.30 und 06.30 Uhr sowie Samstags- und Sonntagsarbeit wird nur dann angerechnet, wenn eine von der Personalabteilung erstellte, offizielle Bewilligung vorliegt.

Plus- und Minus-Stunden und Über- und Unterschreitung

Die gesetzliche Höchstarbeitszeit beträgt für Erwachsene 11 Stunden pro Tag. Für Lehrlinge und Jugendliche bis zum vollendeten 19. Lebensjahr beträgt sie 9 Stunden pro Tag. Die effektiv geleistete Arbeitszeit soll die jeweilige Sollarbeitszeit erreichen.

Plus- oder Minus-Stunden sind nach Möglichkeit innerhalb eines Monats auszugleichen, doch wird eine monatliche Überschreitung der Sollzeit von bis zu plus 18 Stunden bzw. Unterschreitung bis zu maximal minus 12 Stunden im Allgemeinen akzeptiert und kann auf den folgenden Monat übertragen werden. Plus-Abweichungen von mehr als 25 Stunden verfallen jedoch im Normalfall ohne Entschädigung, sofern es sich dabei nicht um angeordnete oder für Sonderaufgaben geleistete Überstunden (Projekte, termingebundene Aufträge usw.) handelt.

Zeittoleranz (Gleitzeitsaldi)

Minus-Abweichungen von mehr als 9 Stunden können zu einer vom direkten Vorgesetzten und der Personalabteilung entschiedenen Lohnreduktion führen, wenn die weniger geleistete Arbeitszeit nicht innerhalb eines Monats nachgeholt wird. Ein dauerndes, 9 Stunden übersteigendes Zeitmanko ist untersagt und wird als Nichtbeachtung dieses Reglements betrachtet. Es wird im Allgemeinen mit dem entsprechenden Ferienbezug oder mit einem der Abweichungszeit entsprechenden Gehaltsabzug ausgeglichen.

Die Kompensation eines Zeitguthabens

Die Kompensation eines Zeitguthabens soll grundsätzlich stundenweise und innerhalb der in diesem Reglement festgelegten Gleitzeit vorgenommen werden. Die Kompensation innerhalb der Blockzeit erfordert immer die Zustimmung des Vorgesetzten. Die Verwendung von Gleitzeitsaldi als zusätzliche halbe oder ganze Freitage kann nur in Ausnahmefällen bewilligt werden und erfordern grundsätzlich die Zustimmung des Vorgesetzten und der Personalabteilung.

Kurzabsenzen zur Erledigung persönlicher Angelegenheiten

Kurzabsenzen zur Erledigung dringender persönlicher Angelegenheiten (Behördengänge, dringende Reparaturen, medizinische Besorgungen usw.) sind, wenn immer möglich, ausserhalb der Blockzeit wahrzunehmen und werden nicht bezahlt. In begründeten Ausnahmefällen darf der Vorgesetzte jedoch eine Spezialbewilligung ausstellen. Absenzen infolge von Ferien, Krankheit, Militärdienst, Unfall und bezahltem Urlaub werden auf der Basis der Normalarbeitszeit behandelt.

Kurzfristige private Absenzen aus wichtigen Gründen

Kurzfristige private Absenzen aus wichtigen Gründen, z.B. Arztbesuch oder dringende Medikamentenbesorgung sind bezahlte Absenzen und müssen als solche nicht kompensiert werden. Dazu gehören auch ärztliche oder zahnärztliche Behandlungen aus akutem oder notfallähnlichem Anlass. Der zuständige Vorgesetzte ist in allen Fällen vorher zu informieren. Er entscheidet über die Zulässigkeit von Absenzen während der Blockzeit.

Der Ausgleich von Überstunden

Als Überstunden werden jene Arbeitsstunden definiert, welche die monatliche Soll-Arbeitszeit übersteigen und zwar nur dann, wenn sie vom Vorgesetzten ausdrücklich angeordnet wurden und schriftlich visiert sind. Der Ausgleich von Überstunden erfolgt in Absprache mit dem Vorgesetzten, im Normalfall durch Kompensation im Verhältnis von 1:1 in einem Zeitraum von einem Jahr. Die Auszahlung mit einem Zuschlag von 25 % oder einem Zuschlag für Sonntagsarbeit erfolgt nur nach vorheriger Absprache mit dem Vorgesetzten beziehungsweise dem dafür gültigen Reglement oder abteilungsspezifischen Sondervereinbarungen.

Sicherheitsbestimmungen

Aus Sicherheitsgründen dürfen Tätigkeiten an Maschinen und Anlagen in der Produktion (ausgenommen reine Aufsichts- und Kontrollarbeiten) jeglicher Art nur ausgeführt werden, wenn eine zweite Person im näheren Umfeld beschäftigt ist und jederzeit herbeigerufen werden kann. Diesbezügliche Weisungen und Vorschriften werden immer vom

Vorgesetzten organisiert und angeordnet und mit der Personalabteilung besprochen.

Die Verantwortung für die Einhaltung dieser Vorschriften

Die Verantwortung für die Einhaltung dieser Vorschriften in den Randzeiten liegt bei den Mitarbeitern. Das Recht auf gleitende Arbeitszeit kann dauernd oder vorübergehend in folgenden drei Fällen eingeschränkt werden:

- für einzelne Bereiche oder Stellen, sofern dies aus arbeitstechnischen Gründen notwendig ist (z.B. Telefonzentrale/ Empfang)
- im Falle eines schwerwiegenden, wiederholten Missbrauchs
- Ausnahmesituationen (Projekte, Grossaufträge, tiefgreifend veränderte persönliche Umstände usw.)

Eine solche Einschränkung oder zeitweise Aufhebung wird immer gemeinsam vom Linienvorgesetzten und der Personalabteilung entschieden und mit einer Begründung schriftlich festgehalten.

Dieses Reglement tritt am 1. Januar 2003 in Kraft und gilt für alle Mitarbeiter sowohl im kaufmännischen wie im Produktions- und Servicebereich. Ausgenommen sind Mitarbeiter mit Schicht- und Kontrollaufgaben.

Widerrufbarkeit dieses Reglements

Das Unternehmen kann dieses Reglement ohne das Nennen von Gründen jederzeit widerrufen, aufheben, neuen Gegebenheiten anpassen oder aufgrund betrieblicher und gesetzlicher Neuerungen ändern.

Wirksamkeit und Gültigkeit dieses Reglements

Mit der schriftlichen Bekanntgabe dieser neuen Regelung erlischt die alte Richtlinie oder ersetzt die in anderen Regelungen dazu erlassenen Bestimmungen.

Dieses Reglement ist Vertragsbestandteil

Diese Richtlinie ist integraler Vertragsbestandteil des zwischen dem Mitarbeiter und dem Unternehmen ausgearbeiteten Arbeitsvertrags. Mündliche anderslautende oder abweichende Äusserungen sind nicht gültig, wenn diese nicht schriftlich vorliegen.

Kombiniertes Arbeitszeiten- und Absenzenreglement

Arbeitszeit

Die wöchentliche Arbeitszeit beträgt 40 Stunden. Die individuellen Arbeitszeiten richten sich nach den Bedürfnissen des Unternehmens und abteilungsbezogener Schicht- und Dienstpläne.

Mehrstunden

Aus betrieblichen Gründen kann der Mitarbeiter zur Leistung von Mehrstunden verpflichtet werden. Die ausserordentlich geleistete Arbeitszeit ist in der Regel möglichst bald durch Freizeit von gleicher Dauer auszugleichen.

Kompensation

Der Saldo der Stundenguthaben sollte in der Regel nicht mehr als 35 Stunden betragen. Höhere Guthaben werden vom Vorgesetzten durch die Ansetzung von Freizeitstunden abgetragen und nur in Ausnahmefällen materiell entschädigt. Über solche Ausnahmen entscheidet die Personalabteilung, in Absprache mit dem Vorgesetzten. Der Bezug von Mehrstunden muss von der vorgesetzten Stelle bewilligt werden.

Administrativer Ablauf

Mehrstunden sind mittels der dafür vorgesehenen Formulare zu erfassen und durch die vorgesetzte Stelle zu bestätigen. Gemeldete, aber nicht erfasste und nicht visierte Mehrstunden werden nicht als solche anerkannt.

Absenzenregelung

Absenzen wie der Besuch öffentliche Ämter, Arzt-, Zahnarzt- oder Therapiebesuche oder dringende private Vorhaben anderer Art müssen möglichst auf Randstunden angesetzt und von der vorgesetzten Stelle bewilligt werden. Diese regelt ein Nachholen der ausgefallenen Arbeitszeit.

Bezahlte Ferien

Müssen Mitarbeiter aus anderen Gründen als Krankheit, Unfall, Militär, Zivilschutz, oder Feuerwehrdienst die Arbeit aussetzen, haben sie beim direkten Vorgesetzten rechtzeitig um Urlaub zu ersuchen.

Den Mitarbeitern kann in folgenden Fällen bezahlter Urlaub gewährt werden:

- Geburt eigener Kinder (für Väter) 1 Tag/Jahr
- eigene zivile und kirchliche Heirat je 1 Tag/Jahr
- Todesfall des Ehegatten, eines Kindes oder der Eltern 3 Tage/Jahr
- Todesfall in der Verwandtschaft oder nahestehender Personen bis 1 Tag/Jahr
- Wohnungswechsel in ungekündigtem Arbeitsverhältnis 1 Tag/Jahr
- Ausübung öffentlicher Ämter bis 8 Tage/Jahr
- Absolvierung anerkannter Jugend- und Sport-Leiter-Ausbildung bis 5 Tage/Jahr
- Militärische Rekrutierung und Entlassung bis 1 Tag/Jahr
- Krankheit eines eigenen Kindes (bis 16 Jahre) für Alleinerziehende max. 3 Tage/Jahr

Der Anspruch ist ereignisgebunden und entfällt, wenn das entsprechende Ereignis in die Zeit der Ferien oder Freitage fällt. Findet der Umzug aus oder in möblierte Zimmer oder Wohnungen statt, besteht kein Anspruch.

Unbezahlter Urlaub

Es besteht grundsätzlich kein Anspruch auf unbezahlten Urlaub. In begründeten Fällen kann aber der Vorgesetzte, in Absprache mit der Personalabteilung, dann unbezahlten Urlaub gewähren, wenn der Gesuchsteller mindestens drei Jahre in unserem Betrieb arbeitet und dieser unbezahlte Urlaub die Dauer von zwei Monaten nicht überschreitet. Zudem besteht in dieser Zeit kein Lohnanspruch. Weitere Regelungen:

- Werden einzelne unbezahlte Urlaubstage bezogen, werden diese pro Monat kumuliert und entsprechend abgerechnet.
- Bei unbezahltem Urlaub gehen allfällige Kosten wie z.B. Versicherungsprämien ab dem 31. Urlaubstag vollumfänglich zu Lasten des Mitarbeiters.
- Es besteht die Möglichkeit, beim aktuellen UVG-Versicherer und bei den Pensionskassen eine Abredeversicherung abzuschliessen.

Ferienanspruch

Der Mitarbeiter hat Anspruch auf folgende bezahlte Ferien pro Kalenderjahr:

- 25 Arbeitstage bis und mit dem Kalenderjahr, in dem das 20. Lebensjahr vollendet wird sowie für Lehrlinge;
- 20 Arbeitstage bis und mit dem Kalenderjahr, in dem das 49. Lebensjahr vollendet wird;
- 25 Arbeitstage ab dem 50. Lebensjahr

Hat das Arbeitsverhältnis kein volles Kalenderjahr gedauert, so wird der Ferienanspruch anteilsmässig berechnet.

Ferienkürzung

Setzt ein Mitarbeiter innerhalb eines Jahres wegen Krankheit, Unfall, Militär- oder Zivilschutzdienst länger als drei Monate oder wegen unbezahlten Urlaubes länger als einen Monat (kumuliert) aus, so wird sein Ferienanspruch für jeden vollen Monat der Abwesenheit um einen Zwölftel gekürzt.

Ferienbezug

Die Festsetzung der Feriendaten erfolgt in Absprache zwischen dem Mitarbeiter und der vorgesetzten Stelle. Dabei werden die Wünsche des Mitarbeiters soweit berücksichtigt, wie diese mit den Erfordernissen des Betriebes vereinbar sind. Die Ferien sind im Verlauf des betreffenden Kalenderjahres zu beziehen. Ist dies ausnahmsweise aus betrieblichen Gründen nicht möglich, so sind sie bis zum 31. März des folgenden Jahres zu beziehen.

Krankheit und Unfall während der Ferien

Erkrankt oder verunfallt der Mitarbeiter in den Ferien, so werden die ersten drei Tage der ärztlich attestierten Arbeitsunfähigkeit als Ferien gerechnet.

Betriebsvereinbarung zur flexiblen Arbeitszeitregelung

Zur Verbesserung der Wettbewerbsfähigkeit des Unternehmens und damit zur Sicherung der Arbeitsplätze sind Kostenreduktionen dringend erforderlich. Andererseits wurde der Wunsch nach flexibleren Arbeitszeiten in unserem Betrieb häufig geäussert, dazu möchten wir mit dieser Regelung zur flexiblen Arbeitszeit einen Beitrag leisten.

Geltungsbereich

Diese Betriebsvereinbarung gilt für alle Arbeitnehmer bzw. Arbeiter und Angestellte ausser Auszubildende/Lehrlinge, Praktikanten/Diplomanden. Für teilzeitbeschäftigte Arbeitnehmer sind die Bestimmungen dieser Betriebsvereinbarungen sinngemäss entsprechend, d.h. im Verhältnis der vereinbarten Arbeitszeit anzuwenden.

Arbeitszeit

Die regelmässige, betriebliche wöchentliche Arbeitszeit beträgt 38 Stunden. Die individuelle, regelmässige wöchentliche Arbeitszeit kann von Montag bis Freitag auf 42 Stunden verlängert und bis auf 30 Stunden verkürzt werden.

In Ausnahmefällen kann die regelmässige Arbeitszeit

auch auf den Samstag gelegt werden. Ein Ausnahmefall liegt nur dann vor, wenn Betriebs- oder Produktionsstörungen in der Woche vor dem Samstag aufgetreten sind und dadurch ein Produktionsausfall eingetreten ist. Die tägliche regelmässige Arbeitszeit darf 9 Stunden nicht überschreiten.

Die individuelle, regelmässige wöchentliche Arbeitszeit

teilt die Geschäftsleitung den betroffenen Mitarbeitern mindestens 1 Woche vor Wirksamwerden mit. Man kann dieser Bekanntgabe, unter Beachtung der Intention und der Regelungen, in dieser Betriebsvereinbarung widersprechen, sofern man sie für unzulässig hält. In diesem Fall gilt bis zu einer Einigung die regelmässige, vertragliche wöchentliche Arbeitszeit auch als betriebliche Arbeitszeit.

Die Mitarbeiter können auf ihren Wunsch hin

unter Berücksichtigung betrieblicher Belange, in Abstimmung mit ihren Vorgesetzten, ihren genauen täglichen Arbeitsbeginn/-ende und die tägliche Arbeitszeit im Rahmen der Bestimmungen des Arbeitszeitgesetzes abweichend und individuell gestalten.

Arbeitszeitkonto - Einrichtung

Aus der Differenz zwischen vertraglicher wöchentlicher Arbeitszeit und individueller, regelmässiger wöchentlicher Arbeitszeit ergibt sich ein Zeitguthaben bzw. eine Zeitschuld. Das Zeitguthaben bzw. die Zeitschuld wird auf dem Arbeitszeitkonto erfasst und dem betroffenen Mitarbeiter von der Personalabteilung monatlich bekannt gegeben.

Das Zeitkonto

darf + <Stunden> und - <Stunden> nicht über-/unterschreiten.

Der Ausgleich des Arbeitszeitkontos

Weist das Arbeitszeitkonto ein Guthaben / eine Schuld zwischen dem 1.1. - 30.6. eines Jahres auf, ist dieses bis zum 31.12. desselben Jahres auszugleichen, ein Guthaben/eine Schuld zwischen dem 1.7. und dem 31.12. ist bis spätestens zum 30.6. des Folgejahres auszugleichen. Wird das Arbeitszeitkonto in den genannten Rahmenfristen nicht ausgeglichen, ist ein Guthaben nach Fristende als Mehrarbeit zu vergüten, eine Schuld wird gelöscht, ohne Einkommensverlust für den betroffenen Arbeitnehmer oder Verpflichtung zur Nacharbeit.

Bis zum Ende des jeweiligen Ausgleichzeitraums

oder bei Ausscheiden werden Zeitguthaben oder Zeitschulden ausgeglichen. Der Ausgleich erfolgt vorrangig in Zeit. Ist dies aus betrieblichen Gründen nicht möglich, entfallen Zeitschulden ersatzlos ohne Einkommensminderung und Zeitguthaben sind als Mehrarbeit abzugelten.

Im Krankheits- und Urlaubsfall wird eine tägliche Arbeitszeit

von einem Fünftel der vertraglich festgelegten, regelmässigen wöchentlichen Arbeitszeit zugrunde gelegt und mit dem Arbeitszeitkonto verrechnet.

Übernahme des Zeitkontenstandes

Der Zeitkontenstand auf den individuellen Zeitkonten der Mitarbeiter wird beim Inkrafttreten dieser Betriebsvereinbarung übernommen, sofern das Guthaben mindestens .... Stunden beträgt. In diesem Fall sind die über ... Stunden hinausgehenden Stunden mit dem nächsten Lohnlauf als Mehrarbeit zu vergüten.

Mehrarbeit

Für die Bezahlung und den Ausgleich zuschlagpflichtiger Mehrarbeit gilt das Betriebsreglement zur Arbeitszeit.

Freizeitausgleich

a) Die individuelle Inanspruchnahme von Freizeit aus dem Arbeitszeitkonto ist, nach Absprache mit der Geschäftsleitung, unter Berücksichtigung betrieblicher Belange, möglich.

b) Der Ausgleich von Zeitguthaben kann stunden- oder tageweise erfolgen. Dem Antrag eines Arbeitnehmers ist zu entsprechen, wenn eine Ankündigungsfrist von 2 Wochen eingehalten wird.

c) Stehen der Gewährung von Ausgleichszeit nach 4.2 triftige betriebliche Gründe, die der Arbeitgeber dem Mitarbeiter darzulegen hat, entgegen, so entscheidet die Geschäftsleitung gemeinsam mit dem Betriebsrat.

Schlussbestimmung und Inkrafttreten

Diese Betriebsvereinbarung ersetzt die Betriebsvereinbarung vom <Datum>. Sie tritt mit Wirkung vom <Datum> in Kraft. Wird sie gekündigt, wirkt sie nach.

(Ort, Datum)..

(Unterschriften)..

Reglement zur Unfall- und Schadensverhütung

Liebe Mitarbeiterinnen und Mitarbeiter,

Wir möchten Sie nochmals auf unsere Richtlinien und Vorschriften zur Unfall- und Schadensverhütung hinweisen, auf deren Einhaltung und Beachtung wir grossen Wert legen.

Unfallverhütungsvorschriften

Alle Mitarbeiter sind verpflichtet, sich laufend über die für ihren Arbeitsbereich geltenden Vorschriften zur Unfallverhütung und zum Gesundheitsschutz zu informieren und diese einzuhalten. Die Unfallverhütungsvorschriften, Vorschriften zum Gesundheitsschutz sowie die unternehmenseigenen Richtlinien und Arbeitsanweisungen zur Unfallverhütung liegen für jeden Mitarbeiter zur Einsicht an folgenden Stellen aus:

- Kapitel im Mitarbeiterhandbuch
- Permanente Hinweise und aktuelle Mitteilungen in der Mitarbeiterzeitschrift
- Flyer in Produktionshallen und an den Mitteilungstafeln
- Aushänge in der Cafeteria und in der Kantine

Hinweisschilder und Warntafeln

Hinweis- und Warntafeln sind auf jeden Fall immer strikt zu beachten. Vom Arbeitgeber zur Verfügung gestellte Arbeitsschutzeinrichtungen und Mittel zum Arbeitsschutz oder sonstige Sicherheitsvorkehrungen sind ausnahmslos zu benutzen. Ausnahmen können nur vom direkten Vorgesetzten bewilligt werden. Vorrichtungen zur Unfallverhütung, Verbots-, Warn- und Hinweisschilder dürfen nicht eigenmächtig entfernt werden.

Unterrichtungspflicht

Die Mitarbeiter sind verpflichtet, den unmittelbaren Vorgesetzten unverzüglich zu informieren, wenn sie

- bei ihrer Arbeit ein Unfallrisiko oder einen diesbezüglichen Mangel erkennen,
- feststellen, dass Sicherheitseinrichtungen fehlen, schadhaft geworden sind oder sich in einem mangelhaften oder unbrauchbaren Zustand befinden,
- erkennen, dass Handwerkszeug oder sonstiges Arbeitsgerät, Materialien, Maschinen oder sonstige Betriebseinrichtungen schadhaft sind und zu Unfällen führen können,
- erkennen, dass ein Arbeitskollege infolge Unwohlseins seine Arbeiten nicht verrichten kann und hieraus eine Unfallgefahr entstehen kann.

Tragen von Schutzkleidung

Alle Mitarbeiter sind verpflichtet, an ihrem Arbeitsplatz zweckmässige Arbeitskleidung zu tragen. Mitarbeiter, die Maschinenarbeit leisten - insbesondere an Maschinen mit sich drehenden Teilen - haben einen besonderen Kopfschutz zu tragen. Mitarbeiter, die in <Abteilung> arbeiten, haben Sicherheitsschuhe zu tragen.

Zugang zu Notausgängen und ähnlichem

Der Zu- und Abgang zu Feuerlöschgeräten, Hydranten und sonstigen Einrichtungen zur Unfall- und Brandbekämpfung, Notausgänge und Nottreppen sind frei zugänglich in einem ordnungsgemässen Zustand zu halten.

Informationen zur beruflichen Vorsorge

Sehr geehrte Mitarbeiterinnen und Mitarbeiter

Seit einigen Monaten werden wir regelmässig von verunsicherten Mitarbeiterinnen und Mitarbeitern auf die berufliche Vorsorge angesprochen. Einerseits ist es die komplexe Materie und andererseits die zur Zeit unsichere Entwicklung, die zu vielen Fragen führt. Mit diesem Informationsblatt möchten wir Ihnen behilflich sein, mehr Informationen und Sicherheit rund um die berufliche Vorsorge zu gewinnen.

Broschüre zu unserer Vorsorgelösung

Unser Betrieb hat bei der <Name> eine individuelle und vorteilhafte betriebliche Lösung. Diese kann zusammen mit den vierteljährlichen Broschüren jederzeit in unserer Personalabteilung eingesehen werden.

Fragen zum Versicherungsausweis?

Gerne beantworten wir Ihnen Ihre individuellen Fragen zu Ihrer Vorsorgesituation oder zu unklaren Fachbegriffen.

Die berufliche Vorsorge als Ganzes besser verstehen

Um mehr Klarheit und einen ganzheitlicheren Überblick zur beruflichen Vorsorge zu bekommen, empfehlen wir Ihnen den Besuch dieser Website: www.bvg.ch

Neu: Immer am letzten Arbeitstag eines Monats BVG-Sprechstunde

Mit dieser neuen Dienstleistung möchten wir von der Personalabteilung regelmässig persönliche Fragen zur beruflichen Vorsorge und zu den Sozialversicherungen allgemein beantworten.

Sehr empfehlenswerte und preiswerte Buch-Ratgeber

Unsere Personalabteilung hat folgende zwei Bücher als besonders hilfreich recherchiert: "Gut versorgt" von Leo Martin aus der Reihe Beobachter-Ratgeber aus dem Beobachter Buchverlag und "Pensionierung" von Nicola Waldmeier vom VZ Vermögenszentrum Zürich.

Aktuell & offiziell informiert beim BSV

Die Website des Bundesamtes für Sozialversicherung informiert sehr aktuell und umfassend über alle Aspekte auf www.bsv.admin.ch/bv/aktuell/d/ auch zu Fragen der AHV, der IV, Krankenversicherungen usw.

Informations-Veranstaltung

Wir möchten für alle Mitarbeiterinnen und Mitarbeiter mit einem Experten zusammen eine Informations-Veranstaltung durchführen. Geben Sie uns bitte untenstehend Ihre Hauptinteressen an, damit wir diese, auf Ihre Bedürfnisse und Wünsche ausgerichtet, vorbereiten können:

O BVG / O Sozialversicherungen allgemein / O Pensionierung / O BVG-Zusatzleistungen / O Unser Vorsorgekonzept

Wir hoffen, Ihnen mit diesen Informationsangeboten helfen zu können und sind jederzeit gerne bereit, Ihre individuellen Fragen und Anliegen in der "BVG-Sprechstunde" zu beantworten.

Ihre Personalabteilung

Reglement zu Versicherungen und Vorsorgeeinrichtungen

AHV, IV, EO, ALV

Die Beitragsleistungen an die staatlichen Versicherungen der AHV, IV, EO, ALV sind obligatorisch. Die Beitragspflicht beginnt nach dem erfüllten 17. Lebensjahr und richtet sich im Übrigen nach den gesetzlichen Vorschriften.

Unfallversicherung

Die Unfallversicherung richtet sich nach der Bundesgesetzgebung über die Unfallversicherung und den Bedingungen der mit der Unfallversicherungsgesellschaft abgeschlossenen Police. Der Mitarbeiter ist durch das Kantonsspital gegen Betriebs- und Nichtbetriebsunfall versichert. Teilzeitbeschäftigte sind gegen Nichtbetriebsunfall aber nur versichert, wenn ihre wöchentliche Arbeitszeit mindestens acht Stunden beträgt.

Ein allfälliger Unfall auf dem direkten Arbeitsweg gilt als Betriebsunfall. Der Prämienanteil des Mitarbeiters wird mit dem Gehalt verrechnet. Bei Austritt besteht eine Nachdeckung von 30 Tagen. Für eine weitere Verlängerung auf privater Basis (Abredeversicherung für die Dauer von höchstens 180 Kalendertagen) kann im Personalbüro ein entsprechendes Formular beantragt werden. Die Vereinbarung muss vor dem Ende des Versicherungsschutzes getroffen werden.

Krankenversicherung

Für Arzt-, Arznei- und Spitalkosten bei Krankheit (Grundversicherung nach KVG) hat sich der Mitarbeiter selbst bei einer Krankenkasse zu versichern.

Haftpflichtversicherung

Für verursachten Schaden gegenüber Drittpersonen (Personen- und Sachschaden) besteht für den Arbeitnehmer während der Tätigkeit im Kantonsspital eine Haftpflichtversicherung. Die Prämien übernimmt der Arbeitgeber.

Vorsorgeeinrichtung

Gegen die wirtschaftlichen Folgen des Alters, der Invalidität und des Todes sind die BVG-pflichtigen Mitarbeiter des Kantonsspitals versichert. Der Eintritt in die Altersvorsorge ist obligatorisch und erfolgt automatisch. Der Prämienanteil des Mitarbeiters wird mit dem Gehalt verrechnet.

Mustervereinbarung über die Internet-Nutzung als Vertragszusatz

Zwischen der Muster AG, Sonnenweg 1, 5000 Mustern

und

Herrn Muster, Musterstrasse 2, 4905 Musterberg

wird in Ergänzung des Arbeitsvertrags vom <Datum> Folgendes vereinbart:

1. Die Firma stellt dem Mitarbeiter an seinem Arbeitsplatz einen Internet-Zugang mit einer E-Mail-Software zur Verfügung. Der Mitarbeiter ist berechtigt, das Internet und die E-Mail-Funktion zu nutzen.
2. Diese Online-Infrastruktur wird dem Mitarbeiter von der Firma ausschliesslich zur Erfüllung dienstlicher Aufgaben zur Verfügung gestellt. Die Nutzung dient vornehmlich dem Geschäftsverkehr. Die gelegentliche Privatnutzung wird für maximal 1 Stunde pro Woche zugelassen. Der Mitarbeiter verpflichtet sich aber, diese Privatnutzung des Internets in seine Freizeit zu legen, d.h. das Internet für private Zwecke ausserhalb der Arbeitszeit zu nutzen.
3. Die Gewährung der privaten Internetnutzung erfolgt als freiwillige Leistung unseres Unternehmens. Sie steht im freien Ermessen der Firma und kann jederzeit ohne Angabe von Gründen widerrufen werden. Eine wiederholte vorbehaltlose Gewährung der Privatnutzung lässt keinen Rechtsanspruch des Mitarbeiters entstehen.
4. Die Firma hat das Recht, Kontrollen der Internet-Nutzung durchzuführen. Womit und aus welchem Grund diese Kontrollen stattfinden, erfährt der Mitarbeiter vom IT-Support unseres Unternehmens. Die Inhalte von E-Mails werden dabei weder eingesehen noch kontrolliert, ausser es bestehe ein schwerwiegender, begründeter Verdacht von Verstössen gegen die Interessen der Firma.

5. Der Mitarbeiter verpflichtet sich, bei der Einholung von Informationen aus dem Internet regelmässig eine Virenkontrolle durchzuführen. Ein aktuelles Virenschutzprogramm stellt die Firma zur Verfügung und wird vom IT-Center erklärt.
6. Das Abrufen, Anbieten oder Verbreiten von politischen, diskriminierenden, oder verfassungsfeindlichen Informationen, wie zum Beispiel rassistischer, sexistischer oder pornografischer Art, ist strengstens verboten.
7. Eine Zuwiderhandlung des Mitarbeiters gegen diese Vereinbarung kann zu einer Ermahnung und im Wiederholungsfall zu einer verhaltensbedingten Kündigung führen.
8. Das Unternehmen weist ausdrücklich darauf hin, dass die Einhaltung dieser Grundsätze durch den Einsatz dafür geeigneter Software und Massnahmen unserer IT-Abteilung überprüft werden kann, wenn begründeter Verdacht des Missbrauchs besteht.

Der Mitarbeiter erklärt durch seine Unterschrift, dass er mit den vorstehenden Verhaltensregeln einverstanden ist.

<Ort>, den <Datum>

Unterschrift:..

Musterreglement zur Nutzung von Internet und E-Mail

Betriebliche Nutzungsregelung

Das Internet darf im Rahmen der Aufgabenstellung und Informationsbedürfnisse des jeweiligen Mitarbeiters, der Abteilung und des Unternehmens zu geschäftlichen Zwecken, ohne jede Einschränkung, benutzt werden. Dieser Rahmen wird auf Abteilungsebene definiert und konkretisiert und permanent neuen Anforderungen angepasst.

Nutzungsrechte für private Zwecke

Das Internet darf für private Zwecke während der Mittagszeit von 11.30 Uhr bis 13.30 während der maximalen Dauer einer halben Stunde genutzt werden. Davon ausgenommen sind krasse, das moralische Empfinden und rechtliche Bestimmungen verletzende Website-Inhalte (Pornographie, politischer Extremismus, illegale Inhalte oder Downloadtätigkeiten usw.). E-Mails privaten Inhaltes dürfen nur dann empfangen, geschrieben und versandt werden, wenn dies ausserhalb der Arbeitszeit nicht erledigt werden kann oder eine begründete Dringlichkeit besteht.

Kontrollmassnahmen

Unsere Firma achtet und schützt die Persönlichkeit des Arbeitnehmers und nimmt auf dessen Gesundheit gebührend Rücksicht. Die Überwachungs- und Kontrollsysteme zur Einhaltung der Internet-Nutzung am Arbeitsplatz findet nur in Anwesenheit des Mitarbeiters und mit seinem Wissen statt.

Kontrollstichproben

Zu Kontrollstichproben berechtigt ist der Abteilungsleiter und die IT-Mitarbeiter. Nur wenn es trotz diesen Bestimmungen und technischen Schutzmassnahmen zu Missbräuchen kommt, werden personenbezogene Auswertungen der Internet- und E-Mail-Spuren vorgenommen. Darüber wird der Mitarbeiter aber informiert.

Massnahmen bei Missbrauch

Wenn unsere IT-Spezialisten den begründeten Verdacht schöpfen, dass eine Straftat per Internet oder E-Mail begangen oder unsere Regelung in krasser Weise illegal missachtet wurde, so kann sie die entsprechenden Beweise, bestehend aus den Protokollierungen und eventuellen Backups, durch die Informatikdienste sichern lassen.

Weisungsberechtigung

Der Mitarbeiter verpflichtet sich, alle künftigen Anweisungen, betreffend Internet-Nutzung, zu befolgen. Weisungsbefugt sind die IT-Abteilung und deren Supportmitarbeiter, der direkte Vorgesetzte, die Geschäftsleitung und die Personalabteilung.

Befugnisse des Informatikzentrums

Die Befugnisse des Informatikzentrums oder gegebenenfalls des zuständigen Informatikdienstes bei der Kontrolle der Informatiksicherheit bleiben vorbehalten. Wenn die durchgeführten Kontrollen Lücken in der Sicherheit der Personendaten zutage bringen, so erstattet das Informatikzentrum dem direkten Vorgesetzten Meldung. Stellen Mitarbeiterinnen oder Mitarbeiter bei der Erfüllung ihrer Aufgaben Lücken bei der Sicherheit der Personendaten fest, so informieren sie dies vorher genannten Stellen.

Virenschutzbestimmungen

Onlinemedien sind gegen Viren und andere Sicherheitsrisiken relativ anfällig und exponiert. Deshalb ist den Anordnungen der IT-Spezialisten jederzeit sofortige Folge zu leisten und Informationen wie z.B. Virenwarnungen gründlich zu lesen. Insbesondere muss die Antivirensoftware gemäss Weisungen der IT-Abteilung immer auf dem neuesten Stand sein und E-Mail-Anhänge von unbekannten Absendern dürfen prinzipiell nicht geöffnet werden. Bei verdächtigen Beobachtungen oder Feststellungen muss die IT-Abteilung unverzüglich informiert werden.

E-Mail Attachments

Attachments bergen ein hohes Risiko, einen Virus über eine E-mail-Nachricht zu verbreiten. Der Empfänger einer E-mail-Nachricht sollte sich daher vergewissern, dass eine angehängte Datei von einer verlässlichen Quelle stammt. Zudem sollte der Inhalt solcher Dateien bekannt sein, bevor man sie öffnet oder versendet. Die Grösse solcher Dateien ist derzeit auf 1-2 MB begrenzt. Grosse Dateien bleasten ein Netzwerk und das Internet übermässig und sind zu vermeiden. Die Benutzer sollten deshalb auf den Versand grosser angehängter Dateien verzichten und stattdessen die Gruppenverzeichnisse bzw. einen Serverplatz nutzen.

Löschen und Speicherung von E-mails

E-Mail Software gewährleisten weder eine langfristige Speicherung noch ein vollständige Löschung von E-Mail Nachrichten. Sie sind nicht für die Langzeitspeicherung wichtiger Geschäftsinformationen vorgesehen und beanspruchen oft auch ungenutzten Speicherplatz. E-Mails sollten deshalb nur solange gespeichert werden, wie dies aus geschäftlichen Gründen notwendig ist. Um bestehende rechtliche bzw. kaufmännische Aufbewahrungsvorschriften zu erfüllen, sind Informationen, die als E-mails verschickt oder empfangen wurden, auf geeignete Speichermedien zu übertragen, die nach Instruktionen der IT-Abteilung zu nutzen sind.

Downloads und Installation von Programmen

Die Installation von Software (beispielsweise Download von Software oder Plug-ins) auf Arbeitsplatz-PCs ist verboten, da die Risiken von Systemkonflikten und Viren zu gross sind und verheerende Auswirkungen haben können. Die IT-Abteilung bezeichnet die Stellen, welche die entsprechenden Programme nach Überprüfung bewilligen und installieren dürfen.

Sicherheitsbestimmungen

Vertrauliche Geschäftsinformationen müssen durch die vorgesehenen Übertragungskanäle übermittelt werden und dürfen nicht über öffentlich zugängliche Online-Dienste laufen. Die für Internet-Belange zuständige Stelle ist unverzüglich zu benachrichtigen, sobald Missbrauch, Viren oder Hackeraktivitäten vermutet werden. Dokumente vertraulichen Inhalts (Verträge, sensible Kunden- und Personendaten und Geschäftsinformationen) dürfen nicht per E-Mail – weder als Anhang noch im E-Mailbody selber - übermittelt werden.

Regelungen zur E-Mail-Nutzung

Eingehende geschäftliche E-Mails, wie z.B. Kunden- oder Lieferantenanfragen, dürfen aus Geschäftskontrollgründen von unserem Betrieb durch den Abteilungsleiter oder eine andere Führungskraft eingesehen werden. Diese ist in zu begründenden Ausnahmefällen berechtigt, in den E-Mail-Briefkasten abwesender Arbeitnehmer Einsicht zu nehmen.

Einsichtsrecht in die Mailbox

Wenn private und berufliche E-Mails nicht durch eine entsprechende Ordnerorganisation auseinandergehalten werden können, wird davon ausgegangen, dass das E-Mail beruflich ist. Bestehen berechtigte Zweifel an der beruflichen Natur eines E-Mails, so wird dies mit dem Arbeitnehmer zuerst abgeklärt. Die Einsicht in den Inhalt des fraglichen E-Mails ist in diesem Fall nicht gestattet.

Achtung des Personen- und Datenschutzes

Bei Verletzung der Voraussetzungen und Regeln der Überwachung der Internet- und E-Mail-Aktivitäten, stehen dem betroffenen Arbeitnehmer die zivilrechtlichen Ansprüche wegen Persönlichkeitsverletzung zu. Zu den unzulässigen und von uns nicht eingesetzten Überwachungen gehören die personenbezogene Auswertung, die Einsicht in den Inhalt privater E-Mails, der Einsatz von Spy-Software und das unbegründete Nachverfolgen von Surfaktivitäten im Browser des Mitarbeiters.

Der unterzeichnende Mitarbeiter wurde über Zugang und Nutzungsmöglichkeiten der in der Firma bestehenden elektronischen Kommunikationsmittel instruiert und bestätigt untenstehend, mit seiner Unterschrift, die Regeln im Umgang mit Online-Diensten einzuhalten:

Vorname: ....

Nachname: ....

Abteilung: ....

Datum: ....

Unterschrift: ....

Richtlinien zum betriebsinternen Stellenmarkt

Die Aufgabe des internen Stellenmarktes

Der interne Stellenmarkt ist eine von der Geschäftsleitung und Personalleitung ins Leben gerufene Einrichtung zur Förderung und Weiterentwicklung aller unserer Mitarbeiter. Alle Mitarbeiter unseres Unternehmens müssen die Möglichkeit haben, ihren Fähigkeiten, Neigungen und beruflichen Zielen gemäss und im Einklang mit den Anforderungen unseres Unternehmens Entwicklungs- und Aufstiegsmöglichkeiten zu nutzen.

Stellenausschreibungen

Offene oder neu gegründete Stellen werden, vor ihrer Besetzung, prinzipiell immer intern ausgeschrieben. Einzig bei Kaderpositionen und von der Geschäftsleitung jeweils begründeten Ausnahmen, kann von dieser Regel abgesehen werden. Wenn die Umstände es erfordern, liegt es in der Kompetenz der Personalabteilung, eine Stelle zeitgleich intern und extern auszuschreiben. Eine innerbetriebliche Stellenausschreibung wird, während maximal drei Wochen, an den Mitteilungstafeln, in der Cafeteria und in der Mitarbeiterzeitschrift publiziert.

Informationselemente einer Stellenausschreibung

Eine Ausschreibung muss genau und umfassend über die zu besetzende Stelle informieren. Der Bewerber hat jederzeit das Recht, sich bei der Personalabteilung oder dem zuständigen Vorgesetzten der zu besetzenden Stelle näher zu informieren, bevor er sich zur Einreichung der Bewerbung entscheidet. Eine interne Stellenausschreibung informiert immer über folgende Punkte:

- Bezeichnung und Zweck der Stelle
- Aufgaben, Verantwortung und Kompetenzen
- Fachliche und persönliche Anforderungen
- Ausbildung und Erfahrung vorab in unserem Unternehmen
- Die Form der Bewerbung und die anzusprechende Person

Das Recht auf Bewerbung

Grundsätzlich hat jeder Mitarbeiter das Recht, sich für eine ausgeschriebene Stelle zu bewerben, vorausgesetzt, die Bewerbung entspricht in einem groben Rahmen den in der Ausschreibung genannten Anforderungen.

Der Anspruch auf Diskretion

Wir garantieren Diskretion und jedermann ist angehalten, dass mit einer Bewerbung dem Bewerber in keiner Weise Nachteile erwachsen dürfen. Dieselbe Vertraulichkeit gilt übrigens auch im Umgang mit externen Bewerbungen und Bewerbern. Um dies zu gewährleisten, werden Bewerbungen konsequent nur über die Privatadresse abgewickelt.

Information des Vorgesetzten

Der direkte Vorgesetze eines Bewerbers oder einer Bewerberin wird vom betreffenden Mitarbeiter, zusammen mit einer Vertreterin der Personalabteilung, informiert. Dies wird spätestens dann gemacht, wenn der Bewerber oder die Bewerberin in die engere Wahl gekommen sind.

Gleichbehandlung interner und externer Bewerber

Für den Entscheid sind sowohl bei internen als auch bei externen Bewerbern die fachliche Qualifikation und persönlichen Aspekte massgebend. Im Zweifelsfall oder bei gleichwertiger Qualifikation und Persönlichkeit wird dem internen Bewerber der Vorzug gegeben.

Gültigkeit dieser Richtlinien

Das Unternehmen ist jederzeit berechtigt, diese Richtlinie ohne Begründung einseitig aufzuheben, wenn betriebliche Anforderungen dies notwendig erscheinen lassen. Eine allfällige neue Richtlinie würde die vorliegende vollumfänglich ersetzen.

<Datum>

Personalleitung

Die Geschäftsleitung

Reglement zum betrieblichen Vorschlagswesen

Zwischen unserer Personalabteilung und der Geschäftsleitung ist die nachfolgende Regelung des betrieblichen Vorschlagswesens ausgearbeitet worden.

Verbesserungsvorschläge helfen, Aufgaben gezielter und effektiver zu erfüllen und dienen der unternehmerisch zentral wichtigen Zielsetzung permanenter Innovationen. Ziel der Verbesserungsvorschläge soll sein:

- den Mitarbeitern die Arbeit zu erleichtern und diese zu optimieren
- für das Unternehmen Kosten einzusparen oder Mehrumsätze zu erzielen
- die Arbeitssicherheit und ergonomische Einrichtungen zu erhöhen
- die Konkurrenzfähigkeit unseres Unternehmens mit Innovationen sicherzustellen
- an der Beseitigung innerbetrieblicher Schwachstellen mitzuarbeiten
- aus der eigenen Arbeitspraxis heraus neue Chancen zu erkennen

Das betriebliche Vorschlagswesen ist eine sich permanent weiterentwickelnde Einrichtung, die für alle Mitarbeiter gilt und von allen getragen werden muss. Es erstreckt sich auch auf alle Aufgaben und Dienstleistungen des Unternehmens. Angenommene Verbesserungsvorschläge werden mit einer Prämie honoriert.

Prämierung

- Vorschläge, die umgesetzt werden, werden mit einer Geldleistung honoriert.
- Bei Kosteneinsparungen können als grobe Richtlinie 20% der während eines Jahres erzielten nachweisbaren Einsparungen gelten.
- Bei nicht messbaren Vorschlägen entscheidet die Geschäftsleitung in Absprache mit dem Vorgesetzen und qualifiziertesten Fachmann des entsprechenden Bereiches.
- Vorschläge, die nicht umgesetzt werden, hinter denen aber besonderes Engagement und viel Sinn für Qualität und Innovationsgeist steckt, werden mit einer Sachprämie entschädigt.

Alle Mitarbeiter des Unternehmens können sich am betrieblichen Vorschlagswesen beteiligen. Sie sind aufgerufen, mit konkreten Vorschlägen dazu beizutragen:

- die Arbeitsplätze funktions- und mitarbeitergerecht zu gestalten,
- die Arbeit noch effizienter und rationeller zu organisieren
- Organisationen und Arbeitsabläufe zu vereinfachen und zu optimieren
- Sämtliche Hilfsmittel leistungsfähiger und bedienerfreundlicher zu gestalten
- Die Sicherheitsvorkehrungen und den Unfallschutz ständig zu verbessern und
- Energie und Verbrauchsmaterialien einzusparen sowie Altmaterialien ihrer Wiederverwendung zu eruieren.

Teilnehmer

Alle im Unternehmen beschäftigten Arbeitnehmer und Auszubildenden können sich am betrieblichen Vorschlagswesen beteiligen. Mehrere Personen können auch als abteilungsübergreifendes Team, als Projektgruppe oder als Abteilung gemeinsam Verbesserungsvorschläge einreichen.

Vorschläge

Die Verbesserungsvorschläge können mittels eines dafür bestehenden Formulares beim Vorgesetzten oder bei der Personalabteilung eingereicht werden. Auf dem Verbesserungsvorschlag sind Vor- und Nachname der Initianten sowie die Telefonnummer, die Abteilung und der Name des Vorgesetzten zu vermerken. Die Vorschläge sollten konkret ausformuliert und mit Fakten und Beispielen untermauert sein und eine konkrete Zielsetzung bzw. Begründung der Auswirkungen enthalten. Ihr Vorgesetzter oder die Personalabteilung ist Ihnen bei der Formulierung und Gliederung gerne behilflich.

Begutachtung der Vorschläge

Der Verbesserungsvorschlag wird entsprechend seinem Inhalt einer fachlich zuständigen Führungskraft zur Begutachtung übergeben und mit der Personalabteilung besprochen. Je nach Tragweite und Bedeutung wird in einer zweiten Phase auch ein Geschäftsleitungsmitglied beigezogen. Die Begutachtung wird innerhalb von vier Wochen vorgelegt. Sie enthält auch eine Stellungnahme bzw. Begründung für die Annahme oder Ablehnung des Vorschlages.

<Datum>/Personalleitung/Die Geschäftsleitung

Musterreglement zu uncodierten Arbeitszeugnissen

Das Arbeitszeugnis als gesetzliche Pflicht

Der Arbeitgeber ist gesetzlich verpflichtet, auf Verlangen der Mitarbeitenden jederzeit ein Arbeitszeugnis auszustellen, das gemäss OR Art. 330a folgenden Inhalt hat:

- Art und Dauer der Anstellung
- Qualifikation der Leistung
- Qualifikation des Verhaltens

Das Arbeitszeugnis soll einerseits das berufliche Fortkommen nicht behindern und sich andererseits durch Wahrheit, Vollständigkeit, Einheitlichkeit, Individualität und Klarheit auszeichnen.

Codierte Arbeitszeugnisse

Mit der Zeit haben sich deshalb standardisierte Formulierungen eingebürgert, die wohl positiv tönen, aber oft etwas anderes aussagen oder den Zeugnisleser im unklaren lassen, was mit gewissen Formulierungen wirklich gemeint ist. Ein entweder vom Zeugnisverfasser unkorrekt angewandter oder vom Zeugnisleser missverstandener oder unklar formulierter Code kann zudem zu gravierenden Fehlinterpretationen führen.

Uncodierte, transparente Arbeitszeugnisse

Als mitarbeiterorientierter, moderner und fairer Arbeitgeber bekennt sich unsere Firma zu uncodierten, transparenten Arbeitszeugnissen, die keine versteckten Aussagen enthalten, die seine Mitarbeitenden nicht erkennen können oder in versteckter Weise Negativbewertungen enthalten.

Arbeitszeugnisse dienen der Qualifikation der Mitarbeitenden.

Sie sind gewissermassen Würdigung und Rückblick der Arbeitszeit und Arbeitsleistung während der Zeit, in der die Mitarbeitenden in unserem Unternehmen tätig waren.

Transparente, uncodierte Arbeitszeugnisse, wohlwollend und fair abgefasst und trotzdem der Wahrheit verpflichtet, sind Zeichen eines zeitgemässen und fortschrittlichen Führungsstils und Mitarbeiterverständnisses. Sie dienen zudem auch als Ausdruck und Beleg von Fairness und gelebter Mitarbeiterorientierung sowohl den Mitarbeitenden und ihrem künftigen beruflichen Fortkommen wie seinen zukünftigen Arbeitgebern, die ebenfalls einen Anspruch auf ehrliche und objektive Informationen haben.

Verantwortlichkeit und Gütesiegel

Für die Ausfertigung der Arbeitszeugnisse sind die Linienvorgesetzten und Mitarbeiter der Personalabteilung zuständig. Die Weisung über die Ausstellung uncodierter Arbeitszeugnisse gilt für den gesamten Betrieb und alle seine Abteilungen und Organisationseinheiten. Alle in unserem Hause verfassten Arbeitszeugnisse erhalten ab heutigem Datum als Gütesiegel den Vermerk "Unsere Firma bekennt sich zu uncodiert abgefassten Zeugnissen". Dieser gibt dem Zeugnisleser und Mitarbeiter sofortige Klarheit zur uncodierten Abfassung und hilft damit massgeblich, Unsicherheiten in der Interpretation von Aussagen und Formulierungen zu vermeiden.

Referenzauskünfte

Auch Referenzauskünfte haben der Wahrheit zu entsprechen und dürfen sich substanziell nicht vom Zeugnis unterscheiden. Referenzauskünfte sind mündliche Daten, deren Weitergabe vom ehemaligen Mitarbeitenden verhindert werden kann.

Arbeitsbestätigung

Die Mitarbeitenden haben die Möglichkeit, anstelle eines Arbeitszeugnisses eine Arbeitsbestätigung zu verlangen (OR 330a, Abs.2), die sich auf die Bestätigung beschränkt, dass während einer bestimmten Dauer ein Arbeitsverhältnis bestanden hat.

Wir bitten Sie, dieser gesamtbetrieblichen Regelung die notwendige Beachtung zu schenken und sich bei Fragen oder in Zweifelsfällen an unsere Personalabteilung zu wenden.

Ihre Personalabteilung
<Vorname, Name>

Korrespondenz mit Dienstleistern und sonstigen Anbietern

Die Stellenanzeige ist mal wieder in der falschen Rubrik oder zum falschen Zeitpunkt erschienen – oder Sie müssen dringend einen Outplacement-Berater evaluieren? Personalabteilungen kommen oft in Situationen, mit externen Dienstleistern und Service- und Produktanbietern zu korrespondieren. Sowohl im Fachbereich wie auch in der Art und Weise der Ansprache unterstützen Sie die folgenden Vorlagen in einigen solcher Korrespondenzsituationen.

Unterlagen-Anforderung für Weiterbildungs-Datenbank

Sehr geehrte Damen und Herren

Wir möchten in unserem Unternehmen die Seminardokumentationen auf den neuesten Stand bringen und zugleich Ausschau halten nach neuen und für unsere Mitarbeiter interessanten Seminare und Aus- und Weiterbildungsangebote.

Daher möchten wir Sie bitten, uns die entsprechenden Unterlagen zukommen zu lassen. Dies können sowohl spezifische Seminarinformationen wie auch Gesamtübersichten und Kataloge sein. Wichtig sind für uns ferner auch Referenzen und die von Ihnen geplanten Seminarthemen.

Für eine komplette Dokumentationserstellung benötigen wir jeweils mindestens:

- Zeitpunkt und Dauer des Seminars
- Kurzprogramm und Lernziel
- Durchführungshäufigkeit und Anmeldefristen
- Angaben zu Seminarleiter, Referenten und Gastreferenten
- Voraussetzungen in punkto Erfahrung und Ausbildung
- Angaben bezüglich Einsatz didaktischer Instrumente und Methoden
- Kosten bei öffentlichen und firmeninternen Kursen

Wenn diese Informationen oder einen Teil davon auch in digitaler Form vorliegen, würden Sie uns mit der Übermittlung, auch in elektronischer Form, die Arbeit sehr erleichtern, da wir mit diesen Informationen eine Datenbank aufbauen.

Vielen Dank für die baldige Zustellung der benötigten Unterlagen.

Mit freundlichem Gruss

Ihre Firma/Ihr Name/Ihre Funktion

Evaluierung eines Personalinformationssystems

Sehr geehrte Damen und Herren

Wir sind zur Zeit an der Evaluierung eines leistungsfähigen und neuen Personalinformationssystems, welches vor allem sehr flexibel gehandhabt werden und unseren strengen Sicherheitsvorschriften entsprechen muss.

Wichtig ist dabei die Bewerberverwaltung, die uns helfen muss, die richtigen Leute nach möglichst objektiven Kriterien auszusuchen und den administrativen Aufwand minimiert. Mediakontrolle und Mediaanalyse, Kostenkontrolle und Statusverfolgung der einzelnen freien Stellen erwarten wir ebenfalls.

Die Aus- und Weiterbildung muss es uns ferner erlauben, interne und externe Schulungsangebote zu verwalten und ganze Ausbildungswege im System zu hinterlegen. Die Verwaltung der erforderlichen Ressourcen sowie die Kostenkontrolle der durchgeführten Schulungsmassnahmen sollten es uns gestatten, Schulungen effektiv und effizient zu planen und zu verwalten. Weitere wichtige Module und Funktionsbereiche sind:

- Lohnabrechnung und Stellenplan
- Verwaltung von Ein- und Austritten
- Erstellung, Verwaltung und Auswertung von Qualifikationen
- Budgetierung und Salärrevision
- Absenzenverwaltung
- Elektronische Dokumentenarchivierung

Wir freuen uns auf Ihre Dokumentation oder sonstige Informationsunterlagen. In einem zweiten Schritt sind wir an einer Demonstration und einer persönlichen Beratung interessiert.

Mit freundlichem Gruss

Ihre Firma

Ihr Name
Ihre Funktion

Evaluierung eines neuen Vorsorgeleistungs-Konzeptes

Sehr geehrte Damen und Herren

Wir sind zur Zeit am Überprüfen und an einer eventuellen Neuausrichtung unseres gesamten betrieblichen Versicherungs- und Vorsorgekonzeptes. Einerseits möchten wir die Leistungen modernisieren und optimieren und andererseits aber zugleich Kostenvorteile in jenen Bereichen erzielen, in denen wir attraktive Aufgabenstellungen vergeben können. Es handelt sich um die folgenden Bereiche und Fragestellungen:

- Heutige Möglichkeiten der Risiko- und Vorsorgeanalyse für unser Unternehmen
- Entspricht unser Vorsorgeschutz der aktuellen Unternehmenssituation und kommenden Anforderungen?
- Umfassende Analyse aller Unternehmensbereiche mit dem Schwerpunkt betriebliche Vorsorge und Versicherungsverhältnisse
- Übersicht über unsere derzeitigen Versicherungs- und Vermögensverhältnisse im Vorsorgebereich und Klarheit über den bestehenden Versicherungsschutz
- Möglichkeiten der Steueroptimierung und Transparenz im Anlagebereich
- Beurteilung über und Transparenz zum Kosten-Nutzen-Verhältnis und Gesamtbeurteilung der Risiken
- Klärung der Frage einer autonomen, teilautonomen oder vollversicherten Vorsorgeeinrichtung
- Klärung der Frage des Anschlusses an eine Sammel- oder Gemeinschaftseinrichtung

Wir bitten Sie, uns über diese Bereiche mit detaillierten und aussagekräftigen Dokumentationen und Broschüren zu versorgen, damit wir uns genau und umfassend informieren und diverse Angebote vergleichen können.

Bei Bedarf melden wir uns für eine persönliche Beratung zu gegebener Zeit dann selber bei Ihnen. Für die Zustellung der Unterlagen vielen Dank.

Mit freundlichem Gruss

Ihre Firma

Ihr Name
Ihre Funktion

Anfrage eines teilweisen Outsourcings der HR-Tätigkeiten

Sehr geehrter Herr <Name>

Wir möchten unsere Ressourcen und Kapazitäten bewusster dort einsetzen, wo das Erfolgspotenzial am grössten ist und uns in unserer Tätigkeit konsequenter auf das Wesentliche konzentrieren. Aufgrund der kürzlich erfolgten Besprechung mit unserer Geschäftsleitung haben wir uns daher entschieden, die folgenden HR-Bereiche auch aus Kosten- und Kapazitätsgründen auszulagern, damit wir uns konsequent auf unsere Kernkompetenzen konzentrieren können. Es würde sich voraussichtlich um folgende Bereiche handeln:

- Personaladministration
- Stammdatenpflege und Dossierbewirtschaftung
- Führen der Salärbuchhaltung
- Personalmarketing
- Arbeitsrechtliche Fragen
- Aus- und Weiterbildung
- Organisation von Mitarbeiter-Events

Mit der ganzheitlichen Betrachtung unseres Human Resource Managements möchten wir mit diesen Outsourcing-Massnahmen einen wesentlichen und wertvollen Beitrag zur langfristigen Sicherung des Bestehens unseres Unternehmens leisten.

Wir erwarten von einem HR-Dienstleister, dass er mit- und vorausdenkt und sich in die Situation des Auftraggebers hineindenken kann. Wichtig sind ausserdem die Kontinuität bezüglich der Ansprechpersonen und eine ausgeprägte Kunden- und Dienstleistungsorientierung sowie Fachkompetenz. Unser Dienstleister sollte ein Gespür für Mitarbeiterorientierung, ein positives Menschenbild haben, und diese Einstellung auch in allen Situationen leben und praktizieren.

Geben Sie uns bitte einen Termin für ein erstes unverbindliches Beratungsgespräch bekannt, bei dem es in einem ersten Schritt um das Abstecken der Rahmenbedingungen ginge.

Mit freundlichem Gruss

Ihre Firma

Ihr Name
Ihre Funktion

Anfrage zur Outplacement-Beratung und –dienstleistung

Sehr geehrte Damen und Herren

Wir halten zur Zeit Ausschau nach einer Outplacement-Beratung.

Eine wichtige Voraussetzung ist dabei für uns eine offene, von Akzeptanz und gegenseitigem Vertrauen geprägte Zusammenarbeit. Erst nach einem gründlichen Informationsgespräch, sowohl mit dem Unternehmen als auch mit dem Betroffenen, sind wir bereit, über die Durchführung einer Outplacement-Beratung zu entscheiden.

Im Rahmen eines solchen Informationsgespräches möchten wir verschiedene Möglichkeiten der Vorgehensweise sowie interne und externe Handlungsalternativen erörtern, mit dem Ziel, Erfolgswahrscheinlichkeit einer Outplacement-Beratung detailliert und umfassend zu klären. Interessiert sind wir vor allem an folgenden Dienstleistungen und Fragestellungen:

- Ist-Analyse zu Trennungsmodalitäten und Rahmenbedingungen
- Profilanalyse wie Bestandesaufnahme der Erfahrungen und Fähigkeiten des Mitarbeiters
- Persönlichkeits-Checkups und Verhaltenstraining
- Persönliche wie auch technische Unterstützung bei der Stellensuche und anschliessendes Coaching mit Supervision
- Kosten, Abläufe, Zeitpläne, Anforderungen und die Zusammenarbeit

Wir bitten Sie, uns über diese Bereiche mit detaillierten und aussagekräftigen Dokumentationen und Broschüren zu versorgen, damit wir uns genau und umfassend informieren und diverse Angebote vergleichen können.

Bei Bedarf melden wir uns für eine persönliche Beratung zu gegebener Zeit dann selber bei Ihnen. Für die Zustellung der Unterlagen vielen Dank.

Mit freundlichem Gruss

Ihre Firma/Ihr Name/Ihre Funktion

Anfrage zu Payrolling-Dienstleistungen

Sehr geehrte Damen und Herren

Wir möchten unsere gesamte Saläradministration auslagern und sind zu diesem Zweck auf der Suche nach einem qualifizierten und absolut professionellen und vertrauenswürdigen Dienstleister.

Dabei erwarten wir

- Eine quantitativ überdurchschnittliche und zeitliche Flexibilität im Personalmanagement
- die Übernahme der administrativen und amtlichen Auflagen wie berufliche Vorsorge, Alters- und Hinterbliebenenrentenversicherung, Zwischenverdienste
- Die Verwaltung der individuellen Arbeitsentgelte und der Löhne und Gehälter

Wir werben unser Personal selbst an, übertragen dann aber die Gesetzespflichten dem Dienstleister. Wir erwarten eine schlüsselfertige Lösung und gewisse Kompatibilitäten mit unserer bestehenden IT-Infrastruktur.

Wir freuen uns auf Ihre Dokumentation oder sonstigen Informationsunterlagen. In einem zweiten Schritt sind wir an einer Demonstration eines Fallbeispiels aus der Praxis und einer persönlichen Beratung interessiert.

Mit freundlichen Grüssen

Ihre Firma

Ihr Name
Ihre Funktion

Anfrage für Kaderselektion durch ein Consultingunternehmen

Sehr geehrte Damen und Herren

Wir sind zur Zeit auf der Suche nach einer höchst qualifizierten und erfahrenen Führungskraft für den Bereich

Zentrale Dienste/Kaufmännische Verwaltung

Die Besetzung dieser wichtigen Stelle möchten wir durch ein erfahrenes Consulting-Unternehmen vornehmen lassen, welches auf die gezielte Suche und Selektion von bestqualifizierten Fach- und Führungskräften spezialisiert ist. Wie Sie aus dem beiliegenden Anforderungsprofil und Stellenbeschrieb ersehen, liegen die beruflichen Qualifikationen und die Anforderungen an die Persönlichkeit weit über dem Durchschnitt.

Wir erwarten ein attraktives Gesamtpaket von Dienstleistungen und versprechen uns mehr Effizienz und Kostenminimierung bei der Besetzung dieser wichtigen Stelle. Zudem muss auch unserem Bedürfnis nach erhöhter Sicherheit beim Personalauswahlprozess in besonderem Masse Rechnung getragen werden und wir möchten von zeitaufwändigen und unproduktiven Aufgaben vollständig entlastet werden.

Gerne erwarten wir Ihre detaillierte Offerte mit einem groben Zeit – und Kostenrahmen sowie einige mit unserer Branche oder diesem Auftrag möglichst verwandte und vergleichbare Referenzen.

Wir freuen uns auf Ihre Informationen.

Mit freundlichem Gruss

Ihre Firma

Ihr Name
Ihre Funktion

Anfrage zur Beanspruchung von Online-Rekrutierungs-Services

Sehr geehrte Damen und Herren

Wir möchten zukünftig unseren Rekrutierungsprozess rationalisieren, um schneller und strukturierter qualifiziertes Personal auch auf dem Onlineweg zu finden und uns so den sich verändernden Bedürfnissen eines Teils des Arbeitsmarktes anzupassen.

Dabei versprechen wir uns einen gewissen Automatisierungseffekt, z.B. Bewerbungen online zu erhalten und den Eingang sofort bestätigen zu können. Die Vorselektion soll vereinfacht werden, indem Bewerber mühelos die Online- Bewerberfragebögen nutzen sollen und der gesamte Prozess dabei effizient online abgewickelt werden kann.

Wir beabsichtigen, bei Ihnen ein Konto zu eröffnen, ein Anzeigenkontingent zu buchen und Anzeigen über Ihren Workflow zu veröffentlichen. Das Filtern und Einordnen von Bewerbern, die Briefe- und Notizverwaltung, das Reporting und das Schalten von Anzeigen sollte dabei im Rahmen unseres generellen Auftritts möglich sein.

Wir sehen dies als ersten Schritt in der Rationalisierung des Rekrutierungsprozesses an. In einer späteren Phase könnten Dienstleistungsaufträge in einer weitergehenden Optimierung des gesamten Personalbeschaffungsprozesses konsequent unserem Firmenauftritt entsprechend erfolgen.

Wir freuen uns auf Ihre Dokumentation oder sonstige Informationsunterlagen. In einem zweiten Schritt sind wir an einer Demonstration und einer persönlichen Beratung interessiert.

Mit freundlichen Grüssen

Ihre Firma

Ihr Name
Ihre Funktion

Beschwerdebrief an Personalvermittlungsbüro

Sehr geehrter Herr <Name>

Sie haben uns am 1. November 2003 Frau Yvonne Tschumi als Lohnbuchhalterin vermittelt. Das Anforderungsprofil lag mit klaren Informationen und Erwartungen vor und im Gespräch mit Ihnen präzisierten wir die Bedeutung dieser Stellenbesetzung nochmals zusätzlich.
Auf unsere Bedenken bezüglich Qualifikation und Eignung von Frau Tschumi vor der Vertragsunterzeichnung reagierten Sie nicht.

Nun hat sich herausgestellt, dass die Mitarbeitende den Anforderungen in keiner Weise gewachsen ist, einige Ausbildungsangaben überhaupt nicht den Tatsachen entsprechen und wichtige Anforderungskriterien von Ihnen offensichtlich schlicht ignoriert wurden.

Diese unqualifizierte und äusserst unprofessionelle Leistung akzeptieren wir nicht. Wir fordern eine Rückerstattung der bereits einbezahlten CHF <Betrag> und eine Entschädigung von CHF <Betrag> für die entstandenen Unannehmlichkeiten. Seien Sie sich bewusst, dass wir diese Mängel vollumfänglich belegen können.

Wir erwarten bis <Datum> Ihre umgehende Stellungnahme, ansonsten wären wir gezwungen, eine ganze Reihe von Massnahmen zu ergreifen, welche auch rechtliche Schritte beinhalten würden.

Mit freundlichen Grüssen

Ihre Firma

Ihr Name
Ihre Funktion

Beanstandung einer fehlerhaften Stellenanzeige

Sehr geehrte Damen und Herren

Wie bereits telefonisch besprochen, bestätige ich hiermit den Fehler in der von uns am <Datum> in Auftrag gegebenen Stellenanzeige und die daraus entstehenden finanziellen Ansprüche in schriftlicher Form.

In unserer Anzeige "Wir suchen einen IT-Supporter" wurde einerseits die Rubrik verwechselt (in der kaufmännischen Rubrik anstatt - wie telefonisch ausdrücklich verlangt - die IT-Rubrik) und anderseits der Block mit den Anforderungen weggelassen.

Diese beiden gravierenden Fehler hatten einen erheblichen Einfluss auf den Erfolg der Anzeige. Es sind auch nur zwanzig Bewerbungen eingegangen, gegenüber der dreifachen Menge, mit der wir bei Anzeigen mit diesem Stellenangebot normalerweise, aufgrund von Erfahrungswerten, gerechnet haben.

Wir erwarten deshalb von Ihnen, die Anzeige kostenlos mit den notwendigen Korrekturen nochmals erscheinen zu lassen. Grosszügigerweise verzichten wir auf eine Entschädigung für den uns entstandenen Mehraufwand.

Wir sehen Ihrem hoffentlich unseren Erwartungen entsprechenden Bescheid bis <Datum> entgegen.

Mit freundlichem Gruss

Ihre Firma

Ihr Name
Ihre Funktion

Diverse Zeugnisarten

Da Zeugnisse im Personalwesen eine wichtige Rolle spielen, stellen wir Ihnen nachfolgend eine Sammlung verschiedener Zeugnistypen vor, von der Arbeitsbestätigung über das gute und schlechte qualifizierende Zeugnis bis zum Probezeitzeugnis. Mehr würde den Rahmen und das Thema dieses Buches sprengen. Die nachfolgenden Zeugnisse sollen Hilfestellung leisten, wenn Sie im Zusammenhang mit Personalkorrespondenz oder Personalmitteilungen auf Fragen rund um Zeugnisse stossen.

Sehr gutes Lehrlingszeugnis

Zeugnis

Herr Rolf Meier, geboren am 11. Januar 1981, von Baden/AG, ist in der Zeit vom 10. August 1999 bis 9. August 2002 in unserem Unternehmen zum Polymechaniker ausgebildet worden. Wir sind ein Unternehmen der <Branche> mit 220 Mitarbeitern. Mit unserer Ausbildungsabteilung bilden wir, unter Einsatz von 4 Ausbildern, jährlich rund 9 Auszubildende der Berufe <Aufzählung> mit grossem Erfolg aus.

Im Verlauf seiner Ausbildung wurde Herr Meier in die Arbeiten der verschiedenen Abteilungen unseres Betriebes eingeführt. Er durchlief die Abteilungen Elektronik, Werkzeugbau, Reparaturen, Stanzerei, und alle Abteilungen der Produktion. Dabei erwarb er sich alle im Berufsbild des Polymechanikers festgelegten Fertigkeiten und Kenntnisse wie:

- Bearbeiten von Stahl und anderen Metallen
- Fertigung von Werkstücken, Werkzeugen und Vorrichtungen für die Produktion
- Bauen und Inbetriebnahme von Geräten, Apparaten, Maschinen und Anlagen
- Arbeitstechniken wie bohren, schneiden von Gewinden, drehen, fräsen, schleifen, montieren, einstellen, messen und prüfen

Bereits in den ersten Monaten erledigte er die ihm übertragenen Aufgaben speditiv und mit Fleiss, Sorgfalt und Pflichtbewusstsein. Wir haben ihn als lernwilligen, Neuerungen aufgeschlossenen und intelligenten Lehrling kennen- und schätzengelernt. Dank seiner ausgezeichneten Auffassungsgabe, seines ausgeprägten technischen Verständnisses und seiner exakten und gewissenhaften Arbeitsweise erwarb er sowohl am Arbeitsplatz als auch in der Fachschule sehr gute Ergebnisse.

Herr Meier wurde von allen Ausbildungsabteilungen wegen seiner zuverlässigen und gründlichen Lern- und Arbeitsweise und seiner entlastenden Mitarbeit sehr geschätzt. Im letzten Ausbildungsjahr konnte er zur Urlaubsvertretung in der Abteilung <Bezeichnung> eingesetzt werden, wo er selbständig <Aufgaben> erledigte.

Auch in charakterlicher Hinsicht können wir von Herrn Meier nur Gutes berichten: Sein Verhalten gegenüber Vorgesetzten, Ausbildern, Mitarbeitern und Mit-Auszubildenden war stets vorbildlich.

Es freut uns daher besonders, dass sich Herr Meier entschieden hat, nach bestandener Lehrabschlussprüfung, bei uns als <Position> tätig zu sein. Wir freuen uns auf die weiterhin gute Zusammenarbeit und möchten Herrn Meier für die erfolgreich bestandene Lehrabschlussprüfung an dieser Stelle herzlich gratulieren.

Ihre Firma

Ihr Name
Ihre Funktion

Gutes Zwischenzeugnis für eine Büroaushilfe

Zwischenzeugnis

Frau..., geborene..., geboren am... in..., ist seit dem... in unserem Unternehmen als Büroaushilfe angestellt.

Frau... begann als Karteiführerin im Einkauf. Dort führte sie die Lieferanten- und die Lieferterminkartei. Ausserdem erledigte sie alle anfallenden Hilfsarbeiten.

Am... wechselte Frau... als Büroaushilfe in die Vertriebsabteilung. Sie führte dort alle Bürotätigkeiten vom Sortieren der Eingangspost, dem Bedienen des Telefons, dem Schreiben der Korrespondenz und dem Führen der Karteien bis zum Fertigstellen der Versandunterlagen.

Als unsere Kundenbuchhaltung am... auf EDV umgestellt wurde, liess sich Frau... als Datenerfasserin ausbilden und in die Kundenbuchhaltung versetzen. Hier ist sie noch heute als Datatypistin tätig. Sie erledigt alle Arbeiten zu unserer vollen Zufriedenheit. Zu Kolleginnen und Vorgesetzten ist sie stets freundlich und korrekt.

Frau... hat um die Ausstellung eines Zwischenzeugnisses gebeten, weil ihr Ehemann eine Stelle in... gefunden hat und sie sich ebenfalls dort für eine Stelle bewerben möchte. Sie arbeitet bei uns im ungekündigten Arbeitsverhältnis.

Eltax AG

René Müller
Geschäftsführer

Peter Mettler
Kaufmännischer Leiter

<Ort, Datum>

Ausreichendes Probezeitzeugnis

Arbeitszeugnis

Herr Manfred Sanders, geboren am 12. Mai 1962 in Schaffhausen, war vom 1. Februar 2001 bis 31. März 2001 in unserer Niederlassung Winterthur als Sachbearbeiter im Bereich Warenbewirtschaftung tätig.

Aufgrund der kurzen Anstellungsdauer ist es uns nicht möglich, Herrn Sanders mit der notwendigen Genauigkeit und Ausführlichkeit qualifizieren zu können. Wir können nur bestätigen, dass er sich initiativ in sein Aufgabengebiet einzuarbeiten begann und die Zusammenhänge schnell erkannt hat.

Aufgefallen ist uns in dieser kurzen Zeit auch das ausgeprägte Organisationsgeschick von Herrn Sanders. Sein Verhalten gegenüber Kunden, Vorgesetzten und Mitarbeitern war stets freundlich und korrekt.

Herr Sanders kündigte das Arbeitsverhältnis in der Probezeit und verlässt uns heute auf eigenen Wunsch, um eine neue berufliche Herausforderung anzunehmen. Wir wünschen ihm auf seinem Lebensweg viel Erfolg.

Protex AG

Roger Seiler Kaufmännischer Leiter	Peter Müller Leiter Personal

<Ort, Datum>

Ausreichendes Praktikumszeugnis

Zeugnis

Herr Robert Fischer, geboren am ... in ..., leistete während seiner Semesterferien vom ... bis ... in unserem Unternehmen ein betriebswirtschaftliches Praktikum.

Wir sind ein Industrieunternehmen in der <Branche> mit 900 Mitarbeitern. Wir bieten, betreut durch unsere Ausbildungsabteilung, Studierenden und Diplomanden laufend interessante Praktika und Diplomarbeitsthemen in unseren Projekten an.

Herr ... wurde während dieser Zeit, auf seinen Wunsch hin, in den Bereichen Marktanalysen, Werbeplanung und Werbeerfolgskontrolle eingesetzt. Dabei hatte er die Gelegenheit, durch Mitarbeit an einer neuen Werbestrategie die wesentlichen Funktionen und Probleme der Werbung für Investitionsgüter kennenzulernen.

Herrn ... gelang es, dank seiner guten Auffassungsgabe, sich schnell in die für ihn neue Materie einzuarbeiten und verwertbare Ergebnisse zu liefern. Er erledigte die ihm übertragenen Arbeiten zu unserer Zufriedenheit. Sein Verhalten zu Kollegen und Vorgesetzten war einwandfrei.

Herr ... verlässt unser Unternehmen vereinbarungsgemäss am ..., um sein Studium an der ETH in Zürich fortzusetzen.

Wir danken Herrn ... für seine Mitarbeit und wünschen ihm für den Fortgang seines Studiums alles Gute und viel Erfolg.

<Firma>

<Vorname, Name> <Vorname, Name>
<Funktion> <Funktion>

<Ort, Datum>

Arbeitsbestätigung für eine Sachbearbeiterin

Arbeitsbestätigung

Frau Renate Fankhauser, geboren am 12. Mai 1974 in Zürich, war vom 1. Januar 2002 bis 15. August 2002 in unserem Unternehmen als Sachbearbeiterin im Kundendienst beschäftigt.

Es handelt sich hier wegen der kurzen Anstellungsdauer um eine Arbeitsbestätigung ohne Aussagen zu Leistung, Verhalten und Tätigkeit.

<Firma>

<Vorname, Name> <Funktion>	<Vorname, Name> <Funktion>

<Ort, Datum>

Zwischenzeugnis für eine Sachbearbeiterin

Zwischenzeugnis

Frau ..., geboren am <Datum> in Wolfisberg, ist seit dem <Datum> in unserem Unternehmen als Büroaushilfe angestellt.

Frau ... begann als Karteiführerin im Einkauf. Dort führte sie die Lieferanten- und die Lieferterminkartei. Ausserdem erledigte sie alle anfallenden Hilfsarbeiten.

Am <Datum> wechselte Frau ... als Büroaushilfe in die Vertriebsabteilung. Sie führte dort alle Bürotätigkeiten vom Sortieren der Eingangspost, dem Bedienen der Telefone, dem Schreiben der Korrespondenz und dem Führen der Karteien bis zum Fertigstellen der Versandunterlagen.

Als unsere Kundenbuchhaltung am <Datum> auf EDV umgestellt wurde, liess sich Frau ... als Datentypistin ausbilden und in die Kundenbuchhaltung versetzen. Hier ist sie noch heute als Datentypistin tätig. Sie erledigt alle Arbeiten zu unserer vollen Zufriedenheit. Zu Kolleginnen und Vorgesetzten ist sie stets freundlich und korrekt.

Frau ... hat um die Ausstellung eines Zwischenzeugnisses gebeten, weil ihr Ehemann eine Stelle in ... gefunden hat und sie sich ebenfalls dort für eine Stelle bewerben möchte. Sie arbeitet bei uns im ungekündigten Arbeitsverhältnis.

Ihre Firma

Ihr Name
Ihre Funktion

Sehr gutes Zeugnis für eine Assistentin der Verkaufsleitung

Zeugnis

Frau Maya Widmer, von Aadorf, geboren am 15.10.1966, arbeitete vom 15.01.93 bis 30.06.97 in unserer Firma als Sekretariats-Assistentin der Verkaufsleitung sowie als Mitarbeiterin im Direktverkauf von <Produkt>.

Zum Aufgabenbereich von Frau Maya Widmer gehörte die Erledigung der anfallenden Korrespondenz, Auftragsbestätigungen, Bestellungen, Fakturieren, Überwachung und Kontrolle der Kundenzahlungen, Statistiken, sowie der telefonische Verkehr mit Kunden und Lieferanten.

Frau Widmer hat dank ihrer guten Produktkenntnisse, freundlichen Art und Erfahrung im Umgang mit Kunden nach kurzer Einarbeitungszeit bereits erfreuliche Erfolge im Verkauf erzielt. Ebenso hat sie sich durch ihr speditives und jederzeit korrektes Verhalten den Respekt und die Sympathie der Kunden und Arbeitskollegen erworben.

Frau Widmer hat sich durch Fleiss und Gewissenhaftigkeit ausgezeichnet. Sie erledigte die ihr übertragenen Arbeiten stets zu unserer vollsten Zufriedenheit. Wir können sie jedem zukünftigen Arbeitgeber bestens empfehlen.

Wir bedauern den Weggang von Frau Widmer, welcher aufgrund des durch die Rezession bedingten Personalabbaus unumgänglich war und wünschen ihr für die Zukunft viel Erfolg und alles Gute.

<Firma>

<Linienvorgesetzter>   <Personalverantwortlicher>

<Ort, Datum>

Ungenügendes Zeugnis für einen IT-Angestellten

Zeugnis

Wir bestätigen gerne, dass Herr Martin Welti, geboren am 4. Juli 1965, vom 1. August 2001 bis 30. April 2002 als EDV-Netzwerk-Supporter in unserem Unternehmen angestellt war. Das Aufgabengebiet von Herrn Welti umfasste die folgenden Tätigkeiten:

- Pflege, Support und Ausbau des internen EDV-Netzes
- Interne Schulung der Mitarbeiter zu spezifischen Informatikbereichsthemen
- Konfiguration und Inbetriebnahme der PC-Arbeitsplätze
- Aufbau und Pflege der internen E-Mail- und Internet-Anbindung
- Installation und Konfiguration von Sicherheits-Software

Herr Welti ist ein gewissenhafter und zuverlässiger Mitarbeiter. Die Tatsache, dass er zeitweise Mühe bekundete, den fachlichen Anforderungen gewachsen zu sein, liegt aber auch daran, dass im Bewebungsgespräch von beiden Seiten den hochstehenden Netzwerk-Anforderungen unseres Betriebes zu wenig Beachtung geschenkt wurden. In einem anderen Umfeld, in dem die technischen Anforderungen nicht so hoch wie unserem Fall gesteckt sind, wird Herr Welti eine gute Leistung erbringen; davon sind wir überzeugt.

Aufgrund des schwierigen wirtschaftlichen Umfeldes und einer damit zusammenhängenden Umstrukturierung, sehen wir uns leider gezwungen, das Arbeitsverhältnis mit Herrn Welti aufzulösen. Wir bedauern diesen Entscheid, der in keinem Zusammenhang mit den Arbeitsleistungen und der Person von Martin Welti steht. Für die Zukunft wünschen wir ihm sowohl in privater als auch in beruflicher Hinsicht alles Gute und viel Erfolg.

<Firma>

<Linienvorgesetzter> <Personalverantwortlicher>

<Ort, Datum>

Gutes Zeugnis für eine Fachhilfskraft

Zeugnis

Herr Rudolf Stein, geboren am 18.07.1959 in Solothurn, war vom 21. Januar 1997 bis zum 15. September 2001 als Fachhilfskraft in unserer Abteilung Tiefdruckrotation tätig.

Zu seinen wesentlichen Aufgaben gehörten die Wartung und Pflege unserer Maschinen, welche zur Hauptsache im Ein- und Ausbau von Zylindern, Viskositätsmessungen der Farbe sowie dem Erneuern der Rakelmesser bestand. Des weiteren war er bei der Weiterverarbeitung unserer Druckerzeugnisse zuständig für das Abnehmen der Exemplare an den Auslagen unserer Rotationsmaschinen und das fachgerechte Aufstossen und Abpacken der Zeitungen und Zeitschriften. Reinigungsarbeiten an den Maschinen und regelmässige Qualitätskontrollen nach Vorgabe gehörten ebenfalls zu seinem Pflichtenheft.

Herr Stein führte alle ihm übertragenen Arbeiten zu unserer vollsten Zufriedenheit aus. Er war jederzeit einsatzwillig und hilfsbereit und erledigte seine Aufgaben gewissenhaft und zuverlässig. Das Verhalten gegenüber Vorgesetzten und Mitarbeitern war stets einwandfrei und insbesondere durch eine überdurchschnittliche Hilfsbereitschaft gekennzeichnet.

Das Arbeitsverhältnis wurde aus betrieblichen Gründen mit dem heutigen Tage beendet. Wir wünschen Herrn Stein für die Zukunft alles Gute.

<Firma>

<Vorname, Name>
<Funktion>

<Vorname, Name>
<Funktion>

<Ort, Datum>

Gutes Zeugnis für Monteur

Zeugnis

Herr Meierhans, geboren am <Datum> in Aarau, wohnhaft in Olten, gehörte unserem Betrieb vom <Datum>. bis <Datum> an, vom <Datum>. bis <Datum> als Monteur in unserer Filiale in Baden. Herr Meierhans hat, um dies gleich vorwegzunehmen, seine ihm übertragenen Aufgaben stets zur vollsten Zufriedenheit erledigt.

Herr Meierhans trat 1990 als Auszubildender in unseren Betrieb ein, war nach seiner Ausbildung zum Elektromonteur zunächst in der Abteilung für Oelsysteme und später in der Abteilung für Gerätetechnik tätig.

Aufgrund seiner hervorragenden Qualifikationen, seines stets freundlichen Umgangs mit der Belegschaft und mit den Kunden, wurde Herr Meierhans am <Datum> in die Filiale Solothurn versetzt, wo er die Leitung der Abteilung Elektrotechnik übernahm.

Insgesamt war Herr Meierhans über die langen Jahre eine wichtige Stütze unseres Betriebes. Er führte alle ihm übertragenen Arbeiten zu unserer vollsten Zufriedenheit aus. Nicht nur seine hervorragenden Fachkenntnisse, sondern auch sein vorbildlicher Einsatz in allen Tätigkeitsbereichen und seine ständige Hilfsbereitschaft machten es uns schwer, seine Kündigung anzunehmen.

Herr Meierhans verlässt uns auf eigenen Wunsch. Wir wünschen ihm auf seinem weiteren Berufs- und Lebensweg alles Gute und den ihm zustehenden Erfolg.

Ihre Firma

Ihr Name
Ihre Funktion

Zeugnis für kaufmännische Angestellte

Zeugnis

Frau ..., geboren am <Datum>, trat am <Datum> als Auftragssachbearbeiterin in unsere Firma ein.

Frau ... war verantwortlich für die ordnungsgemässe Bearbeitung der Aufträge für den Unternehmensbereich ... Dazu gehörte die Prüfung der teilweise komplizierten Produktbezeichnungen, Stückzahlen, Preise, Liefer- und Zahlungsbedingungen, Festlegung der Liefertermine, dazugehörige Karteiarbeiten und Auftragsstatistik. Darüber hinaus erledigte Frau ... selbständig telefonische und schriftliche Terminanfragen unserer Kunden.

Ihre Englischkenntnisse erlaubten ihr die selbständige Korrespondenz und die telefonische Klärung dringender Angelegenheiten mit unseren englischsprachigen Kunden.

Frau ... führte alle zu ihrem Aufgabengebiet gehörenden Arbeiten zu unserer vollen Zufriedenheit aus. Sie war immer bereit, zusätzliche Arbeiten zu übernehmen und sich auch in neue Gebiete einzuarbeiten.

Sie verlässt uns auf eigenen Wunsch am <Datum>, weil sie nach Muster umziehen wird. Wir bedauern ihr Ausscheiden.

Wir wünschen Frau ... für ihren weiteren Berufsweg und ihre private Zukunft alles Gute.

Ihre Firma

Ihr Name
Ihre Funktion

Schlechtes Zeugnis für eine Sekretärin

Zeugnis

Frau..., geboren am ... , war in der Zeit vom... bis... in unserem Unternehmen als Sekretärin in der Abteilung ... tätig.

Frau... war während dieser Zeit überwiegend mit folgenden Aufgaben betraut:

- Entwurf und Gestaltung von Inseraten und Flugblattaktionen
- Pflege der Kundenkontakte und Führen der Kundenakten
- Schreiben der Kundenkorrespondenz nach Diktat oder Vorlage mit Textverarbeitungssystemen und Schreibmaschine
- Vereinbarung und Überwachung der Kundentermine
- Vorbereitung und Teilnahme an Besprechungen und Versammlungen, Führen des Protokolls

Frau Müller war bei unseren Kunden dank ihrer positiven Ausstrahlung und sympathischen Persönlichkeit sehr beliebt. Sie verstand es, Reklamationen immer im Interesse des Unternehmens und der Kunden zu erledigen. Das in einigen Situationen nicht optimal vorhandene Fachwissen konnte sie mit ihrer Persönlichkeit oft wettmachen. Wir sind aber überzeugt, dass Frau Müller in einem Unternehmen mit weniger komplexen Produkten oder Dienstleistungen eine sehr gute Kundenberaterin ist.

Frau... verfügt über einige Kenntnisse von in einem Sekretariat anfallenden Aufgaben. Frau... war stets freundlich, ihr Verhalten gegenüber Vorgesetzten, Kunden und Kollegen gab zu Beanstandungen keinen Anlass. Frau... verlässt uns auf eigenen Wunsch.

Wir wünschen Frau... auf ihrem künftigen Lebens- und Berufsweg viel Erfolg.

<Firma>

<Linienvorgesetzter>   <Personalverantwortlicher>

<Ort, Datum>

Sehr gutes Zeugnis für Chefsekretärin

Zeugnis

Als ich 1990 als Gesellschafter die Geschäftsleitung der Firma Beispiel AG übernahm, stellte sich als vordringliche Aufgabe die Erneuerung der innerbetrieblichen Organisation und des Rechnungswesens. Dieses Vorhaben liess sich, wie sich leider herausstellte, mit dem übernommenen Personal nicht durchführen.

Am 1. April 1992 konnte ich jedoch Frau Muster als Chefsekretärin und Assistentin gewinnen. Frau Muster arbeitete sich schnell in die Materie ein und dank ihrer raschen Auffassungsgabe und ihres grossen Fleisses gelang es in kurzer Zeit, die Fakturierabteilung und die damit in Verbindung stehende umfangreiche Kundenkartei völlig neu aufzubauen. Seitdem leitete und bearbeitete Frau Muster selbständig nebst dem Chefsekretariat beide Sachgebiete - zwei wichtige, tragende Bereiche unseres Unternehmens.

Bedingt durch die technische Entwicklung ergaben sich im Laufe der Jahre mehrfach Umstellungen und Neuerungen bis hin zur elektronischen Datenverarbeitung. Alle diese Umstellungen konnten dank der Einsatzfreude von Frau Muster ohne Schwierigkeiten bewältigt werden. Trotz der Auslastung in ihren Bereichen war Frau Muster stets bereit, bei Bedarf anderweitig einzuspringen oder auch den Kolleginnen mit Rat und Tat zur Seite zu stehen. Diese Bereitschaft und ihre stets freundliche und liebenswürdige Art trugen neben ihrem fachlichen Können zu ihrer allseitigen Beliebtheit und Wertschätzung bei.

Pünktlichkeit, Zuverlässigkeit und absolute Loyalität sind neben der allgemeinen Tüchtigkeit besonders hervorzuheben. Frau Muster identifizierte sich mit der Firma.

Deshalb ist es für mich umso schmerzlicher, Frau Muster wegen des beruflich bedingten Umzugs Ihres Mannes in eine andere Stadt zu verlieren. Es ist mir ein Anliegen, Frau Muster für ihre hervorragende und treue Mitarbeit von Herzen zu danken. Ich wünsche Ihr und Ihrer Familie für die Zukunft alles Gute.

Ihre Firma/Ihr Name/Ihre Funktion

Gutes Zeugnis für einen Geschäftsführer

Zeugnis

Herr ..., geboren am ..., wurde am ... zum geschäftsführenden Direktor ernannt.

Als Repräsentant und Geschäftsführer unseres Unternehmens war Herr ... für die gesamte fachliche Leitung, operative Führung und den Human Relation Bereich verantwortlich. Er zeichnete für folgende anspruchsvolle Tätigkeitsbereiche verantwortlich:

- Einführung neuer Produktionssysteme
- Verhandlungen mit anspruchsvollen Grosskunden
- Modernisierung und Neuausrichtung der gesamten Marketingaktivitäten
- Umstellung resp. Einführung eines neuen Kundenverwaltungssystems
- Professionalisierung und Ausbau unserer Internetpräsenz

In Herrn ... haben wir eine Vertrauensperson von hoher fachlicher Kompetenz und stark ausgeprägtem beruflichem Engagement kennengelernt. Die mit dieser Position verknüpften hohen Anforderungen hat Herr ... in jeder Beziehung in allen Punkten unseren Zielsetzungen gemäss erfüllt. Dank seines Organisationstalents gelang es ihm, verschiedene neue Projekte zu realisieren, die unseren Ruf als innovative Firma sehr förderten.

Herr ... war für den gesamten Personalbestand von 90 Mitarbeitern verantwortlich. Er verstand es vorzüglich, tüchtige Mitarbeiter zu finden, zu fordern und zu fördern und zu einem leistungsorientierten Team zu entwickeln. Seine Initiative und seine ideenreiche Geschäftsführung, verbunden mit Gerechtigkeitssinn und natürlicher Autorität, liessen unter seiner Verantwortung ein ausgesprochen offenes und gutes Arbeitsklima entstehen. Das zeigte sich auch am Rückgang der Fluktuation.

Wir bedauern es ausserordentlich, dass Herr Muster unser Unternehmen verlässt und wünschen ihm alles Gute und viel Erfolg.

<Firma>

<Vorname, Name> <Vorname, Name>
<Funktion> <Funktion>

<Ort, Datum>

Effizienter und einfacher korrespondieren mit MS Word

Überzeugende Formulierungen, fachlich korrekte und kompetente Antworten, Klarheit schaffende Reglemente – doch das Erstellen der Schriftstücke geht quälend langsam vor sich und das Formatieren und die Rechtschreibeprüfung eines Reglementes dauert Stunden. Weil die effiziente Handhabung der Textverarbeitung auch zur Personalkorrespondenz gehört und Word nun mal der unbestrittene Leader dieser Softwaregattung ist, möchten wir Ihnen hier mit interessanten Tipps ebenfalls zusätzliche Unterstützung für mehr Zeitgewinn bieten. Beachten Sie bitte, dass die Tipps je nach verwendeter Version etwas von der Beschreibung abweichen können.

Die besten Tipps zu MS Word

Informationen in einem speziellen Textbaustein sammeln

WinWord verfügt über einen System-Textbaustein, der beliebig viele Texteinträge oder Grafiken aufnehmen kann. Markieren Sie dazu den gewünschten Textabschnitt und betätigen die Tastenkombination [Strg+F3]. Der markierte Eintrag wird gelöscht und im AutoText-Eintrag Sammlung abgelegt. Anschliessend übernehmen Sie auf gleiche Weise weitere Objekte in die WinWord-Zwischenablage. Um alle Elemente wieder in den Text einzufügen, die Tastenkombination [Strg+Umschalten+F3] betätigen. Anschliessend ist der AutoText-Eintrag Sammlung leer. Sollen die Einträge im Textbaustein erhalten bleiben, geben Sie an der gewünschten Textstelle Sammlung ein und drücken die [F3]-Taste.

Mit einem Shortcut schnell zuletzt geänderte Textstellen auf den Schirm holen

Word merkt sich die Stellen im Dokument, die Sie zuletzt bearbeitet haben, und bringt Sie auf Wunsch sofort dorthin. Mit der Tastenkombination [Shift+F5] springen Sie automatisch zur jeweils letzten Stelle im Dokument, die Sie in irgendeiner Weise geändert haben. Besonders bei der Arbeit mit langen Dokumenten spart diese Tastenkombination viel Zeit, da sich alle in einer Arbeitssitzung vorgenommenen Änderungen direkt nacheinander anspringen und kontrollieren lassen, ohne dass Sie durch den gesamten Text blättern müssen.

Einfach die Standardschrift für alle neu angelegten Dokumente ändern

Falls Ihnen Times New Roman zu langweilig ist, wählen Sie eine neue Schrift für neue Dokumente. Klicken Sie auf die Schaltfläche Neu der Standard-Symbolleiste, um ein leeres Dokument auf Basis der Dokumentvorlage Normal.dot zu erzeugen. Benutzen Sie dann den Befehl Format/Formatvorlage. Wählen Sie in der Liste Formatvorlagen den Eintrag Standard aus. Klicken Sie auf die Schaltfläche Bearbeiten. In der nächsten Dialogbox klicken Sie den Button Format an. Im Menü wählen Sie den Befehl Zeichen und stellen die neue Schriftart und -grösse ein. Mit OK kehren Sie zurück zum Dialog Formatvorlage bearbeiten. Damit die neue Standardschrift in allen Dokumenten zur Verfügung steht, übernehmen Sie die Änderung in die globale Dokumentvorlage Normal.dot. Schalten Sie dazu im Dialog die Option Zur Dokumentvorlage hinzufügen ein.

Textbaustein anlegen, der das aktuelle Datum in Texte einfügt

Word zeigt auf Wunsch automatisch das Datum des aktuellen Tages im Dokument an. Wenn Sie diese Funktion häufig nutzen, vereinfachen Sie das zeitraubende Einfügen und Formatieren des entsprechenden Feldbefehls. Dazu legen Sie einen AutoText-Eintrag an, der diese Arbeit automatisch übernimmt. Platzieren Sie den Cursor in einem leeren Absatz im Dokument. Benutzen Sie den Befehl Einfügen/Datum und Uhrzeit. Wählen Sie in der Liste des Dialogs Datum und Uhrzeit das gewünschte Datumsformat aus, etwa 10. Juli 2001. Schalten Sie die Option Aktualisierbar (Als Feld einfügen) ein. In Word 2000 heisst diese Option "Automatisch aktualisieren". Mit OK fügen Sie das Datum ein. Markieren Sie den Datumseintrag im Text. Benutzen Sie den Befehl Einfügen/AutoText/Neu oder drücken [Alt+F3]. Im Dialog AutoText erstellen geben Sie den Namen des neuen Textbausteins ein, etwa dt. Mit OK legen Sie den neuen Eintrag an. Um das aktuelle Datum im gewünschten Format automatisch einzufügen, tippen Sie den Textbausteinnamen ein und drücken die Taste [F3]. Die eingefügte Datumsangabe übernimmt dabei automatisch die Zeichenformatierungen des aktuellen Absatzes.

WinWord liefert statistische Angaben, um Ihren Schreibstil zu verbessern

Auf Wunsch erzeugt WinWord eine Statistik zur Lesbarkeit des überprüften Textes. Hier erhalten Sie Informationen über den verwendeten Wortschatz und den Satzbau. Ausserdem weist dieser Dialog den Anteil von Passivkonstruktionen aus, die erwiesenermassen die Lesbarkeit eines Textes verschlechtern. Um diese Statistik zu erhalten, benutzen Sie den Befehl Extras/Optionen und schalten im Register Rechtschreibung und Grammatik die Option Lesbarkeitsstatistik anzeigen ein. Damit diese Option zur Verfügung steht, muss die Checkbox Grammatik zusammen mit der Rechtschreibprüfung aktiviert sein. Wenn Sie nun ein Dokument mit der Schaltfläche Rechtschreibung und Grammatik prüfen, zeigt WinWord einen Dialog mit statistischen Daten zur Lesbarkeit an.

Mit wenigen Handgriffen die Standardschrift für neu angelegte Dokumente ändern

Falls Ihnen Times New Roman zu langweilig ist, wählen Sie eine andere Defaultschrift für alle Dokumente, die Sie neu anlegen. Klicken Sie auf die Schaltfläche Neu der Standard-Symbolleiste, um ein leeres Dokument auf Basis der Dokumentvorlage Normal.dot zu erzeugen. Benutzen Sie dann den Befehl Format/Formatvorlage. Wählen Sie in der Liste Formatvorlagen den Eintrag Standard aus. Klicken Sie auf die Schaltfläche Bearbeiten. In der nächsten Dialogbox klicken Sie den Button Format an. Im Menü wählen Sie den Befehl Zeichen. Stellen Sie im folgenden Dialog die neue Schriftart und -grösse ein. Mit OK kehren Sie zurück zum Dialog Formatvorlage bearbeiten.

Mit der Alt-Taste beliebige Bereiche innerhalb eines Textes markieren

Sie legen im Text Tabellen mit Hilfe von Tabulatoren an. Dabei gelingt es mit Hilfe der normalen Auswahlmethode nicht, eine Spalte dieser Tabelle separat zu markieren. Sobald Sie die Auswahl auf die nächste Zeile ausdehnen, läuft die Markierung um und erfasst auch die anderen Spalten. Abhilfe schafft man so: Gewünschte Stelle im Text anklicken, die [Alt]-Taste gedrückt halten und den gewünschten Textblock durch Ziehen der linken Maustaste markieren. Die Markierung bleibt exakt auf den gewählten Bildschirmbereich beschränkt. Mit dieser Technik lassen sich frei wählbare Bereiche im Text blockweise markieren.

Info-Spalte zeigt verwendete Formatvorlagen an

Als Arbeitserleichterung bietet Word eine spezielle Formatvorlagen-Spalte, die Ihnen eine genaue Übersicht der verwendeten Vorlagen im Dokument liefert. Aktivieren Sie zunächst die Normalansicht, da diese Funktion nur hier zur Verfügung steht. Anschliessend benutzen Sie den Befehl Extras/Optionen. Öffnen Sie im Optionen-Dialog das Register Ansicht. Hier stellen Sie im Feld Breite der Formatvorlagenanzeige einen passenden Wert ein, beispielsweise 1,8 cm. Mit OK schliessen Sie ab. Am linken Bildrand blendet Word nun die Info-Spalte ein. Neben jedem Absatz im Dokument erscheint hier der Name der verknüpften Formatvorlage. Hier überprüfen Sie ganz einfach, ob die Formatvorlagen korrekt zugeordnet sind. Um eine Zuweisung zu ändern, genügt ein Doppelklick auf einen Vorlagennamen in der Info-Spalte. Dadurch öffnet sich der Dialog Formatvorlage, in dem Sie eine andere Vorlage auswählen.

Ohne separate Seitenvorschau mehrere Seiten eines Dokuments anzeigen

Sie möchten das Layout eines mehrseitigen Textes überprüfen, ohne in die separate Seitenvorschau umzuschalten. Laden Sie das gewünschte Dokument und wechseln in die Seiten-Layout-Ansicht. Benutzen Sie den Befehl Ansicht/Zoom. Im Dialog Zoom aktivieren Sie die Option Mehrere Seiten. Klicken Sie die grosse Schaltfläche mit dem Bildschirm rechts darunter an. Durch Ziehen mit der Maus über die eingeblendeten Seitensymbole stellen Sie die gewünschte Anzahl von Reihen und Spalten für die verkleinerte Abbildung der Seiten ein. Lassen Sie die Maustaste los, um die aktuelle Einstellung zu übernehmen. Mit OK schliessen Sie ab.

Mit Tastenkombination schnell durch alle geöffneten Word-Fenster blättern

Word 2000 öffnet für jedes Dokument, das Sie laden, ein eigenes Fenster. Möchten Sie durch alle geöffneten Dokumente blättern, funktioniert dies mit der Maus nur sehr umständlich. Schneller und bequemer geht dies mit der Tastenkombination [Strg+F6]. Bei jedem Einsatz dieser Tastenkombination wechselt Word von rechts nach links zum jeweils nächsten Dokumentfenster. In Gegenrichtung blättern Sie mit [Strg+Umschalten+F6].

Mit der Suchen-und-Ersetzen-Funktion alle Leerzeilen im Text entfernen

Bevor Sie ein importiertes Dokument neu formatieren, ist es oft nötig, alle überflüssigen Leerzeilen aus dem Text zu entfernen. Gerade bei grösseren Dateien mit vielen leeren Absatzmarken ist es zeitaufwendig, diese manuell zu löschen. Schneller geht dies mit der Suchen-und-Ersetzen-Funktion. Man benutzt dazu die Tastenkombination Strg+H, um den Dialog Suchen und Ersetzen zu öffnen. Im Register Ersetzen geben Sie ^a^a in das Feld Suchen ein. Dem Feld Ersetzen weisen Sie den Eintrag ^a zu. Klicken Sie mehrmals auf Alle ersetzen, bis Word 0 Ersetzungen vorgenommen meldet. Sie entfernen dadurch alle leeren Absatzmarken im Dokument. Dies funktioniert genauso unter Word 2000 mit einem ^p als Suchcode für Absatzmarken.

Eine Tastenkombination bringt Sie sofort zur letzten Cursorposition zurück

Bei der Arbeit mit grossen Dokumenten möchte man schnell zu anderen Textstellen springen: Am schnellsten geht dies mit den Tastenkombinationen mit [Strg+Pos1] beziehungsweise [Strg+Ende]. Haben Sie zuletzt an einer Textstelle mitten im Dokument gearbeitet, kostet es jetzt allerdings viel Zeit, seitenweise bis zu dieser Stelle zu blättern. Schneller geht auch dies mit einer Tastenkombination: Wenn Sie [Umschalten+F5] betätigen, zeigt Word sofort den Textbereich an, in dem sich der Cursor vor der letzten Aktion befunden hat. Auf diese Weise sind kleine oder grössere Ausflüge in umfangreichen Dokumenten ohne Zeitverlust möglich.

Ersetzen - Text mit Formatierungen ersetzen

Möchte man eine Zeichenfolge durch eine andere, die eine spezielle Formatierung enthält, ersetzen, so ist dies mit Hilfe der Zwischenablage möglich. Dazu den einzusetzenden Text markieren und mit 'Kopieren' in der Zwischenablage speichern. Jetzt das 'Ersetzen'-Fenster aufrufen (im Menü 'Bearbeiten') und den Suchbegriff eingeben. Dann die Schaltfläche 'Erweitern' anklicken. Das Fenster wird grösser und neue Menüpunkte erscheinen. Jetzt ins Feld 'Ersetzen durch:' klicken (ein Cursor muss erscheinen) und dann die Schaltfläche 'Sonstiges' anklicken. Den Punkt 'Inhalt der Zwischenablage' auswählen. Im Feld 'Ersetzen durch:' erscheint die Zeichenfolge '^c'. Mit Klick auf 'Weitersuchen' wird das Ersetzen gestartet.

Formatierung wieder zurücksetzen

Um verschiedene Textformatierungen schnell wieder auf das Standardformat des Absatzes zurückzusetzen, markiert man die veränderten Textstellen und drückt dann die Tastenkombination [Strg] + [Leertaste]. Der markierte Text erhält die Standardformatierung, die in der Formatvorlage definiert ist, zurück.

Störende Umwandlung in blaue Hyperlinks verhindern

Word erkennt Internet- und E-Mailadressen und wandelt diese automatisch in Hyperlinks in blauer Schriftfarbe um. Um einen Hyperlink wieder in ‚normalen' Text umzuwandeln, muss man ihn markieren und mit der rechten Maustaste anklicken. Im erscheinenden Kontextmenü den Menüpunkt 'Hyperlink' - 'Hyperlink bearbeiten' auswählen und die Schaltfläche 'Verknüpfung entfernen' anklicken. So verhindert man die automatische Umwandlung: Bei "Einfügen – Autotext im Menüpunkt Autotext nach Klick auf die Schaltfläche 'Optionen' Register 'AutoFormat während der Eingabe' anklicken. Im Bereich 'Während der Eingabe ersetzen' löscht man das Häkchen bei 'Internet und Netzwerkangaben durch Hyperlinks'.

Kapitelnummern im Inhaltsverzeichnis fehlen

Beim Erstellen eines Inhaltsverzeichnisses aus den Kapitelüberschriften fehlen plötzlich Kapitelnummern, die im Text auch nach Überprüfung korrekt mittels einer Formatvorlage erstellt wurden. Sollten sich Grafiken oder Positionsrahmen im Text befinden, können diese die Ursache des Problems sein. Wenn nach dem Anklicken der Grafik oder des Positionsrahmens auf Höhe der Überschrift ein kleines Ankersymbol erscheint, ist der Übeltäter gefunden (vorher die Formatierungszeichen mit dem ¶-Symbol einblenden). Diesen Anker mit der Maus von der Überschrift auf einen andern Absatz ziehen und die fehlende Kapitelnummer sollte nach einem neuen Aufbau des Inhaltsverzeichnisses vorhanden sein.

Alle Dokumente in einem Durchgang speichern und schliessen

Wenn Sie in Word 2000 mehrere Dokumente offen haben und diese auf einen Rutsch speichern wollen, verfahren Sie so: 1. Halten Sie die [Umschalten]-Taste gedrückt und klicken Sie mit der Maus auf Datei. 2. Hier erscheint dann der Menüpunkt Alle speichern. Wenn Sie alle Dokumente auf einmal schliessen wollen, wiederholen Sie Schritt 1 und klicken Sie dann auf Alles schliessen.

Word: Drag and Drop mit der rechten Maustaste

Textabschnitte lassen sich nicht nur per Drag & Drop verschieben. Ein Klick auf die rechte Maustaste erledigt den gleichen Job, wenn gleichzeitig [Strg] gedrückt wird. Hierfür wird zuerst der zu kopierende Textabschnitt markiert. Dann sucht man in aller Ruhe im Text die gewünschte Stelle zum einfügen und drückt dann gleichzeitig [Strg] und die rechte Maustaste. Das erspart das lästige und schwer zu koordinierende Herumziehen von Textblöcken nach dem konventionellen

Drag and Drop-Verfahren. Extra-Tipp: Wenn Sie zusätzlich [Umschalten] drücken wird der Textblock kopiert.

Einzelne Wörter übersetzen

Word 2002 aus Office XP hat ein einfaches Wörterbuch. Um es zu verwenden, gehen Sie so vor: 1. Klicken Sie auf Ansicht - Aufgabenbereich, um den Aufgabenbereich einzublenden. 2. Klicken Sie rechts oben im Aufgabenbereich auf das nach unten gedrehte Dreieck und wählen Sie aus dem Menü den Eintrag Übersetzen. 3. Geben Sie in das Feld Text den Begriff ein, den Sie übersetzt haben wollen. 4. Wählen Sie unter Wörterbuch die gewünschte Übersetzung, zum Beispiel Deutsch (Schweiz) -> Englisch (USA). 5. Klicken Sie auf Ausführen und es erscheint die englische Übersetzung.

Word 2000: Symbole einfügen

Um ein Sonderzeichen in Word 2000 einzufügen, klicken Sie auf Einfügen - Symbol. Dieser Menüpunkt löst Sonderzeichen aus den früheren Word-Versionen ab. Klicken Sie auf eines dieser Zeichen und dann auf Einfügen, so landet das Zeichen an der Stelle im Text, an dem sich die Einfügemarke befindet.

Winword liefert Format-Information und Befehlserläuterungen

Ab Winword 7.0 gibt es eine Funktion, um Absatz- und Zeichenformatierungen eines Absatzes sofort zu sehen. Drücken Sie [Shift]-[F1]. Der Mauszeiger wird dabei um ein Fragezeichen ergänzt, mit dem man den gewünschten Textteil anklickt und Word zeigt alle zugewiesenen Druckformate und Formatierungen. Man kann nun weitere Textteile anklicken, und mit [ESC] Modus wieder verlassen. Und: Klicken Sie nach der Betätigung der genannten Tastenkombination auf einen Button der Symbolleiste, bietet Word eine Kurzeinführung in den dahinterstehenden Befehl.

Winword: Schriftgrösse per Hotkey

Sind Sie es leid, die Schriftgrösse immer über das Menü Format - Zeichen einzugeben? Dann probieren Sie doch einmal folgende zwei Hotkeys: [Strg] - [8] verkleinert die aktuelle Schrift um ein Punkt, [Strg] - [9] vergrössert den Font um einen Zähler.

Word: Copyright-Zeichen erzeugen

Um ein Copyright-Zeichen © zu erzeugen, reicht es normalerweise, (c) einzutippen. Aus dem c in Klammern erzeugt Winword dann ein c im Kreis. Was aber, wenn diese Autokorrektur-Funktion abgeschaltet ist oder wenn der entsprechende Eintrag entfernt wurde? Dann hilft ein alter Trick: Halten Sie die Taste [Alt] gedrückt und tippen Sie die Ziffern [1], [8] und [4] ein. Dann erscheint ebenfalls ©. Dieser Tipp funktioniert auch in Excel und den meisten anderen Windows-Anwendungen.

Autotexteinträge ausdrucken

Dafür gibt es im Menü einen eigenen Menüpunkt. Wählen Sie im Menü "Datei/Drucken" unter "Drucken:" statt des Dokumentes die AutoText-Einträge. Es wird eine Liste aller Autotexte gedruckt, die zwar nicht sonderlich übersichtlich ist, aber durchaus ihren Zweck erfüllt.

Schnelles und einfaches Navigieren

Beinahe versteckt und selten beachtet ist auf der rechten Leiste unten rechts ein Kreissymbol (Bezeichnung "Browserobjekt auswählen", wenn der Mauszeiger darauf gehalten wird) zu sehen. Mit einem Klick auf dieses Symbol kann man sich einfach durch ein Dokument navigieren und dabei spezielle Stellen wie Abschnitte, Fussnoten, Grafiken, Kommentare durch Klicken auf die Symbole finden.

Tipparbeit sparen: Autokorrektur

Hilft viel Tipparbeit und damit Zeit einsparen: Häufig gebrauchte Formulierung markieren, in *Extras-Autokorrektur* gehen, Satz einfügen, Kürzel vergeben. Dann testen: Kürzel eingeben, Leertaste drücken. Dies ist vor allem bei Einleitungs- und Schlusssätzen oder gleichbleibenden Aussagen zur Firma oder bei sonstigen festen Redewendungen sinnvoll.

Die häufigsten Shortcuts

Kennt man die häufigsten Tastaturkürzel, sogenannte Shortcuts, hat dies eine erheblich effizientere und zeitsparende Arbeitsweise zur Folge. Die am häufigsten gebrauchten sind:

Ctrl. + P	Dokument ausdrucken
Ctrl. + Z	Rückgängig machen, mehrmals möglich
Funktionstaste F7	Rechtschreibeprüfung aufrufen
Ctrl. + C	Text kopieren
Ctrl. + X	Text ausschneiden
Ctrl. + V	Text einfügen
Ctrl. + S	Dokument speichern

Papier beidseitig bedrucken

Es ist zwar etwas umständlich, aber möglich, mit Word Papier beidseitig zu bedrucken. Gehen Sie folgendermassen vor: *Datei - Drucken - Ungerade Seiten*. Sind alle Blätter ausgedruckt, legen Sie das Papier mit der unbedruckten Seite in den Drucker zurück und klicken *Gerade Seiten* an.

Schneller und einfacher im Dokument bewegen

Gerade bei längeren Dokumenten macht man oft Änderungen und möchte schnell an die entsprechende Stelle gelangen. Word geht schrittweise an die fünf zuletzt bearbeiteten Stellen zurück, was gerade bei längeren Dokumenten eine grosse Hilfe ist: *Grossschalt-Taste und F 5* gleichzeitig drücken.

Dokumentenvorlagen nutzen und erstellen

Erstellen Sie mit Word unter *Datei-Neu* Briefvorlagen, die sehr wenige Änderungen benötigen, wie z.B. ein Absagebrief an Bewerber, und setzen Sie dort auch das Datum (*Einfügen - Datum Uhrzeit*) automatisiert ein. Sie müssen dann nur noch die Adresse einfügen und können ein solches Dokument immer wieder neu aufrufen.

Der "Stabilo Boss" von Word

Die Symbolleiste *Format* enthält das Icon *Hervorheben*. Damit können Sie bestimmte Passagen oder Abschnitte farbig auszeichnen und hervorheben. Dies ist gerade bei Mitteilungen für das Anschlagbrett oder Rundschreiben von Vorteil.

Verschaffen Sie sich schnell einen Überblick

Klicken Sie unter *Ansicht* den Menüpunkt *Dokumentenstruktur* an, erscheint auf der linken Seite ein Balken, der die Überschriften des Dokumentes enthält. So haben Sie die Struktur vor Augen und können die einzelnen Kapitel durch Mausklick schnell ansteuern.

Excel-Personalstatistiken oder ähnliches in Word einfügen

Eine Excel-Anwendung (Personalstatistik, Überstundenerfassung, Befragung mit Grafiken) können Sie in Word einfügen. Wählen Sie dabei *Einfügen - Datei einfügen* und doppelklicken Sie dann auf die Datei. Wenn Sie dabei die Option *Verknüpfen* aktivieren, werden Veränderungen am Excel-Dokument auch in Word vorgenommen.

Absatzabstände einheitlich verändern

Sie möchten in einem Brief die Abstände zwischen den einzelnen Absätzen vergrössern oder verkleinern? Klicken Sie mit der rechten Maustaste auf den Absatz, geben Sie im Dialogfeld oben die Abstand-Masse ein und drücken Sie dann OK. Klickt man im *Formatvorlagen-Feld* rechts von der Symbolleiste auf die entsprechende Vorlage, fragt Word "neu definieren, um die aktuellen Änderungen zu aktualisieren?" Bestätigen Sie dies, werden alle Absätze Ihres Briefes automatisch angepasst.

Zeit sparen mit schnellem Kopieren vorhandener Texte

Oft kommt es vor, dass ein Mitarbeitername, eine Veranstaltungsbezeichnung oder eine allgemein gültige rechtliche Information in einem Dokument mehrmals verwendet werden muss. Einmal geschrieben, geht das so einfacher: Markieren Sie den Satz oder das Wort, drücken Sie die *Ctrl-Taste*, und ziehen Sie das Wort oder den Satz mit der Maus an die entsprechende Stelle.

So kommt man von Word aus schnell ins Internet

Wenn Sie Ihre Mitarbeiter mit einem Word-Dokument informieren und auf eine Homepage im WWW hinweisen wollen, können Sie die Webadresse, resp. URL (Adresse, um das WWW-Dokument aufzurufen) bei "www.firma.ch" angeben, und Word erstellt automatisch einen Hyperlink, mit dem man die Homepage dann mit Mausklick auch direkt aus Word heraus aufrufen kann.

Bearbeitete Dateien schneller wieder finden

Sie haben vor drei Tagen einen Breif geschrieben und möchten diesen schnell wieder finden. Im Menüteil *Datei* werden unten die zuletzt bearbeiteten Dokumente aufgelistet. Gehen Sie zu *Optionen - Registerkarte Allgemein - Liste zuletzt geöffneter Dateien*. Sie können dort maximal 9 Dateien eingeben, die Word anzeigen soll.

Wo ist das Formular vom letzten Jahr geblieben?

Es kommt immer wieder vor, dass man Dateien nicht mehr findet - so gut ein Verzeichnis auch sein mag. Unter *Datei - Datei öffnen* findet man im unteren Teil des Dialogfeldes die Option *Text oder Eigenschaft*. Oft erinnert man sich an einen speziellen Begriff (Thema eines Memos, Mitarbeitername, Anlass usw.). Gibt man einen solchen Suchbegriff ein, findet Word alle Dokumente, in denen dieser Begriff vorkommt.

Reglemente, Briefe, Mitteilungen

Die obige Suchmethode, Dateien zu finden, ist auch sehr praktisch, um alle Dokumente zu finden, die im Zusammenhang mit einem Mitarbeiter, Firmenanlass oder Vorfall gesucht werden, um sämtliche Dokumente zum Thema (Zeugnisse, Ermahnungen, Informationsveranstaltungen usw.) zu finden.

Nicht mehr als eine A4-Seite soll es sein...

Memos, Briefe, Kurzmitteilungen und andere Schriftstücke möchte man oft auf einer Seite haben. Es gibt mehrere Möglichkeiten, ein Dokument zu kürzen, an die man oft gar nicht denkt:

- Statt Zentrierungen Fettformatierungen verwenden
- Schrifttyp mit schmaleren Buchstaben verwenden
- Absatzabstände oben oder unten verkleinern
- Schrift auf 11 oder 10 Punkte verkleinern
- Unter Extras - Sprache - Silbentrennung die automatische Trennung aktivieren
- Unter Datei - Seite einrichten die Seitenränder verkleinern
- Formate vereinfachen oder straffen und Absätze zusammenfassen

Weitere Bücher aus dem Praxium-Verlag

Lexikon für das Personalwesen

Wichtige Fachbegriffe aus dem Personalwesen – inklusive Praxistipps und Arbeitsrechtsinformationen.

Was ist ein Sabbatical? Was ist bei Kündigungsfristen zu beachten? Was umfasst flexible Arbeitszeit alles? Was versteht man genau unter Fluktuation?

Wie andere Managementbereiche ist auch der Personal-Fachjargon einem starken Wandel unterworfen. Der Einfluss des Englischen, neue Trends und der zunehmende Stellenwert des Human Resource Managements sind einige Gründe. Mit diesem Lexikon ist man über neue Trends informiert, kann gezielt Wissenslücken füllen, oder einen schnellen und aktuellen Überblick zu einem bestimmten Fachgebiet gewinnen. Besonders auch mit den zahlreichen arbeitsrechtlichen Kurzinformationen stiftet dieses Lexikon einen zusätzlichen Nutzen.

Von einem Schweizer Autor für Schweizer Betriebe
Ob es um Arbeitsrecht, Sozialversicherung, Verbände oder gesetzliche Bestimmungen geht – dieses Lexikon ist auf Schweizer Verhältnisse ausgerichtet und für Schweizer Betriebe und Berufsleute geschrieben.

Inklusive Praxisbeispiele, Merkpunkte und Webquellen
Über die Definition der Fachbegriffe hinaus wird oft auch Praxiswissen in Kürze vermittelt. Dies können Kriterien, Abläufe, Vorgehensweisen, Auszüge aus Studien, Fallbeispiele, Merkpunkte usw. sein. Zu wichtigen Themen findet man interessante Websitequellen, die das Gesagte vertiefen.

Aktualität und Arbeitsrecht
Die Aktualität und Relevanz der Begriffe steht durch die starke Berücksichtigung von Trends, neuen Entwicklungen und modernem Sprachgebrauch besonders im Vordergrund. Gegen 100 arbeitsrechtliche Informationen zu Themen wie Kündigung, Überstunden, Lohnfortzahlung und aktuellen Schwerpunktthemen wie Arbeitszeitmodelle, Personalentwicklung, Sozialversicherungen und mehr wurden besonders berücksichtigt.

Autor: Martin Tschumi, ISBN: 3-9522712-1-7, 288 Seiten, gebunden, Preis CHF 74.–

Zu beziehen bei Ihrem Buchhändler oder online bei www.hrmbooks.ch

Arbeitshandbuch für die Zeugniserstellung

Speziell für Schweizer Betriebe entwickelt - Mit zahlreichen Textbausteinen und Formulierungshilfen - Über 70 von A-Z ausformulierten Musterzeugnissen - Inklusive Formulare, Checklisten und Arbeitsblätter

Für Personalleiter, Personalzuständige, Geschäftsführer, Vorgesetzte
wirft das Erstellen von Zeugnissen oft viele Fragen auf: Rechtliche Unklarheiten, Fragen zur Formulierung und zum korrekten Aufbau, Handhabung von Codierungen, problematische Formulierungen, um nur einige Beispiele zu nennen. In solchen und mehr Situationen steht Ihnen dieser neue Praxis-Ratgeber zur Seite.

Dieses Arbeitshandbuch gibt praktische Hilfestellung
zum stil- und rechtssicheren Verfassen von Zeugnissen. Im Mittelpunkt stehen Musterzeugnisse, Beispielstexte, Formulierungshilfen und Textbausteine in den unterschiedlichsten Varianten für viele Berufsgruppen, Leistungsstufen, Hierarchieebenen, Tätigkeiten und Branchen. Zur Sprache kommen besonders auch Formulierungshilfen zu problematischen Leistungs- und Verhaltensbe-urteilungen für viele Situationen.

Zahlreiche Mustervorlagen und Hilfsmittel
wie tabellarische Übersichten, Formulare, Checklisten, Zusammenfassungen, Schnellanleitungen auf einen Blick, wichtige Merkpunkte und mehr verstärken die Praxisausrichtung und machen das Buch auch zu einem jederzeit nutzbaren Nachschlagewerk und Ratgeber. Administrative Hilfsmittel und Vorlagen erleichtern Ihnen die Zeugniserstellung zusätzlich.

Als Käufer haben Sie Anspruch auf den kostenlosen Disketten-Bezug
mit sämtlichen Musterzeugnissen, Textbausteinen und Formulierungshilfen für die effiziente Zeugniserstellung und individuelle Anpassung am PC.

Autor: Martin Tschumi, ISBN: 3-9522712-0-9, 226 Seiten, gebunden, Preis CHF 69.–

Zu beziehen bei Ihrem Buchhändler oder online bei www.hrmbooks.ch

Gutschein für einen kostenlosen Disketten-Bezug

Profitieren Sie von dieser zusätzlichen und kostenlosen Serviceleistung
Als Käufer dieses Buches sind Sie zum kostenlosen Disketten-Bezug berechtigt. Auf dieser Diskette befinden sich alle Textvorlagen als Worddokument. Damit können Sie schnell und effizient

- individuelle Anpassungen vornehmen
- Briefe und Reglemente wesentlich schneller erstellen
- Textbausteine übernehmen, anpassen und einfügen

Beachten Sie bitte, dass Sie nur als Käufer und rechtmässiger Besitzer dieses Buches Anspruch auf diese kostenlose Serviceleistung haben. Damit Sie diesen Berechtigungs-Nachweis erbringen können, beachten Sie bitte folgende Punkte:

- Eine Diskettenanforderung ist nur mit diesem Original-Bestellschein per Fax oder Post möglich
- Wir behalten uns eine Stichproben-Kontrolle vor, ob Sie Käufer und Besitzer dieses Buches sind

Sie können die Vorlagen auf Diskette oder – wesentlich schneller – auch per E-Mail anfordern.

O Mit meiner untenstehenden Unterschrift bestätige ich, dass ich rechtmässiger Käufer des "Musterbriefe und Musterregelemente für das Personalwesen" bin und demzufolge auf die oben genannte Diskette Anspruch habe.

Das Buch habe ich bei folgender Buchhandlung gekauft:

Buchhhandlung:..Ort:................................

Ich wünsche die Vorlagen 0 auf Diskette, bzw. 0 per E-Mail an

Vorname/Nachname:..

Firma:..

Strasse:..PLZ/Ort:...................................

Tel:..Fax:..

E-Mail:...Unterschrift:................................

Faxen Sie uns diesen Gutschein an: 043 3431049 oder senden Sie ihn per Post an:

Praxium, M. Tschumi, Wibichstr. 10, CH-8037 Zürich